용의 전쟁

용의
전쟁
龍

최성환 쓰고 그리다

앤길

나의 아내 JR에게

차례

같은 하늘 밑, 지구촌에 살고 있는 인류 모두가 한 뿌리라고 외치지만, 모두가 하나라고 하기에는 계층, 인종, 민족, 국가 간의 다툼, 반목과 시기, 그리고 차별과 대결이 생각보다 심각해 보인다. 얼떨결에 이 세상에 던져지듯 태어난 우리들은 스스로가 원하는 계층, 인종, 민족 및 국가를 선택하여 태어날 수 없었던 만큼, 태어나는 즉시 갈등葛藤의 한가운데 휩싸이게 마련이다.

칡과 등나무 씨앗이 동일한 장소에 떨어져 자라날 때에 서로 얽히고설키는 것처럼, 연고緣故가 같더라도 개인이나 집단 간의 목표나 이해관계가 다를 경우 서로 적대시하며 충돌하기에 갈등은 생기고 축적된다. 서로 다른 운명적 소속감 때문에 죽기 살기로 싸우고, 충분히 피해 갈수 있을 법한 종교나 사상을 가지고도 대결을 고집하여 처참한 전쟁으로 치닫곤 한다.

인류는 별 것 아닐 것 같은 작은 차이점 하나만으로도 서로 잦은 분쟁과 전쟁을 벌인다. 이로 인해 국가 혹은 민족이 다른 국가나 민족의 지배하에 들어가 그 정체성을 잃기도 하고 때로는 아예 멸종되기조차 한다. 그러나 기존의 모든 특성이 흡수되어 사라지는 것은 아니고, 서로 간에 섞이고 섞이는 혼합주의混合主義의 형태가 흔한 현상이며, 기나긴 인류역사를 보건대, 완전한 합체란 존재할 수 없으며, 혼합과 분리는 정반합正反合의 논리를 거쳐 쇠퇴와 흥성을 교대로 반복한다. 이처럼 대결구도를 조성하는 습성이 인류에게 보편화된 현상임을 고려해 볼 때에, 혹시 '인류는 애초 하나가 아닌 근본적으로 전혀 다른 뿌리를 지닌 이질적 존재들의 합체가 아닐까?' 하는 의구심을 낳게 한다.

가령, '흑인, 백인 그리고 황인종은 피부색도 다르니 피血의 성분도 다르지 않을까?' 하는 의문을 품을 수도 있고 반대로, '흑인, 백인, 황인종의 피는 모두 똑같지 않을까?'라는 생각도 할 수 있다. 혈액형만 일치하면 서로 피를 주고받아도 별 문제가 없지만 혈액형이 일치한다고 해서 피가 같다고 단언할 수는 없다. 혈액의 성분의 차이를 통해 인종을 구별할 수 있다고 주장하는 학자들도 있기 때문이다.

혈액분석을 통해 머리카락의 색깔, 눈농자의 색깔 및 비만, 낭뇨나 치매질환의 가능성까지 예측할 수 있는 첨단 과학의 시대인데 설마 인종을 구별해내지 못하겠느냐는 것이다. 핏속에 존재하는 염색체나 유전자의 본체인 DNA를 분석하면 해당되는 사람이 흑인인지, 백인인지, 황인종인지의 확인이 가능할 것이라는 이야기다.

'혈액만 분석해도 피의 주인이 흑인인지, 백인인지, 황인종인지를 알 수 있다.' 아니면 '아무리 정밀한 검사를 시행해도 인종 간의 구별은 안 된다.' 중에서 독자 분들의 솔직한 의견은 어느 쪽이신지?

더 노골적으로 말해, 인종간의 유전적 차이가 존재하느냐 아니냐

는 질문이다. 개인의 멜라닌 색소의 정도를 결정하는 염색체나 DNA
가 따로 존재하며, 심지어는 유전자 지도地圖를 활용하여 유전되는
질환은 물론, 치매, 당뇨, 고혈압 등에 취약성을 유전적 정보로 미리
예측할 수 있는 수준에 와 있다는 뜻이다.

많은 과학자들은 피만 분석해도 그 사람의 인종을 판단해 낼 수 있
다고 자신한다. 과연, 유전적 검사로 흑인, 백인, 황인종을 구별할 수
있는가?

결론부터 말하자면, '그렇지 않다.'

과학적 오류는 다음과 같다.

유전자 검사로 인종을 가려낼 수 없다. 단지 지리학적地理學的,
geographic 구별이 가능할 뿐이다. 무슨 말인가 하면, 유전자 검사를
통해 특정인의 조상이 '어디에서 살다가 어디로 이동했다는 것'을 알
수 있기에, 아프리카에서 왔다면 흑인이고, 아시아에서 왔다면 황인
종이며, 유럽에서 왔다면 백인이라는 식의 주장일 뿐이라는 것이다.
이런 식이라면, 수천 년 뒤의 조사에서 북미에서 온 사람은 모두 백인
이었다고 말할 수 있다는 말인가? 특정인의 조상이 아프리카에서 왔
다고 해서 흑인이라 단정할 수는 없다.

인종별 유전적 차이를 밝히고자 했던 대부분의 연구들은, 실제로
는 단지 유라시아, 아프리카, 아메리카, 오세아니아 대륙 간의 인류 이
동의 증거만을 밝혀냈을 뿐이다. 그런고로 인류가 가진 공통적인 핏

줄은 같은 것 같다. 칡과 등나무는 서로 다른 뿌리를 지니고 있지만, 인류는 그 뿌리가 같다. 겉모습, 즉 살만 보려할 뿐, 우리는 피를 보지 않는다. 피부색깔은 피상적only skin deep인 차이일 뿐이다. 그러나 분명 다른 무언가가 있다.

같은 뿌리에서 나온 가지임에도 불구하고 한쪽 가지에 벌어지는 일을 다른 쪽 가지가 알지 못한다. 서로 다른 방향을 향해 자라난 지 오래되었기 때문일 것이다. 열매는 같겠지만 맛은 조금 다를지도 모른다.

우리는 우리의 문화와 전통이 어디에서 어떻게 왜 왔는지에 대한 관심이 적다. 그저 눈에 보이는 대로, 편리한 대로 받아들일 뿐이다. 어디까지가 우리의 순수전통이고 어디까지가 외래에서 유입된 것인지 잘 모른다. 다시 말해, 어떤 것이 진짜 뿌리인지, 위장된 것인지, 그저 좋다고 해서 차용借用해 온 것인지, 선진국에서 하니 따라 한 것인지 알지 못한다. 언제부터, 왜 학교라는 제도가 도입되었는지, 왜 장교와 사병을 굳이 나누는지, 왜 교도소가 있는 것인지, 복지제도란 것이 무엇을 하는 것이며 왜 생긴 것인지에 대한 의문 없이 마구잡이 식으로 도입하여 따라한다. 물론 흉내를 내다보면 제법 잘 풀리는 일들도 생기게 마련이다. 이성理性을 활용하여 심사숙고해보면 좋을 일들을 그저 감성에만 맡기고 살아간다. 그러다 보니 하나의 단계만 건너뛰어도 단계별 연속성이 단절되고 단계의 생략이 초래하는 공백을 정품精品으로 끼워 넣지 못하고 대충 얼버무린 유사품으로 대체해 버린다. 우리말의 어원語原이나 전승傳承의 뿌리를 찾지 못하는 이유도 여기에서 연유緣由한다.

같은 뿌리에서 나온 가지임에도 불구하고 동양인은 서양인을, 서양인은 동양인을, 중동인은 서양인을, 서양인은 중동인을, 동양인은 중동인을 잘 모르고 산다. 조금만 관심을 가져도 인류의 공통성을 수도 없이 발견할 텐데 말이다.

유럽과 중동 및 아프리카 간의 비교연구 및 동양지역에 대한 단독연구는 셀 수없이 많으나, 유라시아 대륙의 서쪽과 동쪽의 역사와 문화를 한꺼번에 비교해본 경우는 드물다. 어렵기 때문이다. 하지만 어려운 만큼 더 자세히 들여다보는 훈련을 거쳐야 할 것이다. 오랜 기간 문화는 물 흐르듯 전해졌지만, 어떻게, 왜 전해져야만 했는지는 모른다. 특정한 기준과 우리 민족의 상식으로 판단하여 정한 것이 아니라 흡수된 문물을 단순모방하다 보니 우리 것 마냥 된 것이 많다. 물론 한국적인 것에 너무 집착하지 않고 주변 세력의 영향을 받아들여 온 것이 뜻밖에도 이제까지의 생존과 성장의 비결이었는지도 모른다.

책의 앞부분이 다소 난해하더라도 천천히 읽어봐 주시면 좋겠다. 우리 것을 우리가 잘 모른다는 것이 의아하다. 당연히 안다고 생각해 왔기 때문에 오히려 대수롭지 않게 생각해 온 것이 아닌가 싶다. 능숙하고 완벽한 모방은 가능하겠으나, 기초 없이는 창조적 발전을 이룩할 수 없다.

한국인들은 용이라는 존재와 무척 밀접한 관계를 맺고 살아왔다. 우리에게 용은 길한 존재이다. 그리고 이 세상사람 모두가 용을 좋아할 것이라는 착각을 하기도 한다. 그런데 세상 저쪽에서는 용을 악마와 같은 악한 존재로 여기는 사람들이 살고 있다. 고로 용의 기원을 찾다보면 왜 같은 뿌리인 인류가 서로 정 반대의 사상과 전통을 지니게 되었고 용에 대한 상징의 차이가 발생되었는지도 알게 될 것이다.

 용에 대한 기록이 무척 많을 것이란 예상과는 달리, 유감스럽게도 그 자료가 상당히 적은 편이다. 이 글은 세계 각지에서 기록된 용에 대한 정보를 모아놓은 '용에 대한 백과사전' 격이며, 외국에도 이정도의 자료는 아직 없다고 본다. 용이라는 영물의 구체적인 묘사뿐만 아니라 용이 갖는 영적靈的 의미에 대한 해석 또한 가능하면 빈틈없이 수집하여 놓았으므로 용에 대해 공부해 보려는 독자들에게는 귀한 자료가 되리라 믿는다.

나는
용이다

01
용과 나

"무슨 띠세요?"

한국 사람이라면 자주 받는 질문이다.

우리는 각자가 태어난 해와 달을 기준으로 해서 열두 가지의 동물들로 이루어진 띠를 가지고 있기 때문이다.

옥황상제玉皇上帝께서 세상을 대표할 열두 동물을 뽑는 경연대회를 개최하였는데, 쥐가 일등을 차지해서 십이지十二支 중 가장 첫 번째 자리를 차지했고, 쥐의 방해로 대회에 참가하지 못한 고양이는 쥐와 원수가 되었다고 한다. 하지만, 베트남에는 토끼卯띠 대신에 고양이猫띠가 있어서 월남越南의 쥐와 고양이의 사이는 특별히 나쁠 것 같진 않다. 특이한 점은 토끼를 뜻하는 '卯' 자와 고양이를 뜻하는 '猫' 자가 우리 발음으로는 모두 '묘'로 같다는 것이다. 쥐 때문에 고양이가 밀려난 것이 아니라 토끼 때문인 듯하다. 신기함을 나타내는 기묘奇妙라는 한자 단어는 육십갑자六十甲子에서의 기묘己卯와 혼용해서 사용하기도 한다.

열두 동물 즉, 십이지는 쥐, 소, 범, 토끼, 용, 뱀, 말, 양, 원숭이, 닭, 개, 돼지이며 한자로는, 자子, 축丑, 인寅, 묘卯, 진辰, 사巳, 오午, 미未, 신申, 유酉, 술戌, 해亥이고, 십이지를 줄여 지지地支라고도 한다. 소 우牛, 말 마馬, 돼지 돈豚 식으로 표기하지 않는 것이 십이지의 묘한 특색이다. 가령, 용은 용龍이 아닌 진辰이라 표기한다.

십간十干이라는 체계도 존재하며, 십천간十天干이라고도 불린다. 그리고 십간이 십이지와 어우러지면, 한 차원 높은 육십갑자六十甲子라는 체계가 만들어진다.

열 개의 한자로 구성된 십간은 만물의 기초이며 하늘의 다섯 가지 기운을 나타내는 오운五運인 목木, 화火, 토土, 금金, 수水 등을 다시 음陰과 양陽의 두 성질과 배합하여, 5×2=10이 된 것이다. 예를 들어 십간의 첫 글자인 갑甲과 십이지의 첫 글자인 자子가 한 짝을 이루는 것처럼 십간의 열 글자와 십이지의 열두 글자끼리 짝을 맞춰주다 보면 소위 일주一柱라는 짝이 생기게 된다. 십이지가 십간보다 글자가 두 개 더 있으므로, 10과 12의 짝을 맞추기 위해 차례대로 순행順行시키면 육십 주기가 이루진다.

십이지는 동물들을 의미했지만 십간은 음과 양, 동서남북 등의 방위, 강하고 약한 성질 혹은 순서나 차례 등을 표시하는 데 사용된다. 십간의 대략의 의미는 다음과 같다.

갑甲은 첫째라 단단하다.

을乙은 둘째이지만 새것이다.

병丙은 남쪽이고 불이며 빛난다.

정丁은 일꾼이며 강성하다.

무戊는 무성茂盛하며 무기인 창과 같다.

기己는 몸이며 자기自己이므로 사욕을 다스려야 한다.

경庚은 별의 길이라 변화가 이어진다.

신辛은 맵고 독하여 슬픔과 허물을 부른다.

임壬은 북쪽이며 간사하나 성대盛大하다.

계癸도 북쪽이며 겨울이며 전쟁을 뜻할 수도 있다.

육십갑자는 동양에서 미래의 길흉화복을 알아보는 역법의 기초이며 십간과 십이지를 순서대로 결합하여 나열하였기에 육십 가지이다. 육십갑자는 십간을 윗단위로, 십이지를 아랫단위로 하여 이루어지며, 육십갑자를 줄여 '육갑'이라 한다. 갑甲이 순행하다가 다시 제자리로 돌아오는 60년을 1주기, 즉 회갑回甲이라고 한다.

"육갑을 떤다."라는 말을 들으면 기분 나빠할 사람이 많을 텐데, 이것은 욕이 아니다. 운세를 보기 위해 손가락으로 육십갑자를 헤아리는 모습을 보고 '육갑을 떤다'고 하므로 육갑도 많이 배운 사람이어야만 제대로 떨 수 있다.

필자 부부夫婦는 용띠와 뱀띠인데, 필자는 갑진甲辰년생 청룡靑龍이고 처妻는 을사乙巳년생 청사靑蛇이다. 1000년 이상 묵으면 청룡靑龍이 되어 승천한다는 전설 속의 푸른색 뱀인 청사靑蛇. 용과 뱀이 한 집안에서 함께 산다는 것… 아내의 나이가 천년이 차면 우리 부부는 둘 다 청룡이 되어 함께 승천하게 될 것이라는 재미있는 상상을 해본다.

실제로도 용띠와 뱀띠의 관계는 용띠의 양토陽土와 뱀띠의 음화陰火의 성질이 만나 상호보완해주는 상생相生관계이므로 아내가 남편을 위하여 헌신적으로 봉사하며 사랑으로 보살피는 형국으로 서로가 화목하고 경제적인 여유가 생겨 백년해로百年偕老 할 수 있는 좋은 인연이고, 용과 뱀이 함께 승천하는 길상吉祥이라고 하니 일단 기대를 해볼 생각이다.

그런데 양력(그레고리曆)의 연도年度를 기준으로 띠가 갈리는 것이 아니라, 통상 그해의 입춘立春을 기준으로 띠가 정해지는 만큼, 필자가 입춘 이전에 태어났으면 용띠가 아닌 토끼띠가 되는 셈으로, 그랬으면 뱀띠인 처와 보통 궁합으로 끝날 뻔했다.

연번	십간				십이지				
1	갑	양	목	木	자	쥐	양	수	水
2	을	음	목	木	축	소	음	토	土
3	병	양	화	火	인	범	양	목	木
4	정	음	화	火	묘	토끼	음	목	木
5	무	양	토	土	진	용	양	토	土
6	기	음	토	土	사	뱀	음	화	火
7	경	양	금	金	오	말	양	화	火
8	신	음	금	金	미	양	음	토	土
9	임	양	수	水	신	원숭이	양	금	金
10	계	음	수	水	유	닭	음	금	金
11					술	개	양	토	土
12					해	돼지	음	수	水

십간십이지의 음양오행 도표 중에서의 양토(陽土) 및 음화(陰火)

필자 부부가 둘 다 푸를 청靑의 성질을 지녔다고 말씀드린바 있듯이, 띠는 특이하게도 십이지十二支와 십간十干이 조합되면, 동물별로 그 색깔도 결정된다. 십간이 지닌 오방색五方色색의 성질 때문이다.

구분	갑을	병정	무기	경신	임계
색	청색	적색	황색	백색	흑색
방위	동	남	중앙	서	북

십간에 따른 색의 차이, 즉, 십간에게 부여된 색(色)과 방위(方位)

고로, 갑진甲辰년생은 청룡이며, 병진丙辰년은 붉은 용, 무진戊辰년은 황룡, 경진庚辰년은 백룡 그리고 임진壬辰년생은 흑룡이 된다. 원래 가운데 중中의 색은 노란색을 의미하는 황黃이지만 격을 높여 황금색이라고 표현하기도 한다.

십간\십이지	청색(靑)		적색(赤)		황색(黃)		백색(白)		흑색(玄)	계
	갑	을	병	정	무	기	경	신	임	
자 (쥐)	1984		1996		2008		1960		1972	
축 (소)		1985		1997		2009		1961		1973
인 (범)	1974		1986		1998		2010		1962	
묘 (토끼)		1975		1987		1999		2011		1963
진 (용)	1964		1976		1988		2000		2012	
사 (뱀)		1965		1977		1989		2001		2013
오 (말)	2014		1966		1978		1990		2002	
미 (양)		2015		1967		1979		1991		2003
신 (원숭이)	2004		2016		1968		1980		1992	
유 (닭)		2005		2017		1969		1981		1993
술 (개)	1994		2006		2018		1970		1982	
해 (돼지)		1995		2007		2019		1971		1983

색상별로 분류된 대략의 육십갑자

연습 삼아, 몇 가지 중요한 역사적 사건들의 이름을 잠시 짚고 넘어가 보겠다. 임진왜란壬辰倭亂을 일본에서는 분로쿠노에키文禄の役라 부르는데, 일본식의 표기는 메이지유신明治維新의 경우처럼 일본왕의 원호元号로 시대를 구분하는 경향이 있다. 명나라에서도 임진왜란을 만력조선지역萬曆朝鮮之役이라 하여 명의 원호를 사용했다. 우리식으로 말하자면 선조宣祖 25년의 난亂쯤 되는 셈이다. 이쯤 되면 연도의 추적이 어려워지므로, 차라리 육십갑자로 표기하는 쪽이 훨씬 편리하다고 느낄 것이다.

　1882년의 임오군란壬午軍亂, 1884년의 갑신정변甲申政變, 1894년의 갑오개혁甲午改革, 1895년의 을미사변乙未事變 및 1905년의 을사늑약乙巳勒約 등이 국사國史 교과서에 등장하는데, 굳이 일본처럼 원호로 표기하자면, 을사늑약은 대한제국 '광무光武 9년의 늑약'이라고 표현할 수 있겠다.

간지	연도			간지	연도		
갑자	1864	1924	1984	갑오	1834	1894	1954
을축	1865	1925	1985	을미	1835	1895	1955
병인	1866	1926	1986	병신	1836	1896	1956
정묘	1867	1927	1987	정유	1837	1897	1957
무진	1868	1928	1988	무술	1838	1898	1958
기사	1869	1929	1989	기해	1839	1899	1959
경오	1870	1930	1990	경자	1840	1900	1960
신미	1871	1931	1991	신축	1841	1901	1961
임신	1872	1932	1992	임인	1842	1902	1962
계유	1873	1933	1993	계묘	1843	1903	1963
갑술	1874	1934	1994	갑진	1844	1904	1964
을해	1875	1935	1995	을사	1845	1905	1965
병자	1876	1936	1996	병오	1846	1906	1966

간지	연도			간지	연도		
정축	1877	1937	1997	정미	1847	1907	1967
무인	1878	1938	1998	무신	1848	1908	1968
기묘	1879	1939	1999	기유	1849	1909	1969
경진	1880	1940	2000	경술	1850	1910	1970
신사	1881	1941	2001	신해	1851	1911	1971
임오	1882	1942	2002	임자	1852	1912	1972
계미	1883	1943	2003	계축	1853	1913	1973
갑신	1824	1884	1944	갑인	1854	1914	1974
을유	1825	1885	1945	을묘	1855	1915	1975
병술	1826	1886	1946	병진	1856	1916	1976
정해	1827	1887	1947	정사	1857	1917	1977
무자	1828	1888	1948	무오	1858	1918	1978
기축	1829	1889	1949	기미	1859	1919	1979
경인	1830	1890	1950	경신	1860	1920	1980
신묘	1831	1891	1951	신유	1861	1921	1981
임진	1832	1892	1952	임술	1862	1922	1982
계사	1833	1893	1953	계해	1863	1923	1983

연대(年代)와 비교한 육십갑자 표는 우리역사 공부에 있어 필수 자료이다.

한국인들이 남자의 띠로는 강렬한 용이나 호랑이를 선호하기에 가끔 이런 질문도 받는다.

"용이라서 행복하세요?"

우리에게 띠는 일종의 아바타avatar[1]처럼 느껴진다. 물론 자신의 띠 동물에 대해 크게 신경 쓰는 사람은 없지만, 이왕이면 멋진 화신化身이나 분신分身을 가진 사람들이 그렇지 못한 사람들에 비해 좀 우쭐하게 되는 것은 사실이다. 닭이나 쥐가 나온 태몽을 꾸셨다는 어머니들은 별로 접해보지 못한 것 같다.

"용이라서 행복하세요?"라는 질문에 대한 나의 대답은 가끔 이렇다. "저는 용이 아니고 게자리Cancer(♋) 또는 거해궁巨蟹宮입니다."라 고. 참고로 게자리와 거해궁은 같은 말이다. 이렇게 슬쩍 답변을 피 해가는 이유는, 용띠임을 용납容納, 아니 용납龍納할 수 없을 때가 있 기 때문이다. 왜일까? 용龍이 무조건 좋은 영물靈物만은 아닐 것이라 는 선입견도 일부 작용했을 것이다.

꼿꼿하게 서서 다니던 큰 뱀인 용龍, dragon이 이브Eve를 꼬드긴 죄 로 하나님의 저주를 받아, 평생 땅바닥에 몸뚱이를 질질 끌고 다녀야 하는 '질질 끌다, 즉, 영어로 '드래그 온drag on'이라는 벌을 받았는데, 'be a drag on'이라는 영어 숙어는 '방해가 되다'라는 뜻이라고 한다. 이처럼 방해가 되는 '장해물'은 영어로는 'obstacle'이고, 그리스어로 는 '사타나Σατανᾶ'이다. 나의 상징이 사탄의 상징일 수 있다는 것이다. 신약성경 마태복음을 보면, 자신의 제자인 베드로가 앞을 가로막자, 예수님이 다음과 같이 말씀하신다.

> 예수께서 돌이키시며 베드로에게 이르시되 사탄아 내 뒤로
> 물러가라. 너는 나를 넘어지게 하는 자로다. 네가 하나님의 일
> 을 생각하지 아니하고 도리어 사람의 일을 생각하는 도다 하
> 시고 (마태복음 16장 23절)

한국식 띠로는 용과 뱀이지만, 서양西洋식 띠인 황도십이궁黃道十二 宮, Zodiac으로는 우리 부부는 우연히도 같은 '게자리'로 둘의 별자리 가 같다. 물론 게자리도 마냥 좋지만 않은 이유가, 게의 다리처럼 상 처가 넓게 퍼져나간다고 해서 히포크라테스(BC 460~370) 시절부터

종양의 일종을 의미했고, 현대 의학에서는 악성종양인 암癌을 의미하기에 게자리Cancer라는 어감語感도 별로 좋지는 않다.

서양의 띠는 동양의 것처럼 연도별로 구분되지 않고 월月별로 구분된다. 이왕 서양식 띠인 별자리 이야기가 나왔으니, 조디악Zodiac에 대해 잠깐 소개해 보도록 하겠다.

서양에도 용띠가 있을까?

서양에서는 황도십이궁의 별자리가 동양의 십이지의 띠를 대신한다고 보면 될 것 같은데, 그렇다면 용이나 뱀띠는 십이궁 중에서 물고기자리Pisces와 연관이 있지 않을까? 이무기가 물고기이고, 이무기는 물고기들의 대장이고, 이무기가 용이 되는 것이고, 게다가 십이궁 중에는 뱀이나 용자리는 없으니 말이다.

황도라는 것은 지구에서 관찰했을 때에 보이는 태양과 달이 지나는 길이기 때문에 '누런빛의 길'을 뜻한다. 천구天球상에서 황도가 통과하는 길에 놓여 있는 열두 개의 별자리들을 황도십이궁이라고 부르며, 360도짜리 원인 황도를 30도씩 12등분하여 열두 곳에 위치한 별무리들에게 이름을 붙여준 것이다. 즉 30도×12=360도인 셈이다.

춘분점春分點에 위치한 물고기자리를 시작으로 해서 양, 황소, 쌍둥이, 게, 사자, 처녀, 천칭天秤, 전갈, 궁수, 염소, 물병자리의 열두 개의 별자리가 있다. 궁宮이란 건 별 하나가 아닌 몇 개의 별로 이루어져 있어 마치 궁전처럼 보인다거나 별들이 사는 곳 같다는 의미에서 붙여진 명칭이다.

분점equinox인 춘분과 추분점秋分點, 그리고 지점solstice인 하지와 동지점도 황도가 지나는 선 위에 존재한다. 황도를 뜻하는 영어인 이클립틱ecliptic의 원래의 뜻은 '감추어지다'이다. 달이 지구의 그림자에 가려지는 현상인 월식이나 달이 태양을 가리는 일식 현상도 영어로 이클립스eclipse라고 한다.

실제 천구상의 태양의 궤도면은 완벽한 평면을 이루지 않지만, 평면이라고 가정했을 때의 평균 궤도면을 황도면黃道面²이라 한다. 황도는 적도赤道와 23° 27′쯤 경사지게 기울어져 있으며, 황도상의 태양이 남에서 북으로 적도를 가로지르는 점이 춘분점이 된다.

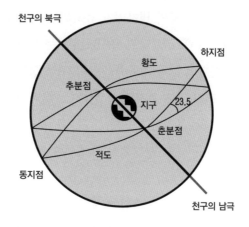

황도, 적도 및 춘분, 추분점과 하지, 동지점 및 적도(equator)와
황도(ecliptic)간의 기울기인 약 23도 50분(정확히는 23도 27분)

황도십이궁黃道十二宮, Zodiac의 순서를 보자.

서양의 띠는 우리의 음력처럼 매년 날짜의 변동이 발생할 수 있으므로 해마다 조정이 필요하다. 즉, 십이지가 입춘立春의 영향을 받듯, 황도黃道의 위치인 황경黃經의 구간도 태양이 춘분점春分點을 지나가는 시점에 따라 해마다 조금씩 그 날짜가 달라질 수 있다.

별자리	상징	기간	표식	행성	상징	표식
양	Aries	3/21~4/19	♈	태양	Sun	☉
소	Taurus	4/20~5/20	♉	달	Moon	☽
쌍둥이	Gemini	5/21~6/21	♊	수성	Mercury	☿
게	Cancer	6/22~7/21	♋	지구	Earth	⊕
사자	Leo	7/22~8/22	♌	화성	Mars	♂
처녀	Virgo	8/23~9/22	♍	금성	Venus	♀
저울	Libra	9/23~10/22	♎	목성	Jupiter	♃
전갈	Scorpio	10/23~11/21	♏	토성	Saturn	♄
궁수	Sagittarius	11/22~12/21	♐	천왕성	Uranus	♅
염소	Capricorn	12/22~1/19	♑	해왕성	Neptune	♆
물병	Aquarius	1/20~2/18	♒	명왕성	Pluto	♇
물고기	Pisces	2/19~3/20	♓			

황도십이궁의 별자리(Zodiac)의 표식과 행성의 표식을 설명한 표이다. 점성술에서는 태양과 달도 행성에 포함시키는 경우가 많다. 황도십이궁의 별자리에는 적용되는 기간을 포함시켰다. 열두 번째 별자리인 Pisces(♓)대신 그리스어 익수스(Ἰχθύες)를 사용하는 경우도 있다. 명왕성(Pluto) 표식으로는 ♇ 외에 ♇도 사용되어 왔는데, 명왕성은 국제 천문학 연합회(International Astronomical Union, IAU)에 의해 2006년 8월 24일 태양계의 행성에서 제외되었다.

황도십이궁 또한 우리의 십이지처럼, 각각의 운세運勢와 성질性質을 지니고 있어서, 오랜 역사 동안 운세를 맞추는 점성술astrology에 활용되어 왔으며 별자리에 따라 그 특정한 성질character을 지니고 있다.

양Aires은 유동성이 있는 불이다.

소Taurus는 고정된 흙이다.

쌍둥이Gemini는 평범한 공기이다.

게Cancer는 유동적 물이다.

사자Leo는 고정된 불이다.

처녀Virgo는 유동적 공기이다.

저울Libra은 유동적 공기이다.

전갈Scorpio은 고정된 물이다.

궁수Sagittarius는 평범한 불이다.

염소Capricorn는 유동적 흙이다.

물병Aquarius은 고정된 공기이다.

물고기Pisces는 평범한 물이다.

점성술과 유사한 용어로 천문학이라는 것이 있는데, 우리말로는 단어생김새부터 크게 달라서 구별이 쉽지만, 영어로는 아스트롤로지astrology와 아스토로노미astronomy이므로, 구별이 애매하다.

천문학astronomy은 천체天體의 물체들, 우주, 물리적 우주를 통합적으로 다루는 과학을 뜻하는 반면, 점성술astrology은 별의 위치나 움직임이 인사人事나 자연세계에 주는 영향을 해석하는 학문이다. 더 단순하게 표현하자면 점성술은 별을 이용하여 점占을 치는 것이고, 천문학은 천체를 연구하는 과학이다.

점성술은 고대 그리스 시대에 가장 화려한 전성기를 누리다가 급격히 쇠약해지게 된다. 점성술사들과 관련된 이야기 중에서 가장 유명한 사건인 기원전 2~3년경의 일인 '동방박사 세 사람'의 이야기를 잠시 살펴보자.

헤롯 왕 때에 예수께서 유대 베들레헴에서 나시매 동방으로부터 박사들이 예루살렘에 이르러 말하되, 유대인의 왕으로 나신 이가 어디 계시냐? 우리가 동방에서 그의 별을 보고 그에게 경배하러 왔노라 하니, 헤롯왕과 온 예루살렘이 듣고 소

동한지라. (마태복음 2장 1~3장)

동방박사란 동쪽에서 온 점성술사 혹은 마술사들을 의미하며, 영어의 매직magic이란 단어의 유래가 된 고대 그리스어 마기magie에서 나왔다. 베들레헴의 먼 동쪽에서 살고 있던 이들이 미리 별의 징조를 알아차리고 왕의 탄생을 예측하여 예루살렘까지 찾아온 사건이었다.

점성술은 개인의 성공과 실패 같은 미래를 예측하는 것이 보편적이지만, 고대古代에는 훨씬 더 비중 있는 일을 담당했다. 점성술사들은 왕이나 황제의 죽음과 탄생 및 교체, 혁명의 발생, 국가의 흥망, 새로운 국가의 탄생 등을 예언했다. 고로, 이들이 멋대로 떠들고 다닐 경우, 민심이 술렁거려 국가나 민족의 존폐위기가 발생할 수 있었기에 집권층들은 이를 매우 예민하게 받아들였다.

로마제국의 콘스탄티누스 대제(AD 272~337)가 기독교를 국교로 인정하면서 점성술은 급격한 퇴락의 길을 걷게 된다. 이후에 등장한 이슬람교에서도 마찬가지였다. 유일신 제도에 입각하여 세사, 법률, 생활의 기준을 결정하였고 점성술을 탄압함으로써 국가 전복이나 흉흉한 소문 등을 사전에 차단하고 통제하였을 것이다.

동양도 다를 바가 없었는데, 천지신명天地神明, 일월성신一月星辰을 숭배하던 동양에 불교라는 통일된 교리가 전파되면서 토속신앙과 민속신앙은 밀려나고 심지어는 미신迷信이라 천대받기까지 한다.

점성술에 대한 탄압이 유독 심했던 서양의 중세시대에는 점성술사가 함부로 나서다가는 종교재판inquisition에 회부되어 마녀witch나 마법사wizard로 몰려 화형당하기 십상이었다.

흥미롭게도 이런 상황에서 살아남은 사람이 있는데, 프랑스계 유태인이었던 예언가 노스트라다무스이다. 그는 해서는 안 될 위험한 예언들을 쏟아내게 되는데, 다행히도 그의 예언이 적중하였고 그의 예언에 도움을 받은 왕비의 비호庇護를 받게 된다. 노스트라다무스는 4행시로 된 예언을 통해 프랑스의 왕인 앙리 2세가 처참하게 죽게 될 것임을 예언하는데, 이런 예언은 자살행위나 다름없었다. 그러나 그의 말대로 1559년 친선 마상馬上겨루기 도중에 우연한 사고로 부상을 당한 앙리 2세가 10일 만에 사망하자, 노스트라다무스는 프랑스 왕의 미망인이자 어린 세자의 섭정을 맡게 된 왕비의 두터운 신임을 얻어 보호를 받으며 살게 된다.

자신과 같은 동질同質적인 운명을 타고난 존재들에 대한 애착심은 어느 인간에게나 있기 마련이다. 자신과 궁합이 잘 맞거나, 자신을 상징해 주는 데 딱 알맞거나, 자신이 닮고 싶은 존재가 있을 것이다. 더 적합한 단어를 찾아보고 있는데, 기질氣質, character 만한 표현도 없을 듯하다. 앞서 언급한 십이지의 띠라든지, 자신의 별자리든지, 혹은 지금 소개할 탄생석誕生石도 자신의 기질을 대표하는 상징물symbol이라 볼 수 있다.

월	보석	의미
1월	가넷(garnet)	진실, 우정
2월	자수정(amethyst)	평화, 성실
3월	아콰마린(aquamarine)	총명
4월	다이아몬드(diamond)	고귀
5월	에메랄드(emerald)	행복
6월	진주(pearl)	건강, 부귀
7월	루비(ruby)	용기, 정의
8월	페리도트(peridot)	부부금실
9월	사파이어(sapphire)	진리, 불변

월	보석	의미
10월	오팔(opal)	희망, 순결
11월	토파즈(topaz)	우정
12월	터키석(turquoise)	성공, 승리

열두 가지의 탄생석. 월별로 탄생석이 지정되어 있으며, 각각의 특별한 의미를 지니고 있다.

저자의 탄생석은 진주眞珠다. 다이아몬드가 아닌 것이 조금 아쉽긴 하지만, 그나마 비린내 나는 생선들과 마구 섞이는 일을 뜻하는 어목혼주魚目混珠만 피하면 될 것 같다. 진짜 구슬이라는 뜻의 진주이니 만큼 많이 뿌듯하다. 진주조개 속의 진주는 아픈 상처에서 나오는 진액이 굳어져 만들어진다. 암흑 속에서 고통을 이기며 값진 보물로 천천히 성장한다.

내가 이 세상에 태어나 자의적으로 선택한 것이 아님에도 불구하고 출생과 동시에 운명처럼 주어지는 개개인의 상징물들이 한두 개가 아니란 것을 발견하게 된다. 언제부터인가 나는 용, 게, 진주와 닮아 있다고나 할까? 내가 이 세 가지의 성질을 지니고 있다는 뜻이 된다.

개띠, 닭띠, 쥐띠보다야 호랑이띠나 용띠가 좀 있어 보이지 않는가? 그리고 비록 닭띠나 개띠라도 우리는 자신의 띠를 소중하게 생각하고 산다. 이건 성형수술이나 개명改名으로 바꿀 수 없기 때문이고 또 바꿀 수 없음을 이미 다 알고 있기에, 포기하고 인정해야만 했기 때문일지도 모르겠다. 즉, 운명運命의 운과 명에 있어서, 명命에 해당되는 부분일 것이다.

이 외에도, 체액體液설, 오행五行설, 십간十干, 사상四象체질 등 그 사람의 기질氣質을 나타내 주는 상징적인 분류방법이 한두 가지가 아닌데, 지금 설명 중인 기질 외에도 우리에겐 일종의 분신分身, 수호신

守護神 혹은 수호신령守護神靈이 존재할 수도 있다. 어떤 이들은 이것도 모자라서 부적符籍을 지니고 다니기도 하며 몸에 특정한 의미를 지닌 문신tattooing을 새기기도 한다. 이는 밖으로 드러나고 만질 수 있는 물질적인 것으로 심성心性적인 것을 보완補完해 보겠다는 개인적 의지일 것이다. 물론 우리의 인품이나 외모 혹은 목소리, 행동 등도 우리를 상징하는 대표적인 가시可視적 표현수단이라 할 수 있겠다.

이번에는 유럽 중세시대의 생리학에서 유래된 '체액설體液說'의 체액, 즉, '유머humor'라는 것에 대해 잠시 소개하겠다. 체액은 일종의 기질氣質, temperament이며 인체를 구성하는 요소element이다.

쓸개즙과 같은 성질을 말하는 '담즙성膽汁性, choleric'이라는 단어가 있는데, '걸핏하면 화를 낸다'는 의미를 지니고 있다. 쉽게 말하자면 다혈질多血質인 것이다. 나쁜 뜻만은 아닌 것이, 급하고 빠른 반응을 보이기는 하지만, 지배적 성격으로 분류되어 지도자나 생산자, 건축가에 맞는 성격이며 불fire의 성질을 지니고 있다는 식이다. 뒤에 설명 드릴 우리의 사상의학四象醫學 체질과 유사하다.

점성술처럼 점을 쳐서 사람의 성향이나 운명을 맞추는 것이 종교적으로 터부시, 즉 금단禁斷시 된 시대에도 체액설은 일종의 생리학적 의술醫術 혹은 철학의 일부라는 명목 하에 탄압받지 않고 계속 연구될 수 있었다.

담즙 외에 세 개의 기질이 더 존재하므로 사람의 기질은 모두 네 개로 구성된다. 두 번째는 혈색, 즉 붉은 빛의血液, sanguine의 성질로 이 또한 담즙성 기질과 유사하게 급하고 빠른 반응을 보이지만 사회적으로 유용한 성격을 지닌 사람들을 말한다. 배우, 세일즈맨, 연설자 타입이며 공기air의 성질도 지니고 있다. 세 번째로 점액질성 기질粘液質性, phlegmatic이 있는데, 냉정하고 끈적끈적한 성질을 지니고 있어서 반응은 느린 편이지만 끝내 원하는 것을 손에 넣는 타입이므로 외교관, 회계사, 선생님, 기술자 등에 어울리는 성격이고 물water의 성질을 지니고 있다. 네 번째는 우울한 성질憂鬱, melancholic인데, 흑담즙黑膽汁이라고도 불린다. 이 역시 차갑고 느린 반응을 나타내며 회피적인 성격의 소유자들이다. 하지만 예술가, 음악가, 발명가, 철학가, 의사 등의 적성에 맞으며 흙 혹은 지구earth의 성질을 지닌다. 중국어로는 '사종기질四種氣質, Four temperaments'이라 불리기도 한다. 하지만 각 개인이 어느 특정 기질만을 단독으로 지니고 있는 것이 아니라 네 가지의 혼합형이 가장 흔한 타입이다. 이러한 성질, 기질들은 동양의 음양오행설陰陽五行說 및 서양의 점성술과도 궁극적으로 연결되어 있다.

제5원소, 에테르aether

앞서 네 가지 기질 이외에 제5의 성질이 하나 더 존재한다. 그리스의 의사였던 히포크라테스Hippocrates(BC 460~370)는 이 네 가지의 성질이론을 자신의 의학적 이론의 한 부분으로 받아들여 고대의 의학적 개념인 체액설을 설명하는 데 사용하였다. 즉, 신체 내의 체액의 기질의 차이로 인하여 인간의 성격과 행동이 다르게 나타난다는 것이었다. 추후에 근대적 생화학生化學의 발전으로 인하여 이 이론은 배척당하게 되지만, 아직까지도 이러한 분류체계의 유사체계들이 활용되고 있는 편이다.

고대원소古代元素 혹은 전형典型적 요소들이라 하여 고대 그리스 시절의 통상적 분류는, 앞서의 네 가지 기질이 아닌 흙, 물, 공기, 불 그리고 에테르aether로 나뉜다. 에테르는 ether로 표기하기도 한다. 앞서 나온 일반적인 공기air와는 별도로, 고대인들은 저 높은 하늘에는 가득 찬 영기靈氣 혹은 정기精氣가 있다고 생각하였다. 이것이 바로 흙, 물, 공기, 불 이외의 제5원소인 에테르이다.

그런고로 고대원소 혹은 전형적 요소들은 원칙적으로는 4대 원소가 아닌 5대 원소로 표시한다. 이는 복잡한 자연의 이치를 보다 근본적 물질들의 성질로 설명해 보려는 노력에서 발생하였다고 보며, 이집트, 바빌로니아, 일본, 티벳, 인디아 등의 고대 문화에도 유사한 분류체계가 발견된다. 에테르는 우리가 숨 쉬는 보통의 공기가 아닌 바람風(그리스어로 πνεῦμα)과도 상통한다.

제5원소는 공空, 즉, 무無이기도 하다. 중국의 오성五性설에 의하면, 토土, earth, 수水, water. 목木, wood, 화火, fire, 금金, metal의 5성이 존재하므로, 그리스의 고대원소들과의 차이점은 공기와 에테르 대신에 목木과 금金이 있다는 점이다. 중국 문화도 상당히 오래되었을 것으로 추정되므로 금속시대 이전에 오행설이 성립되었다면 금金이 오행에 포함되지 말았어야 할 것이다. 고로, 혹시 중국철학이 서양철학보다 늦게 발생된 것 아니냐는 의문이 들기도 하고, 불교에서 이야기하는 영靈적인 요소인 공空은 물론 공기조차 언급하고 있지 않다는 점에 실망할 분들도 계실 것이다. 그러나 조금은 어려운 표현이겠지만, 객관적인 시선으로 본다면, 그리스는 에너지의 전이轉移, transition적 요소를 강조하였고 중국은 물질적 요소를 더 중시하였을 것으로 보는 것이 일반적 견해이다.

기질이나 체액을 결정하는 원소 혹은 요소를 유머humour라고 표현한 바 있는데, 우리가 흔히 사용하는 단어인 '유머', 즉, '익살'과 같은 어원이 맞다. 웃기는 유머가 아니라 자신과 주변 상황을 긍정적으로 이끌어나갈 수 있는 심리적 능력을 말하는 것이다. 이미 보셨듯이 이러한 유머는 우리 동양인들에게 익숙한 오행설五行設의 '목, 화, 토, 금, 수'의 성질과 유사한 측면을 보여준다.

사람의 특성이나 성질 중에는 특정 개인을 대표할 만한 기준이나 방법들이 매우 다양하기 때문에, 어떤 식의 분류방법이 가장 적합할지 애매할 때가 있다. 혈액형처럼 훨씬 더 익숙하고 이해하기 편리한 분류 방법도 있다. A, B, AB, O형의 네 가지 혈액형으로 사람의 성격을 비교하는 경우를 보셨을 것이다. 요즘, 결혼식을 마치고 부부가 된 사람들이 성격이 안 맞는다고 이혼한다고들 하던데, 성격이야 서로 맞추며 살면 되지만, 혈액형, 특히 자녀의 혈액형이 부모와 맞지 않으면 좀 심란한 현실에 맞닥치게 된다. A형이라고 해서 그냥 A형이 아니라, AA, AO형 모두가 A형으로 분류된다. B형도 마찬가지로 BB 혹은 BO이며, AB형은 그냥 AB, O형은 원래 OO형이다. 여기에 덧붙여 수혈 받을 때에 조심해야 하는 Rh 양성 혹은 음성 혈액형이 추가되어 있다.

띠나, 별자리, 혈액형과 기질 등의 성격과 성질은 물론, 심지어는 정신세계나 심리적 세상을 공유하는 경우도 있다. 사상, 이념, 종교의 공유와는 달리 병적인 정신상태가 서로 닮아 있는 경우도 발견된다.

감응성感應性 정신병인 '폴리어듀Folie à deux'[3]라는 것이 있는데, 이는 가족 등 밀접한 관계에 있는 두 사람 혹은 그 이상이 동일하거나 유사한 정신 장애를 갖게 되는 경우를 말한다. 듀deux는 더블double과 같은 뜻을 가지고 있다. '폴리어듀'라는 질환은 아주 드문 것만은 아닌데, 1933년 프랑스 북서부의 도시인 르망에서 '파핀Papin 자매'에 의해 벌어진 살인사건이 유명하다. 2017년 3월에는 한국의 인천에서도 유사한 사례가 발생하였다. 만난 지 얼마 되지도 않는 공범자 두 사람은 마치 오랫동안 서로 알아온 사람마냥 똑같은 생각과 동일한 행동을 통해 엽기적 범행을 저질렀으며 서로를 쌍둥이마냥 보호해 주려 했다.

쌍둥이 혹은 대역代役의 뉘앙스를 지닌 더블이라는 단어가 있다. 독일어인 '도플갱어doppelganger'도 '더블'과 비슷한 의미를 지니고 있다. 도플갱어는 1830년대에 소개된 용어인데, 말 그대로, '더블로 다닌다double-goer'는 뜻이다. 유령과 유사한 의미로도 사용되며 자기 자신의 절반折半의 기질을 상징하는 일종의 쌍둥이 같은 존재이며 또 다른 나我이다. 외로움을 많이 타는 아이들이 어릴 적 상상의 친구와 대화를 나누어가며 놀이를 하는 행위도 여기에 해당하며, 여행을 떠났다가 낯선 거리에서 자신 혹은 자신이 아는 사람과 똑 같이 생긴 사람을 발견하고는 소스라치게 놀라는 경험을 할 수도 있다.

도플갱어, 폴리어듀보다도 난이도가 높고 훨씬 어려운 단어임에도, 심지어 어린 어린이들까지도 알고 있는 용어가 있다. 앞서 언급했던 '아바타avatar'라는 산스크리트어다. 누군가, "아바타"라고 말하면, 서로 앞 다투어 너도 나도 봤다며 이야기할 듯한데, 워낙 유명했던 2009년의 판타지·SF영화인 〈아바타〉의 영향일 것이다. '특정대상의 몸 안에 다른 사람의 의식을 주입하여 원격으로 조종한다는 개념'이 이야기의 소재인 만큼 매우 흥미진진한 영화였다. 하지만 여러분이 진짜 아바타를 보셨다면 대단하신 거다.

아바타(아주 고대부터 있어온 용어이지만)는 대략 1784년경에 서양에 소개된 힌두교의 신神적 요소를 지칭하며, 더 정확하게는 '아바타르나avatarana'인데, 신이 이 땅에 인간의 모습으로 온 것을 말하므로 서양의 성육신成肉身, incarnation과 유사하며, '위에서 아래로 내려왔다'는 뜻을 지니고 있다. '가로질러가다to cross over' 혹은 '통과해서 보다see through'라는 의미도 지니고 있다.

1815년에는 '무언가 추상적인 것으로부터의 구체적인 화신화化身化'라는 의미로 사용되었으므로, '보이지 않던 것이 겉으로 드러나다'라는 단어인 '현재顯在'의 의미를 지니고 있다. 영지주의 기독교에서 말하는 그리스도 가현설假現說, Docetism과도 유사하다. 컴퓨터 환경이나 공상 과학적 요소가 활발한 현대에 와서는, 아바타의 의미가 '얼라이트alight'라는 단어와 동일한 의미로 사용되고 있는데, 이는 불이 붙어 훨훨 타고, 기쁨과 흥분으로 빛을 발하고 새처럼 내려앉는 상태를 뜻한다. 인도에서는 숭배 받을 만한 인간이나 종교지도자인 구루guru를 지칭할 때에도 사용된다. 그리고 구루는 원래 힌두교, 시크교의 스승이나 지도자를 일컫는 말이지만, 요즘의 인터넷 시대에서는 특정 주제에 관해 많은 양의 유용하고 정확한 정보를 지닌 전문가나 권위자를 구루라고 추켜 부른다.

아바타를 공상과학영화의 제목정도로 받아들이거나, 컴퓨터 등을 이용한 SNS 상에서 자신의 개성적 상징을 지칭하는 닉네임(별명)쯤으로 받아들이는 것은 다소 무지한 행위로 보인다. 아바타라는 용어는 상상하기 어려울 정도로 심오한 의미를 지니고 있으므로 조심스럽게 사용하여야 한다. 잘못하면 아이돌idol(우상)이라는 단어처럼 오용될 수 있다.

이제까지는 개인의 상징에 대해 알아보았다면, 이번에는 공동체적 상징물에 대해서 알아볼 예정이다. 띠, 별자리, 탄생석, 혈액형, 기질, 체질, 아바타 등 개인의 특성이나 성향을 상징하는 심벌象徵物, symbol들과 개인의 수호신이나 수호천사가 존재한다면, 지역이나 집단 혹은 부족部族이나 마을 등에는 어느 정도의 동질성을 지닌 채로 모여 살고 있는 사람들의 집단적 상징 혹은 수호신이란 것이 존재하게 마련이다.

우리나라의 전통적인 수호신 겸 마을의 문지기는 당연히 천하지대장군天下之大將軍과 지하여장군地下女將軍이었다. 하지만 과거에 비해 이들을 찾아보기 힘들어졌다. 간혹 세워져 있다 하더라도 흉물스럽게 시멘트로 제작되어 마치 전봇대마냥 세워져 있을 따름이다. 이들은 원래 석재石材가 아닌 나무로 만들어졌기에 쉽게 훼손당하기 일쑤였다. 땔감으로 사용할 나무가 귀했던 조선시대에는 〈가루지기전(변강쇠타령)〉의 주인공인 게으른 변강쇠가 이 수호신들을 뽑아다가 마치 장작 패듯 하여 땔감으로 쓴 탓에 저주를 받았다는 이야기도 전해진다. 진짜 다들 마을의 수호신을 몽땅 땔감으로 가져다 써서 사라져 버린 것일까?

천하지대장군, 지하여장군

일반인들은 잘 모르지만, 벅수라는 것도 있다. 벅수는 천하지대장군처럼 우뚝 솟아 있지 않고, 아주 겸손한 저자세로 마치 잠복근무 중인 있는 형사들처럼 마을 어귀의 수풀 바로 뒤편에 숨어 있어 눈에 잘 띄지 않는다. 마치 군인들이 은폐隱蔽해 있듯 길 옆 풀숲 사이에 나란히 혹은 홀로 숨어 있곤 한다. 하지만, 드나드는 사람들을 죄다 감시하고 있기에 마을 어귀의 몰래카메라인 셈이다.

천하지대장군이건 벅수건 모두 '장승'을 일컫는 말이지만, 형태도

길옆 수풀 속에 숨어있는 한 쌍의 벽수

다르고 재료도 다르다. 장승은 돌이나 나무에 사람의 얼굴을 새겨서 마을 또는 절 어귀나 길가에 세운 푯말을 말한다. 돌로 된 장승을 '벽수'라고 부르는데, 그 지역의 안녕과 질서를 수호해 준다고 믿는 수호석신石神이다. 멀게는 선사시대부터 마을의 어귀에 세운 샤머니즘적 경계境界 표식으로 마을로 침입하는 악귀나 재앙을 막아주는 수호신 역할을 했다고 한다.

돌하르방 혹은 벽수머리

　제주도 여행객이 늘어나고 제주도의 상징인 돌하르방의 유명세가 올라갔지만, 돌하르방은 보았어도 벽수는 못 보셨다는 분들도 계실 것이다. 당연히 돌하르방도 벽수의 일종이다. 제주의 돌하르방은 비가 많이 내려서인지 모자를 쓰고 있다. 얼굴 모양이나 몸집이 닮았지만 가장 공통적인 유사점은 과

장되게 큰 두 팔과 손을 위아래로 포개어 배 위에 놓이도록 처리한 모습이다. 제주도의 돌하르방은 '벅수머리'라고도 불린다.

이런저런 이유로 인해 세워져 수호신 역할을 했던 나무나 돌로 만들어진 조각상들이 굳이 미신적인 우상이거나 섬김을 받는 신의 위치에 있었던 것은 아니다. 우리가 집을 지켜주는 애견을 믿고 편히 잠이 들거나 보안경비시스템을 설치해 놓고 마음을 놓는 것은, 그것을 '믿고 있다'는 행동이지만 '숭배한다.'고는 볼 수 없다. 믿는다는 것과 숭배한다는 것은 엄연하게 다른 것이다.

장승이나 벅수같은 순우리말보다도 우리가 역사책이나 문화서적을 통해 먼저 습득한 용어는 다름이 아닌 외래어 토템totem인 듯하다. 토템은 원시적 사회에서, 자신들의 부족 및 씨족 등과 특별한 혈연관계가 있다고 믿고 신성시 여기는 특정 동식물 또는 자연의 상징물을 마을 주변에 눈에 잘 띄도록 나무나 바위 등을 이용하여 가능한 한 화려하게 장식하여 세워놓은 것을 말한다. 토템의 기능은 각 부족의 지리적, 문화적 경계境界를 표시하는 것이 그 주목적이었을 것이다. 그러므로 토템은 각 부족 및 씨족 사회 집단의 상징물이기도 하다.

어찌 보면, 인천국제공항 입구나 광화문 네거리에 펄럭이는 태극기도 일종의 토템적 상징물이라고 할 수 있겠다. 각 나라의 국기나 군대에서 사용하는 깃발 등에는 빠짐없이 토템적 상징이 포함되어 있다. 호랑이와 곰이 겨루어, 곰이 우리의 조상이 되었다고 해서 반드시 곰 표식을 해야만 하는 것은 아니었지만, 토템들은 대체적으로 자기 부족의 혈연적, 설화적 상징물로 장식이 되었다. 그리고 천으로 만든 국기가 먼저 등장한 것이 아니고, 돌이나 나무, 청동, 철 혹은 나무판자로도 제작되었다.

역사책이나 영화에 수시로 등장하는 고대 로마제국의 상징물 중에 그 명칭이 '시그눔signum' 혹은 '스탠더드standard'라는 것이 있다. 스탠더드는 기준基準이라는 뜻이다. 로마제국 군대인 로마 군단legion의 깃발이 바로 그것으로, 부대별로 생김새가 다른 이유는 각 부대의 특성을 보여주기 위해서였을 것이다. 남의 부대를 따라다니다가는 간첩으로 오인 받거나 탈영병으로 오해 받을 수 있으므로 요즘의 단체 해외 관광객마냥 깃발을 잘 보고 따라다녀야 했을 것이다. 나치의 히틀러도 신성로마제국의 계승자임을 과시하고자 로마의 그것과 유사한 시그눔을 국가사회주의 독일 노동자당의 군중행사 때마다 등장시켰었다.

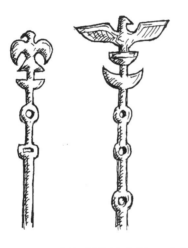

고대 로마제국의 금속제 깃발인 시그눔(signum) 혹은 스탠더드(standard). 독수리 형태로 되어있는 것은 특별히 아퀼라(Aquila)라 부른다. 로마제국의 시느굼은 토템과 닮아 보인다.

북아메리카 토착민인 인디언들의 토템

앞서 잠깐 언급했듯이 우상偶像이란, 신神처럼 섬겨지는 그림이나 조각, 이미지를 말하며 영어로는 아이돌idol이라 부른다. 이미지image

나 아이콘icon도 유사한 의미로 활용된다. 맹목적으로 숭배되는 대상이라는 뜻도 지니고 있다. 그러므로 장승이나 토템은 우상이라 하기에는 조금 무리가 있다. 요즘 국내에서의 무분별한 외국어 사용이 사회 전반으로 확대됨에 따라 약간은 위험한 요소를 지닌 단어들이 여과 없이 사용되고 있는데, 우리의 어린이들이 너도 나도 '우상', 즉 '아이돌'이 되기 위해 노력 중이다. 덕담을 하자면, 이들이 진짜 열심히 노력해서 화신화化身化에 성공하면 좋긴 하겠다.

장승은 숭배할 우상이 없어서가 아니라 경계를 표시하기 위해 사용되었다. 근처에 마을의 경계석이나 표석이 될 만한 큰 나무나 특이한 바위가 없을 경우에 경계에 천하지대장군을 깎아서 세웠다. 북아메리카의 인디언 부족들의 토템도 마찬가지 용도였을 것이다. 문맹률이 높았던 시절의 간판이나 표지판이라 생각하면 될 것 같다.

장승이나 토템과 유사하지만, 우상으로 사용된 것들도 있는데, 마을 경계의 아주 큰 아름드리나무들, 특히 살아있는 나무 혹은 아주 오래되었거나 죽었어도 형태를 잘 보전하고 있는 거대한 나무들은 숭배의 대상이 되기도 했다. 이러한 현상은 동양은 물론 서양에서도 흔했던 모양이다. AD 700년대에 라인Rhine 강 건너의 프러시아 이교도들에게 종교전도를 했던 '성 보니파스'라는 수도승은 이교도들이 섬기던 '토르Thor'신의 상징인 거대한 떡갈나무를 겁도 없이 도끼로 찍어 쓰러뜨리고는 그것을 재료로 사용하여 성당건물을 건축했다고 한다. 이 나무는 고대 켈트족의 종교였던 두루이드Druid교에서 숭배했던 떡갈나무였으며, 토르신 혹은 주피터신의 나무로 불리기도 했다.

우리나라에서도 큰 나무는 성황당城隍堂으로 사용되었다. 서낭당이라고도 부르는데 이곳은 서낭신께서 사시는 곳이며, 서낭신은 토지와 마을을 지켜주는 토속적인 신이다.

마을 사람들은 고갯마루에 있는 느티나무를 서낭신으로 모시고 제사를 지내 왔다. 등산을 할 때 오래된 마을의 길 주변 한쪽에 우뚝 솟아 있는 성황당을 무심코 지나쳐 간 기억들이 나실 것이다. 임진왜란과 관계가 깊은 범일국사와 그 아내인 정씨녀鄭氏女에게 제사를 지내는 강릉단오제 행사는 현재까지도 전해 내려오는 서낭신 모시기의 민속풍습이다. 성황당 신앙은 고대 중국에서 성城을 수호하기 위한 성지城池 신앙이 전해 내려온 것이라고 한다.

개별적인 특색과 역할을 지닌 여러 신神들이 각개각소에서 분업화하듯 세상일들을 맡아했기에 각자 하는 일들이 달랐던 다신교多神教라는 믿음을 시작으로, 선善한 신과 악惡한 신의 대결 속에서 인류가 살아야 했던 이신교二神教적 믿음의 시대를 거쳐 유일신唯一神으로 발전하였기에, 다신교는 토속신앙 혹은 미신이라는 이름으로 적대시되거나 천대 받으면서 민간 속 지하로 사라졌고, 살아남는다고 해도 유일신 제도에 부속된 일종의 액세서리 같은 형태로만 남게 되었다. 큰 사찰의 산신각이나 삼성각처럼 대형종교의 부속물처럼 변해야만 했다. 혹은 종교가 아닌 척 일종의 정치형태나 문화형태로라도 살아남아야만 했다.

유일신으로 지구를 통일하려다 보니, 조금은 곤란한 상황이 발생하고 말았다. 아직은 세계 전체를 통일할 만한 유일한 믿음이 없어 보이니까. 어찌 보면 세계는 공통된 문명과 문화와 역사를 지니고 있는 듯 보이기에 서로 조금씩만 양보하고 상대방의 것을 받아들일 여력이 남아 있다면 좋겠다. 하지만 노골적으로 말해, 한국인과 일본인이 비슷하게 생겼고 문화도 비슷하니 모든 문화를 함께 합치자고 한다면, 이것이 평화적으로 가능할까? 서로 갈라진 지 겨우 70년 정도밖에 되지 않았으니 남북한의 통일이라면 많은 고난이 따르더라도 도전해볼 만한 과제이긴 하다.

세계를 다시 하나의 이념으로 통일하는 것은 어려워 보인다. 자연스럽게 혼합되고 합쳐져 있었던 것들도 어느 시점에서는 분리되고 떨어져 나가게 된다. 잠시 조용했던 세계가 다시 들썩거린다. 과연 세계는 다시 하나가 될 수 있을까? 하나의 기치 혹은 하나의 깃발 아래 공동의 법칙universal law 아래로 모여들게 할 수 있을까?

대결이 시작될 것이다. 용의 전쟁의 시작, 즉, 분신과 심벌 간의 전쟁은 보일 듯 말 듯 이미 진행형일지도 모르며, 대한민국도 그 전쟁에서 제외일 수 없다.

한국에는 산신각이나 삼성각의 자리에 불교 사찰들이 들어섰고, 앞서 보셨듯이 토르thor의 나무는 꺾여서 성당으로 변했으며, 이교도이던 게르만, 골, 노르만, 스칸디나비아의 바이킹과 훈족들과 러시아조차도 기원후 1000년경에는 모두 기독교화 되었다. 7세기 초까지만 하더라도 북부아프리카, 이집트, 팔레스타인, 시리아, 아나톨리아 및 유럽 전체가 기독교의 영향 아래에 있었다. 그러던 중, 서기 622년에 새롭게 발생한 이슬람교의 파급은 가히 그 확대 영역의 넓이와 확장 속도 면에서 파격적이었으며, 대다수의 그리스도교사회와 불교사회가 무슬림제국 아래로 들어가게 된다.

기질과 오행의 원리에 대해 조금 더 설명하겠다. 기독교와 이슬람교의 입장에서 볼 때에는 이 세상에 존재하던 이교도적 색채가 짙은 관습과 문화를 모조리 싹 갈아 없앴다고 자신할 수 있을지 몰라도, 의외의 오랜 이방 습관들이 바뀌지 않고 그대로 이어져 내려온 경우가 많은데, 그중 하나가 바로 7일을 '1주일'로 정한 요일에 붙이는 이름이다. 창조주가 세상을 창조하실 때에 6일을 일하시고 하루를 쉬셨기에 7일을 하나의 주기로 보는 것은 일원론적 종교관습인 것은 맞지만, 각

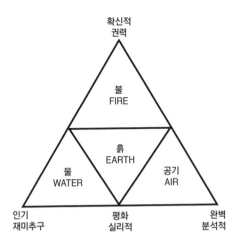

4대 원소 혹은 4대 기질(The Four Elements or Temperament Groups)

요일에 주어진 이름들은 왠지 좀 이교도적異教徒的으로 보인다.

앞서 제5원소인 에테르를 설명하면서 4대 원소四大元素인 공기, 물, 불, 흙을 잠시 살펴보았다. 기원전 철학자들은 우주의 기본 요소가 이들 네 개의 원소라고 믿었던 것 같다. 과거의 철학자들이 가지고 있던 생각들을 모아 정리한 사람은 고대 그리스의 철학자인 엠페도클레스Ἐμπεδοκλῆς(BC 493~430)이다. 그는 시칠리아 섬에서 태어났으며 정치, 의술, 예언 등 다방면에서 재능을 드러냈는데, 세상의 모든 만물은 공기, 물, 불, 흙 네 개의 원소로 이루어졌다고 주장했다. 기원후 3세기의 고대 그리스 전기傳記작가인 디오게네스 라에르티오스 Διογένης Λαέρτιος에 의하면 엠페도클레스가 실험을 하기 위해 폭발하는 에트나Aetna 화산火山의 분화구 속에 직접 들어갔다가 죽었다고 한다.

원소元素로부터 나왔나니,

모든 것은 돌아가리라.

우리의 몸은 흙으로,

우리의 피는 물로,

열은 불로,

호흡은 공기로.

태어나기도 잘 태어났으니, 무덤에 안치될 때에도 잘 파묻히

리라!

하지만 마음은? …

이 글은 영국의 시인이자 평론가 매튜 아놀드Matthew Arnold (1822~1888)의 〈에트나 산의 엠페도클레스Empedocles on Etna〉라는 1917년 작품 중에서 발췌한 글이다. 참고로 에트나 산은 이탈리아 시칠리아 섬에 있는 활화산이다.

그렇다. 육체와 혼은 분해되어 왔던 곳으로 되돌아가지만, 영혼은 어디로 가야할까?

통상적으로 영혼은 천상天上으로 가거나 지하의 불 속으로 내려가야 한다니까, 천상의 삼계三界⁴ 혹은 네 개의 층層에 대한 짧은 고찰을 해보도록 하겠다.

첫째는 엘리먼트Element이다.

불, 흙, 공기, 물과 같은 요소·성분과 기질로 이루어진 물질세상으로 현재 우리가 살고 있는 곳이다.

둘째는 사이디리얼Sidereal이다.

항성恒星, 즉 한자의 뜻 그대로 늘 같은 자리에 있는 것처럼 보이는 별들의 자리이다.

셋째는 컨스털레이션Constellation이다.

별자리들이 있는 곳이다. 이곳에는 우리의 프시케Psyche가 존재한다. 인간의 육신은 1층의 엘리먼트에 존재한다. 하지만 서양 점성술에 따르면, 인간의 영속성을 의미하는 '물고기자리Pisces'가 인간의 자리이므로, 인간은 3층인 별자리에도 자리가 예약되어있는 특별한 존재이다. 인간의 궁극적 지위는 일종의 신神적이며 제사장적 위치이다.

물질 세상인 엘리먼트를 하늘로 간주하지 않는다면, 제1층천은 태양계가 있는 사이디리얼이 될 것이고, 2층천은 별자리들이 있는 컨스털레이션이 될 것이다. 그리고 세 번째 하늘은 좀 더 특별한 장소일 듯하다.

이쯤에서 한 가지 유의해야 할 점은, 불교佛敎의 삼계三界인데, 이것은 삼계이지, 삼천계三天界가 아님을 주의하시길 바란다. 통상적으로 불교의 삼계는 천계天界, 지계地界, 인계人界의 삼계이며, 우리가 살펴보려는 곳은 불교의 삼계로 말하자면 천계天界를 말한다.

그렇다면, 지상을 제외한 하늘의 세 번째 층인 3층천三層天은 어떤 곳일까? 하나님이 계시는 곳이라고 한다.

> 무익하나마 내가 부득불 자랑하노니 주의 환상과 계시를 말하리라. 내가 그리스도 안에 있는 한 사람을 아노니 그는 십사 년 전에 "셋째 하늘"에 이끌려 간 자라. 그가 낙원으로 이끌려 가서 말로 표현할 수 없는 말을 들었으니 사람이 가히 이르지 못할 말이로다. (고린도 후서 12장 1~4절)

이러한 삼층천, 즉 천국에 대한 표현은 단테의 〈신곡神曲, La Divina Commedia〉, 존 밀턴의 〈실낙원失樂園〉, 〈에녹의 서書〉, 〈베드로 계시록Apocalypse of Peter〉 등에도 등장한다. 자신의 아바타를 보았다는 말은 마치 셋째 하늘을 다녀왔다는 말과 유사한 말이다.

인간이 창조론 입장으로는 땅, 진화론적으로는 바다 속에서 나왔다면, 왔던 곳으로 되돌아가는 것이 인생의 이치理致이니 왔던 곳으로 돌아가면 그만이다. 하지만 만약 우리가 원래 하늘에서 왔다면 하늘로 돌아가야 하지 않을까? 미물인 물고기나 뱀조차 이무기가 되고 오랜 수고를 거쳐 결국 용龍이 되어 하늘로 승천한다고 하지 않았던가?

이번에는 동양의 입장을 살펴보겠다. 동양의 역학易學에서는 우주만물을 이루는 다섯 가지 원소 혹은 요소를 목, 화, 토, 금, 수라 하며, 오행의 구성은 이 다섯 가지 요소와 상호간의 상관관계로 이루어진다. 상호간의 상관관계라는 것은 서로를 살리는 상생相生과 서로를 상하게 하는 상극相剋이라는 상반되는 관계이다. 가령, 상생의 경우 나무는 불을 살리고木生火, 불은 흙을 살리고火生土, 흙에서 금속이 나오고土生金, 차가운 금속에 수증기가 맺히며金生水, 물로 인해 나무가 자란다水生木는 식의 섭리를 가지고 상생하는 것이며, 상극의

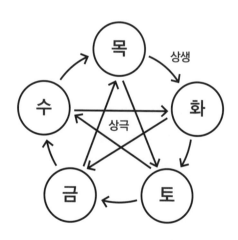

오행 및 상생과 상극

경우에는 나무뿌리가 흙을 뚫으며木克土, 물줄기를 흙더미가 막으며 土克水, 물로 불을 끄고水克火, 불에 쇠가 녹고火克金, 쇠로 나무를 자를 수 있기에金克木 서로 상극이 된다는 이치다.

언뜻 보면 어려운 개념 같아 보이지만, 우리는 매일 오행이 표시되어 있는 달력을 보며 하루하루를 살고 있다. 동양인들뿐만이 아니라 심지어는 서양인들도 우리와 비슷한 요일曜日 표식을 사용하고 있다. 이러한 고대원소의 성질과 오행설에 따라 서양과 동양은 요일 표시를 대략 원소의 성질을 응용하여 사용하고 있는 것이다. 서양이나 동양이나 둘 다 결코 기독교적이지 않은 표기 방법을 사용하고 있다. 사실 그레고리력의 연도 표기에 따른 BC(Before Christ)(기원전)나 AD(Anno Domini)(서기)와 같은 표식은 전 세계적으로 2000년 가까이 사용될 정도로 그 위세가 등등했었다. 하지만 종교적, 즉 기독교적 편향성을 띤다는 이유로 기원전을 BCE(Before the Common Era), 서기를 CE(Common Era)로 바꾸어 표현하기 시작한 지는 얼마 되지 않았다. 그러나 유독 요일 표시에 있어서만은 아주 오래전부터 이교도적 표기방법을 기독교사회를 포함한 전 세계가 공통적으로 사용하여 왔고 아무도 이의를 제기하지 않았다.

오행설에 따른 '월화수목금토일'이라는 주일週日에 대한 표기를 서양보다는 중국이 오히려 먼저 사용했어야 맞을 것 같은데, 중국이 왜 오행의 원리를 도외시하고 디지털 숫자의 나열로 이루어진 무미건조한 방식으로 주간週間을 표시하는지가 궁금해진다. 중국의 요일표기는 바로 뒤에 소개하겠다. 한국에서 공식적으로 요일이 쓰인 것은 고종 31년인 1894년에 시작된 갑오개혁 정신에 따라 구식 정치제도를 버리고 서양의 법식을 본받아 새 국가체제를 확립하려던 1895년부터다. 일본은 메이지유신 때의 1876년이었다.

중국은 기독교선교사들의 영향을 받아 일찍이 1582년에 로마교황 그레고리우스 13세가 종래의 율리우스력을 고쳐서 만든 태양력인 그레고리력의 영향을 받았다. 하지만 요일의 개념이 제사를 지내기 위한 날짜인지 근무 표를 짜기 위한 날짜인지 혼란스러웠을 것이고 요일이라는 규칙에 크게 개의치 않고 그냥 지냈던 모양이다. 그러던 중 청나라 정부는 1905년 공식적으로 중국만의 방식인 지금의 성기星期체계를 갖추게 된다. 하지만 이 방식은 중화인민공화국이 설립된 1949년까지도 일반인들 사이에서는 인기가 없어 잘 사용되지 않았다고 한다. 현재 중국에서는 일주일 속의 각 날짜의 이름표시에 절대 '요曜' 자가 사용되지 않는다. 고로 무슨 '요일'이라고 표현해서는 안 된다. 요曜는 일월성신日月星辰 혹은 오성五星을 뜻하는 한자인데, 오성홍기五星紅旗를 국기로 사용하는 중국으로서는 의외이다.

요약하자면, 현재 방식은 1905년 청나라 시절 국가에서 무작정 규정해서 반포했고, 흐지부지되던 중에 1949년부터 공산당 정부에 의해 강제로 시행되었다. 단, 조선어의 한자 발음에 대한 문제가 있어 조선족 자치구에서만은 기존의 '월화수목금토일'을 그대로 사용하도록 허가해 주었다는 일화가 있다.

영어권	어원	중국	한국
Sunday	sun	星期日	日, 일요일
Monday	moon	星期一	月, 월요일
Tuesday	shine	星期二	火, 화요일
Wednesday	Odin	星期三	水, 수요일
Thursday	Thor	星期四	木, 목요일
Friday	wife	星期五	金, 금요일

영어권	어원	중국	한국
Saturday	Saturn	星期六	土, 토요일

중국(中國)의 성기(星期) 즉, 요일(曜日) 표시. 일요일인 星期日을 星期天이라 부르기도 한다. Tues는 diva(shine: 빛나다), Wednes(Odin: 북유럽의 신), Thur(Thor: 북유럽의 신), Fri(-frau: 아내)에서 파생되었다는 등 여러 가지 설이 존재한다.

서양의 요일week day 표기방식이 이교도적인 이유는 그 이름의 유래가 대부분 노르웨이 혹은 고대 스칸디나비아 등 북유럽Norse의 이방종교에서 유래되었기 때문이다.

일요일Sunday은 태양을 뜻하는 썬sun에서 유래했으며 해日에게 바쳐진 날이다. 월요일Monday은 달을 뜻하는 문moon에서 왔으므로 달月을 숭배하던 날이다. 화요일Tuesday은 북유럽 전설에서 전쟁과 승리의 신인 티르Tyr에서 유래했다. 로마신화에서 전쟁의 신은 '마르스Mars'이고, 동시에 마르스는 '화성火星'을 뜻한다.

수요일Wednesday은 북유럽 전설에서 최고의 신인 오딘Odin에서 유래했다. 오딘을 보덴Woden이라고 하기도 한다. 행성으로는 수성水星, Mercury(☿)에 해당하고, 머큐리는 '수은'이라는 뜻을 갖는다. 폭풍, 수성, 수은 모두 물水과 연관이 깊다. 나중에 다시 언급되겠지만 수성은 북유럽 신화에 등장하는 로키Loki 혹은 바다의 신인 프로테우스Proteus와도 동격으로 친다. 로키는 오딘신의 대변인이었던 만큼 둘은 항상 함께 행동하였기에 로키는 보덴의 분신이다.

목요일Thursday은 북유럽 전설의 벼락의 신인 토르Thor에서 유래되었고 로마신화에서는 주피터Jupiter에 해당되며 주피터는 목성木星이다.

금요일Friday은 오딘 신의 아내이며 여신인 프리아Frija에서 왔다. 로마신화의 비너스Venus에 해당되며 비너스는 금성金星이다.

토요일Saturday의 의미는 조금은 난해하다. 그리스 신화의 크로노스Chronos는 로마신화의 새턴Saturn과 동일시 될 수 있는데, 크로노스는 '시간의 아버지'다. 시작과 끝을 의미하기도 하고 이 세상의 모든 변화는 시간에 의해 좌우된다고도 한다. 야훼(엘로힘)께서는 이 세상을 창조하시고 7일째 되는 날 안식하셨으므로 여섯 번째 날은 6일간의 일을 완전히 멈추는 날이다. 이것이 토요일이다.

크로노스는 우라노스(천왕성)의 아들이자 제우스(주피터)의 아버지다. 고대 그리스어로 하늘 혹은 천국을 우라노스οὐρανός로 쓰며, 새턴은 토성土星이다. 그래서 토요일은 일주일의 마지막 날이고, 일요일이 첫날이 되었다. 유대인의 안식일(사바스, Shabbat)에 대한 히브리어 표기인 샤바트ꂀꀀꂀ와 토성의 현대 히브리어 표기인 샤바타이ꂀꀀꂀꂀꂀ의 유사성은 흥미를 불러일으킬만하다. 최초의 기독교 집사執事였던 스데반의 명연설이 담긴 신약성경 사도행전 7장 43절에 등장하는 '레판의 별'5도 토성일 가능성이 높다.

요일 제도가 확실하게 자리 잡은 것은 로마 콘스탄티누스 황제가 기독교를 정식 국교로 삼은 후 서기 325년에 '니케아 종교회의'를 거쳐 하나의 주week를 7일로 정하여 본격적으로 사용하면서부터이다. 태양신의 날Sunday을 첫째 날로 정하여 휴일로 선포하였다.

일곱 요일의 명칭은 고대인들이 관찰할 수 있었던 태양과 달을 포함한 로마식 명칭으로 된 일곱 행성에서 따왔다고 보면 된다. 한자식 요일표기는 화성Mars, 수성Mercury, 목성Jupiter, 금성Venus, 토성Saturn이므로 로마신화와 '화수목금토'와 동양의 오성五性이 마치 짝을 이루듯 서로 잘 맞아떨어진다.

별星이 아닌 행성行星은 불안정하게 이리저리 움직인다는 뜻을 지닌 플래닛planets이라는 단어를 사용하는데, 점성술에서는 예상 밖으로 이러한 행성에 해와 달도 포함시킨다.

태양과 달은 한 짝을 이루며 부모를 의미한다. 태양이 부성이고 달은 모성이다.

머큐리 즉, 수성이 헤르메스Hermes이기에 헤르메스를 중심으로 하는 현대 서양의 점성술을 연금술적 점성술Hermetic astrology이라 부른다. 반면 인도를 중심으로 발달된 점성술은 베다 점성술이라고 부르며 베다 점성술에 등장하는 단어인 '차크라'는 행성 혹은 바퀴를 의미한다. 프로테우스, 헤르메스, 로키 그리고 프로메테우스 Prometheus[6]에 이르기까지 신화적, 신학적으로 유사하지만 이해하기 가장 어려운 행성이 수성이다. 수성인 머큐리는 중성이며 남녀의 자식을 뜻한다. 우리식 사주로 보자면 기묘己卯/奇妙에 해당된다.

세레스Seres는 특정 행성의 궤도를 돌지 않은 미니어처 행성을 의미하는데 왜행성矮行星 혹은 소행성이라고도 한다.

비너스와 마르스, 즉 금성과 화성의 경우, 금성은 여성적, 화성은 남성적이며 둘 다 충동적인 성질을 지닌다. 고로 둘은 전쟁의 신이기도 하다. 우리가 생물학에서 남성, 여성을 구별할 때 사용하는 표식도 비너스(♀)와 마르스(♂)에서 온 것이다.

목성과 토성은 거인巨人, Titan인데, 목성은 긍정적, 포용적, 토성은 억압적, 제한적 성격을 지니고 있으며, 토성은 중지, 멈춤의 상징성을 지니고 있기 때문에, 일주일의 마지막 날, 즉, 안식일이 새턴-데이 Saturn-day가 된다. 목성(♃)의 상징은 십자가 왼쪽 위에 반월이 있고, 토성(♄)은 십자가 오른쪽 아래에 반월이 그려져 있다.

앞서 말씀드린 대로 천왕성Uranus(♅)은 하늘, 즉 천국을 의미한다.

해왕성Neptune(♆)은 바다이며 소극적, 내성적이지만 흡수력이 강하다. 자기 특색은 없이 밋밋하며, 흔적을 지운다. 명왕성Pluto(♇)은 심판, 부활, 비극을 상징하는데, 2006년 8월 24일에 새롭게 정한 행성 기준에 맞지 않는다는 이유로 공식적으로 왜소행성으로 분류되어, 소행성번호 134340을 부여받고 태양계 행성의 지위를 박탈당하였다.

동양이건 서양이건 특정 원소 혹은 기본요소는 단순히 한 가지의 성질만을 지니고 있지 않고 여러 가지 성질을 동시에 지니고 있다. 예를 들자면, "불은 뜨겁고 건조하고, 흙은 차갑고 건조하며, 공기는 뜨겁고 습하며, 물은 차갑고 습하다."라고 제한적으로 표현할 수 있겠다. 몇 가지의 기본요소가 겹쳐진다면 기하급수적으로 다양한 종류의 성질들이 파생될 수 있다.

동양사상은 태극, 음양, 오행, 십간십이지, 동서남북의 방향을 모두 변인variance으로 활용하므로, '경우의 수'라고 해야 할까? 표현되는 성질들이 더욱 다양해지므로 간단치 않은 복잡한 일에 대한 예언도 훨씬 수월하고 정밀해진다는 뜻이 된다. 적어도 세 가지 이상의 변인變人이 도입되어야 최소한 삼차원적(현실적)인 예측물이 도출될 것 아니냐는 뜻이기도 하다. 즉 한 개의 점點은 1차원, 두 점을 이은 선은 2차원, 세 개의 축을 지닌 것은 3차원이고 우리가 살고 있는 세상은 3차원세상이다.

가장 기본적인 틀은 음과 양이라는 이치다. 서양과 중동의 점성술학에서도 음과 양은 가장 기본적 요소로 여겨진다. 즉, 음양설이 적용되고 있다는 것이며, 현대과학도 음양의 논리 없이는 설명이 불가능하다. 진공관, 트랜지스터, 집적회로, 반도체식이건 간에 컴퓨터의 디지털 요소인 0과 1의 역할을 하고 있는 것도 양과 음이다. 0은 짝수이고 1은 홀수인 셈이다.

64괘	☰ (중천건 重天乾) ☷ (중지곤 重地坤) 등							
六十四卦	팔괘(八卦)를 여덟 번 겹쳐 얻은 64가지의 괘(卦)							
8괘	☰	☱	☲	☳	☴	☵	☶	☷
八卦	건 乾	태 兌	리 離	진 震	손 巽	감 坎	간 艮	곤 坤
	천 天	택 澤	화 火	뢰 雷	풍 風	수 水	산 山	지 地
4상	⚌		⚎		⚏		⚍	
四象	태양 太陽		소양 少陽		소음 少陰		태음 太陰	
양의	—				--			
兩儀	양 陽				음 陰			
태	☯							
太	태극 太極							
비고	태극, 양의, 사상, 8괘, 64괘의 순으로 확대되어 간다							

태극에서 음과 양으로 음과 양에서 태양, 태음, 소양, 소음으로, 다시 건(乾) 태(兌) 이(離) 진(震) 손(巽) 감(坎) 간(艮) 곤(坤)의 8괘로, 더 나아가 64괘로 확대된다.

음양설은 태극太極에서 갈라져 나온 음陰과 양陽의 두 가지 성질인 양의兩儀에서, 4괘인 사상四象에서 다시 8괘八卦가 나오고 또 64괘六十四卦[7]를 낳는다. 괘卦라는 단어는 점괘를 의미하며, 중국 고대古代의 복희씨伏羲氏가 지었다는 글자이며 주역周易의 골자骨子가 되는 단위이다.

한의학韓醫學에서는 4괘를 가지고 사상의학四象醫學의 본질인 사상체질四象體質을 끌어냈다. 사상의학은 동무東武 이제마李濟馬(1837~1900)가 제창한 체질의학의 일종이다. 안타깝게도 그의 죽음으로 인하여 미완성 작품이 되었지만 그의 저서인 《동의수세보원東醫壽世保元》에 따르면 종래의 견해에 반한 현실적인 측면을 담은 '사상구조론'을 바탕으로 태양인太陽人, 소양인少陽人, 태음인太陰人, 소음인少陰人의 네 가지 체질을 설정하여, 각기 체질에 따라 성격, 심리상태, 내장의 기능과 이에 따른 병리, 생리, 약리, 양생법과 음식의 성분까지 분류할 수 있다고 한다. 체질에 따라 내장의 대소허실大小 虛實이 결정되어 있으며, 각 사람은 누구라도 이 네 가지의 범주 중 하나에 포함된다는 것이다. 최근의 학설에서는 네 개 범주가 혼합된 혼합형 체질이 가장 많다고 알려져 있다.

더 나아가서는 음과 양이 '오행설'과 만나 '음양오행설'이 성립된다.

가장 친근한 본보기로써는 대한민국의 태극기가 있다.

태극기는 음양오행 및 8괘와 풍수지리風水地理적 요인들을 복합적으로 두루 사용하고 있다. 일종의 3배중성三倍重性, triplicities으로 겹쳐진 상징물인 것이다. 고로 태극기는 세계 어느 나라의 국기國旗들보다 훨씬 심오한 의미를 포함하고 있다. 우주 전체를 가리키고 있기 때문이다. 좀 더 이해하기 쉽게 설명을 해보겠다.

설명이 필요한 이유는, 태극기를 그릴 줄은 알아도(태극기를 그릴 줄만 알아도 얼마나 애국적인가?), 태극기가 지니고 있는 의미를 대부분의 국민들이 모르고 있기 때문이다.

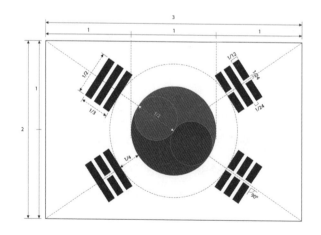

대한민국 행정자치부의 태극기 게양지침. 자세한 제작 기준이 설정되어 있다.

태극기에는 음과 양, 및 4괘인 건곤이감乾坤離坎이 표시되어 있고, 색色으로는 국기의 배경인 백색, 4괘인 흑색, 그리고 태극과 음과 양을 나타내는 적색과 청색으로 이루어져 있다.

태극기는 원래 마름모꼴로 그려져야 하는데, 왜냐하면 건이 위에, 곤이 아래에 있어야 맞는 태극기이기 때문이다. 물론 태극에도 하자가 있다. 원리적으로 태극은 적색이 위에, 청색이 아래로 분리되어 있어서는 안 되고 음과 양이 서로 꼬리를 물고 합쳐져야 하기 때문이다. 어느 것이 상하인지 좌우인지 구별이 되어서는 안 된다. 적색은 양陽을, 청색과 흑색은 음陰을 상징한다.

태극기는 원래 직사각형이 아닌 정사각형이며, 누워 있지 않고 마름모꼴로 세워져 있어야 한다. 곤(坤: 地)(땅)라고 부르는 쪽이 안정되게 바닥에 와야 하고, 건(乾: 天)(하늘)이라고 부르는 쪽은 하늘이 있는 위쪽을 향해야 한다, 현재 사용 중인 태극기는 비스듬히 기울어져 있는 셈이다. 쉽게 말해 하늘이 좌측상부左側上部에, 땅은 우측하부右側下部에 위치해 있다는 것이다. 게다가 태양(離, ☲)이 도식圖式적으로 해가 지는 서남쪽에 위치해 있어 불길하다.

복희씨伏羲氏가 우리의 조상이고 동이족東夷族이 맞는다면 태극기의 민족적 정체성 측면에서는 큰 문제는 없을 듯하다.

이왕 나온 김에, 태극기가 가지고 있는 상징성을 조금만 더 살펴보겠다.

가운데 둥근 것은 태극이며, 주변에 있는 막대들은 팔괘인데, 태극기에서는 8괘중 4괘만을 사용한다. 사용된 4괘는 건(乾: 天)(하늘), 감(坎: 水)(달), 리(離: 日)(태양) 곤(坤: 地)(땅)이며, 청, 백, 적, 흑의 색깔은 각각 동서남북東西南北을 상징한다. 더불어, 오방색五方色의 원리에 따라 청색, 적색, 백색, 흑색은 봄, 여름, 가을, 겨울의 춘하추동春夏

秋冬도 의미한다.

청색(靑)	적색(赤)	황색(黃)	백색(白)	흑색(玄)
동(東)	남(南)	중앙(中央)	서(西)	북(北)
봄(春)	여름(夏)	중앙(中央)	가을(秋)	겨울(冬)

오방색(五方色). 다섯 방위를 상징하는 색이다. 동쪽은 청색, 서쪽은 흰색, 남쪽은 적색, 북쪽은
흑색, 가운데는 황색이다. 춘하추동을 의미하기도 한다.

어떤 이들이 말하기를, 가운데의 태극은 음양의 상호작용에 의해
우주 만물이 생성 발전하는 자연의 이치를 말하며, 바탕의 흰색은 백
의민족과 평화를 사랑하는 우리 민족을 뜻한다고도 하는데, 좀 엉성
해 보이는 설명 같아 보인다.

이러한 상징과 도식들뿐만 아니라, 글자에도 의미가 있다. 표어문

옛날의 태극기. 현재와 다르게 태극 문양의 음과 양이 서로 꼬리를 물고 합쳐져 있다.
사진은 4괘의 위치가 제자리에 오게끔 회전시켜 세워 놓아본 것이다.

자表語文字, 표의문자表意文字, 상형문자象形文字 등, 글자 하나하나가 특정한 의미를 지니고 있는 문자들이 있는데, 이집트 상형문자는 별개로 치더라도, 한자漢字는 그러한 특성을 지니고 있다. 하지만 우리가 표음문자表音文字라고 알고 있는 'ㄱㄴㄷㄹ'이나 알파벳에도 사실은 각자 고유한 의미를 지니고 있다. 히브리Hebrew 알파벳이라 부르는 문자체계가 있는데, 이는 현대의 영문 알파벳은 물론 페니키아, 아람 그리고 아랍 알파벳과도 연관이 있다. 알파벳 하나하나에 고유의 뜻을 지니고 있으며 심지어는 특정 숫자까지 나타낸다. 히브리 글자들이 지닌 숫자를 풀어 특정 단어가 지닌 뜻을 해석하는 방법을 '게마트리아Gematria'라 부른다. 히브리 판 수비학數秘學인 셈이다.

문자	숫자	문자의 이름	담겨진 의미
א	1	알레프	뿔 달린 황소
ב	2	베트	집
ג	3	기멜	낙타
ד	4	달레트	문
ה	5	헤	창문
ו	6	바브	못(nail)
ז	7	자인	무기(武器)
ח	8	체트	담장(fence)
ט	9	테트	소쿠리에 담긴 뱀
י	10	유드	행위(行爲)를 뜻하는 손
כ	20	차프	펴기 전의 주먹
ל	30	라메드	지팡이
מ	40	멤	물
נ	50	눈	씨앗
ס	60	사메크	가시덤불, 금기(禁忌)
ע	70	아인	눈(eye)

문자	숫자	문자의 이름	담겨진 의미
פ	80	페	입, 말하다
צ	90	짜디	낚시 바늘
ק	100	코프	바늘귀
ר	200	레쉬	사람의 머리
ש	300	신	치아(이빨)
ת	400	타브	징조, 언약

히브리 알파벳을 모은 것이다. 기본적으로 총 22자로 되어있으며, 각 문자의 의미는 대략 설명과 같다. 시작인 '알레프'부터 마지막 '타브'까지는 마치 그리스어의 알파에서 오메가와 같은 의미이다.

표의문자는 한자에만 있다거나, 고대 이집트의 상형문자에만 존재했었다고 믿어온 우리로서는, 히브리어가 표음문자임에도 숫자까지 숨겨 있다는 것을 알게 되면 놀랄 것이다. 고대 이오니아의 그리스 철학자, 수학자이자 종교가였던 피타고라스(BC 582~497)도 이러한 수비학에 많은 시간과 돈을 투자했다고 한다. 그는 단순한 수학자는 아니었고 피타고라스학파라 불린 종교 단체의 교주였다.

인터넷 검색 등으로 히브리 알파벳을 찾다 보면 영어의 알파벳 숫자보다 많은 26개를 초과해서 발견되는 경우도 있다. 하지만 앞선 표의 알파벳이 가장 정확한 것으로 히브리 알파벳은 통상 22개로 이루어져 있다. 히브리어에서의 첫 번째 알파벳인 알레프(א)는 소牛를 상징하는데, 강하고 흠 없는 뿔이 달린 황소를 상징하며, 고대에는 흠없는 황소나 암소를 바치는 것이 가장 정성어린 제사였다. 무조건 큰 것을 바치는 것이 좋은 것이었다면 코끼리나 기린을 바쳤을 것이다. 하지만 제물은 소, 염소, 양 그리고 비둘기였다. 용맹의 상징이던 호랑이나 사자를 바치지는 않았다. 짐승이 아닌 육축들만 제물로 사용했다.

말이란 것은 사람끼리 표현을 해야 하고 또 하려다 보니 어찌 생겨났다고 치고, 그렇다면 글자는 왜 생겼을까? 고대어인 아카드어, 수메르어 및 히브리어와 관련된 문자들의 경우, 변함없이 항상 하늘 먼 곳의 자리를 지켜주던 별자리를 자음子音으로 삼고, 생명력 넘치게 끊임없이 움직이는 행성들과 해와 달을 모음母音으로 삼아 자음과 모음이 형성되었을 것이라는 주장도 나올 법하다. 자음과 모음이 상호교류해 가면서 우리의 혀를 움직이도록 하는 만큼, 지구가 우리의 혀고, 별자리들과 행성들은 우리가 속한 삼라만상森羅萬象을 상징하는 것이라는 주장이 비논리적으로만 들리지는 않는다.

글자, 즉 문자를 발명한 사람들은 무엇에서 힌트를 얻었을까? 다시 말해 어디서 감명 혹은 영감을 받았을까? 바위? 동물? 나무? 물? 하늘?

또, 인간이 문자를 만든 이유는 무엇이었을까? 기록? 계산? 소통?

이런 생각을 해본다. '인간은 신神과 대화하기 위해 문자를 만들었다'고. 좀 더 엄밀하게 말하자면, 신과의 화해fellowship/reconciliation를 위해서였던 것 같다.

히브리어를 포함한 고대문자들은 모음母音이 없고 자음子音뿐이었다. 그러니 자음과 자음 사이를 이어주는 변화무쌍한 모음이 필요했을 것이다. 말씀드린 대로 글자는 밤하늘을 보며 만들어졌을지도 모른다. 이동하지 않고 제자리를 지킨다고 믿어졌던 별자리들이 자음이요, 하루에도 일정한 거리를 부지런히 움직이며 자음과 자음 사이를 일주하는 전달자 역할을 하며 그 사이를 부드럽게 이어주던 행성들이 모음이 된 것이다. 글자를 사용하여 하늘에 있는 신과의 소통이 가능해진 것이다.

잘만 하면 인간이 우주의 글자를 해독하고 신神과 대화를 할 수 있게 될지도 모른다.

알 수 없는 운명, 궁금한 미래, 초자연적 현상, 그리고 창조주의 뜻을 알고 싶었던 인간들은 신들이 살고 있다는 우주의 모습을 글자로 바꾸어 곁에 두고서 세상을 들여다보고 싶어 하지 않았을까? 오래전부터 인류는 상징물들을 글자나 표식으로 또 부호로 바꾸어 서판이나 두루마리 위에 새겨진 형태로 우리 곁에 둘 수 있게 되었다. 커다란 암석이나 거대한 나무에도 글자를 새겨 넣었다.

별자리는 명命이요, 행성은 운運이라, 비록 움직인다고는 하지만 여전히 명이건 운이건 그 정해진 궤도를 벗어날 리 없다. 정해진 대로 돌 것이다. 운명이란 인간을 포함한 모든 것을 지배하는 '초자연적인 힘 또는 그것에 의하여 이미 정하여져 있는 목숨이나 처지'를 말하는 것 같다. 과연 성공하는 사람들은 누구인가? 그들은 특별한 능력命을 갖고 태어난 것일까? 아니면 단순히 운運이 좋았던 것일까? 과연 그 진실은 뭘까? 그래서 숙명, 천명, 운명, 소명을 구성하는 '명命과 운運'을 알아볼 필요가 있다. 과연 운명은 바꿀 수 있는 것일까?

입명立命이란 단어가 있는데, 이는 타고난 운명인 천명天命을 좇아 마음의 안정을 얻는다는 뜻이다. 유사한 단어로 안심입명安心立命이란 용어도 있는데, 이는 불교에서 자신의 불성佛性을 깨닫고 삶과 죽음을 초월함으로써 마음의 편안함을 얻는 것을 이르는 말이다. 자신의 직장이나 결혼 대상자 등은 스스로 결정하지만, 자신이 결정하지 못하고 이미 결정되어 나오는 것들이 있다. 우리는 엉덩이의 몽골반점[8]처럼 지우지 못할 심벌을 몸에 지닌 채로 태어난다.

싫든 좋든 받아들여야 할 것들이 있다. 운명적로 타고난 것들이다.

예를 들어 게자리로 태어난 사람의 성품은 이렇다. 가정을 사랑하며 친구와 가정이 가장 소중한 가치이며 집안의 뿌리에 대해서도 관심이 높고 직감력이 뛰어난 대신 감정을 숨기지 못하기에 안전, 안정,

편안함을 추구한다고 한다. 하지만 게가 멋지다고 생각하거나 꿈에서 게를 보았다고 기뻐하는 사람은 별로 보지 못했다. 용꿈을 꾸고 깨어나서 기뻐하는 사람들은 많이 보아왔고, 아이를 가진 어머니들은 꿈에 용이 나오면 태몽이라며 좋아하는 것은 사실이다. 행운이나 큰 재물이 들어올 징조이거나 태몽이라면 아이가 미래에 훌륭한 인물이 될 것이라는 생각을 갖는다. 아주 큰 구렁이나 물고기 꿈도 버금가는 의미를 지닌다. 그러나 이건 우리 동양인들의 이야기일 것이다. 만약 꿈에서 용이 아닌, 커다란 공룡이 나타났다고 치자. 일본의 고지라ゴジラ라 꿈에 나왔다고 무조건 길몽吉夢이라 할 사람은 없을 것 같다. 왜냐하면 고지라는 일본의 수호신처럼 여겨지지만, 선한 고지라뿐만 아니라 포악하고 파괴적인 고지라도 존재하기 때문이다.

불교佛教에서의 용왕龍王님의 경우 도가道家의 옥황상제玉皇上帝님보다 조금 아래 등급의 신神이라고 보는 것이 적절할 것이다. 용왕님은 우주 전체가 아니라 지구의 바다를 다스리는 분이다. 덧붙여, 십이지 중의 용띠도 옥황상제님이 뽑으신 것으로 보아서도 그렇다.

용은 신통력을 써서 하늘 꼭대기나 지하 깊은 곳까지 순식간에 도달하거나, 몸의 크기와 형태를 마음대로 바꾸는 신통력을 지니고 있다. 이러한 용의 능력은 몸에 지니고 다니는 여의주라는 신비한 구슬을 통해 발휘된다고 한다. 이러한 신통력 때문인지 용은 천상계天上界를 통치하는 옥황상제의 사자使者로 받들어졌다.

옥황상제께서 열두 동물을 뽑는 이야기를 살펴보도록 하겠다.

어느 날, 옥황상제께서 동물선발 대회를 여셨는데, 온갖 동물들이 등수 내에 들기 위해 난리법석을 떨며 참가 준비에 열중했다.

고양이와 쥐는 원래는 형제처럼 친하게 지냈다고 한다. 열두 동물 선발대회에 함께 출전하여 선의의 경쟁을 벌여보자고 (물론 둘 다 선정되면 겹경사겠지만) 다짐하였고, 마침 몸이 피곤했던 형님격인 고양이는 시합 날 아침에 자신을 꼭 깨워달라고 쥐에게 신신당부하고는 깊은 잠에 빠져들었다.

하지만… 동생인 쥐는(쥐새끼처럼) 혼자 일찍 일어나서는 쿨쿨 자고 있는 고양이 몰래 살금살금 집을 나서 버린다.

한편, 외모 콤플렉스가 있던 용은, 머리에 뿔 두 개가 달린 닭에게 접근한다. 원래 용은 뿔이 없는 민둥머리였는데, 자신이 그 뿔을 달면 왠지 아주 멋져 보일 것 같아서였다. 닭에게 뿔을 빌려달라고 부탁하자 거절당하는데, 왜냐하면 닭도 대회에 참가할 예정이었기 때문이었다.

쥐뿔도 없다는 말의 근원은 찾기 어렵다. 원래는 '용뿔도 없다'는 말이 맞을 것이다. 용은 뿔이 없는 대머리였고, 대신 닭이 멋진 뿔을 가지고 있었다고 한다.

용은 온갖 감언이설로 회유하여 닭의 뿔을 빼앗는다. 닭에게 "너는 뿔이 없어도 충분히 아름다워."라고 칭찬했는데, 용의 말이 다 거짓말은 아니었는지, 실제로 용한테 뿔을 빼앗기고도 닭은 열두 동물의 대열에 거뜬하게 합류하게 된다. 더군다나 마침 곁에 있던 지네가 대회가 끝나고 나면 뿔을 돌려받을 수 있도록 자신이 보증을 서겠다며 나서기에 닭은 마지못해 허락한다.

대회가 끝나면 뿔을 돌려주기로 했지만, 용은 슬그머니 물속 깊이 숨어버리고 만다. 그래서인지 닭은 매일 새벽이면 뿔을 돌려달라고, "꼬끼오"라고 울게 되었다는 것이다. 중국어로

"돌려줘还给我: huángěi wǒ"의 발음이 닭 우는 소리와 비슷하다고 한다. 또한 그 후로 지네와는 원수가 되어 지네가 눈에 띄기만 하면 부리로 콕콕 쪼아서 죽여 버리게 되었다.

대회의 분위기는 이랬다. 여러 동물들 중 열두 동물이 선발된다. 이번에는 순위를 정할 차례이다. 크기순으로 순위를 정하였는데 이무기에서 용이 된 지 얼마 안 되었는지 용이 황소보다 덩치가 작았다.

옥황상제님의 심사결과, 순위가 결정될 찰나였다.

"1위는 소, 2위는 용, 3위는…."

이때, 쥐가 소리 높여 항의하는 찌렁찌렁한 소리가 들려온다.

"그 순위 저는 인정할 수 없습니다. 제가 1위가 되어야 마땅합니다!!!"

의아해진 옥황상제께서 묻는다.

"왜, 이냐?"

쥐 왈曰, "제가 1위가 되어야 하는 이유를 증명해 보이겠습니다."

옥황상제와 모든 동물들이 다함께 사람들로 북적이는 저잣거리로 나섰다.

큰 황소가 등장하자, 사람들은 별로 눈여겨보지 않고 그냥 지나쳐 버렸다.

그때 갑자기 쥐 한 마리가 소의 등위에 올라타서 춤을 추자, 그 모습을 지켜본 사람들은 모두 소스라치게 놀라며, 동시에 소리쳤다.

"어머, 야… 저 큰 쥐 좀 봐라~"

옥황상제도 어쩔 수 없었다.

"그래… 쥐가 제1위, 소가 제2위…."

이렇게 쥐가 1등을 차지한다.

의기양양하여 집에 돌아온 쥐에게, 잠에서 덜 깬 고양이가 물었다.

"오늘이 열두 동물 선발대회 날인가?"

우쭐해진 쥐는 자신도 모르게 내뱉었다.

"응, 참가대회는 벌써 끝났어. 그런데 뭔 줄 알아? 그중에서 내가 1등을 했지 뭐야?"

"…"

"…"

순간, 적막이 흘렀다. 믿던 동생인 쥐에게 고양이는 배신을 당한 것이었다.

고양이의 표정이 순간 험악해지더니 쥐에게 달려들어 목을 물어 죽이고 말았다. 그 뒤로 고양이와 쥐는 원수지간이 된다.

아마도 이 중국 동화에서 나온 용은 뿔이 없었던 것으로 보아, 장성한 용이 아닌 이무기였을 가능성이 아주 높아 보인다. 또한 덩치가 소보다 작았다는 점도 이를 뒷받침해 준다. 아무튼 현재의 십이지의 순서는 크기순은 아니다.

이무기라… 무엇이 이무기일까?

구렁이 같은 큰 뱀이 용이 되는 것일까?

아니면, 큰 물고기 같은 이무기가 용이 되는 건가?

승천하기 직전의 용이 사는 곳을 직접 찾아가봐야 할 것 같다. 그곳에는 무엇이 있는지, 환경이 어떤지 말이다.

그곳은 신령神靈스러운 상징물들로 가득하고, 청명한 물, 성황당을 꾸미기에 알맞은 거대하고 신비로움을 자아내는 고목古木, 강기슭의 어스름한 곳에 위치한 칠흑 같은 동굴이 보인다. 그곳이 바로 용의 은신처이다. 때로는 연못보다는 큰 저수지, 굽이치는 강, 육지에서 멀지 않은 바다일 수도 있겠다.

02
우리 문화 속의 용

《훈몽자회訓蒙字會》라는 책이 있는데, 최세진이 1527년에 쓴 한자 학습서이다. 한자 3,360자에 뜻과 음을 훈민정음으로 단 것이다. 훈몽이라 함은 어린이나 초학자初學者를 가르쳐 깨우친다는 뜻이다. 기역其役, 니은尼隱, 디귿池末, 리을梨乙 등을 읽는 방법이 적혀있고, '龍' 자 아래에는 '미르룡'이라 한글로 적혀있다. '미르'는 물을 뜻하는 우리말이다. 동그라미 안의 말末 자 표시는 '디귿'으로 읽으라는 뜻 같다.

다시 말해 용龍은 우리 고유어로는 '미르'이고, 미르의 어원은 '밀-'로서 '물水'이라는 것이다. 그래서 용은 수신水神, 해신海神을 의미한다.

훈몽자회의 기역, 니은, 디귿, 리을, 미음(국립한글박물관 소장)

통상 우리가 용이라고 발음하는 한자 龍은 '용' 혹은 '룡'이란 발음 외에도 언덕을 뜻하는 '농(롱)', 얼룩을 뜻하는 '망' 그리고 은총恩寵을 뜻하는 '총'이란 여러 가지 발음이 가능하다. 용은 부수部首가 따로 없고 그대로 龍 자체가 부수다. 고로 龍 자의 총 획수는 16획이다.

갑골문자나 금문金石文字을 막 벗어나 글자 자체의 미美를 추구하던 시절의 글자체 중 하나인 소전小篆[9]의 형식을 빌리자면, 용龍은 《설문해자說文解字》[10] 중의 월月, 육肉과 비飛의 일부가 포함되어 있으며 허물 건辛[11](아이 동童의 생략형이라고도 한다)을 성부聲部로 하는 형성문자形聲文字[12]라고 알려져 있다. 또한 갑골문자나 금문 등을 보면 肉 부분은 큰 입, 또는 긴 수염을 가진 머리이며, 飛 부분은 긴 뱀의 형태라는 것이다. 아이 동童의 생략형은 뿔 또는 단순한 장식裝飾이 있는 뱀을 본떠 용을 나타냈다고 한다. 앞서 본 중국 동화의 내용처럼 완전한 용이 되기 전에는 뿔이 없었던 모양이다. 동童 자에는 또다른 뜻이 있는데, 이는 '민둥민둥하다, 벗겨지다'라는 뜻이다.

한자의 변형이 심하다 보니, 한자 연구에는 다소의 제약이 따른다. 일본식 한자인 간지かんじ에서는 竜(용)이 사용되고, 중국식 간체자簡體字로는 龙(용)이 사용된다.

앞서 언급한 여러 가지 龍자의 발음의 차이 외에도, 그 뜻 자체가 다르게 사용되기도 한다. 임금이나 황제인 천자天子를 부를 때도 사용한다. 임금이 사용하는 물건들 이름 앞에 관형사冠形詞처럼 사용된다. 또한 비범하거나 훌륭한 사람, 용마龍馬와 같은 명마名馬를 상징하기도 하며, 현재 우리가 알고 있는 파충류(공룡)를 뜻하기도 하고, 용의 뼈를 용골龍骨이라 하는 등 공룡을 용이라 부르기도 했다. 심지어는 별星을 의미하기도 한다. 발음과 맞춤법이 가장 힘든 우리 단어 중 하나인 '도롱뇽'을 봐도 용은 파충류를 지칭하는 말일 것이다. 그런데, 도룡뇽? 도롱용? 도농룡? 도롱뇽? … 항상 헷갈린다.

십이지十二支를 한 번 더 되짚어보자.

자子, 축丑, 인寅, 묘卯   쥐, 소, 범, 토끼

| 진辰 사巳, 오午, 미未 | 용, 뱀, 말, 양 |
| 신申, 유酉, 술戌, 해亥 | 원숭이, 닭, 개, 돼지 |

용은 십이지 중 하나이다. 용에 대한 형식적인 묘사와 짧은 정의를 내려 보도록 하겠다.

용은 실제로는 존재하지 않는 상상想像의 동물들 중의 하나이며, 상당히 큰 파충류爬蟲類로 뱀과 모양이 비슷하며 등에는 81개의 비늘이 있고, 네 발에는 각각 다섯 개의 발가락이 있다. 얼굴의 볼은 사람, 눈은 귀신(토끼 눈이라고도 함), 귀는 소를 닮았고 깊은 연못이나 강 혹은 바다 속에 잠기어 있다가 공중으로 날아올라 구름과 비를 몰아오는 풍운風雲의 조화를 부린다고 한다. 중동, 인도, 유럽, 아시아 등에서 신비적, 민속적 신앙信仰 및 숭배崇拜의 대상이 되어왔으며, 불교佛敎에서는 사천왕四天王의 하나로, 중국中國에서는 기린麒麟·봉황鳳凰·거북龜과 함께 상서祥瑞로운 사령四靈으로 불린다. 십이지十二支 중에서 진辰을 상징적象徵的으로 이르는 말이라고 한다.

한 가지 흥미로운 점은, 십이지의 '자축인묘진사오미신유술해'에서의 용이 '진辰'이라는 점이며, 일월성신一月星辰에서의 辰은 '진'이 아닌 '신'이라는 점이다. 여기서 말하는 흥미로운 점이란, 별신辰 자의 신비로움을 말하고자 하는 것이다. '용'만 변신을 하는 것이 아니라 용을 뜻하는 한자인 '辰'자도 변신을 할 수 있다는 점을 말하려는 것이다.

일월성신一月星辰을 우리말대로 해석하자면, 해와 달과 '별과 별'이 되므로, 부드럽게 번역하자면 해와 달과 '별들'이라고 표현하면 된다. 별이 두 개 겹쳤으니 '별들'이란 표현이 더 적절하다고 생각된다. 혹시라도 '일월신신'이라 하면 좀 촌스럽게 들리지 않는가? 일월성신이라는 토속 신앙적 표현은 신기하게도 우리말 성경 속에도 등장한다.

일월성신日月星辰과 천지신명天地神明은 한국 고유의 민속신앙, 무교에서 모시는 신령이다. 일월성신은 해의 신日神과 달의 신月神 및 한 쌍의 별신星辰이며, 천지신명은 하늘의 신天神과 땅의 신地神의 한 쌍을 뜻한다. 그러나 대부분의 경우에서는 '한 쌍의 별'이 아닌 '많은 별'이라는 해석을 선호한다.

별辰이라는 의미에서의 '용진辰'은 천문학적으로는 별이 아니고 태양계의 행성行星인 계명성啓明星을 말한다. 계명성은 새벽별Morning Star[13]을 뜻하는 한자어인데, 뜻을 그대로 풀이하면 '새벽에 빛나는 별'이며, 순우리말로는 '샛별'이 가장 적절할 것 같다. 그리고 금성金星이 아무 때나 샛별로 불리는 것은 아니고 반드시 '새벽하늘에 뜰 무렵의 그것'을 샛별, 또는 계명성이라고 부른다. 밝음이 열리는 것을 알리는 별이라는 뜻이다.

그러나 '계명성'[14]이라는 표현은 성경 외의 다른 문헌에서는 거의 사용되지 않고, 현대 한국어에서는 유독 그리스도교 성경에만 등장한다. 계명성으로 잘못 오역된 루시퍼Lucifer는 유럽 문화권에서는 보통 '사탄'이라고 부르기도 한다.

그런데, 한자인 별진辰이 지니고 있는 첫 번째 뜻은 의외로 금성이 아닌, '별이름 수성水星'이라고 한자사전에 나와 있다. 새벽을 뜻하기도 한다. 루시퍼는 금성일 가능성이 많지만, 옛 사람들이 만약 금성과 수성을 헷갈렸다면, 이야기는 크게 달라질 수 있다. '빛나는 자'라는 뜻의 히브리어를 수많은 성경들이 라틴어인 루시퍼로 잘못 번역했을 수 있다는 논리 중 하나는, 금성은 '밝게 빛나는' 성질이 있으며, 밝음은 진리眞理를 상징하므로 무조건 금성이 타락한 천사이자 무저갱에 갇히게 될 용(옛 뱀)의 성질을 지녔다고 주장하기엔 조금 부담스럽다는 점이다. 밝기를 나타내는 단위인 럭스Lux와 루시퍼의 어원이 같다. 차라리 루시퍼를 변화무쌍한 수성水星으로 본다면 전혀 무리가 없으며, 이야기가 술술 풀리게 된다. 금성과 수성 둘 모두 새벽별임을 부정할 수 있는 근거가 없다는 점도 논리를 뒷받침한다.

히브리 전승傳承과 가나안Canaanite 지역의 신화에 따르면, 금성 Venus(그리스어로 아프로디테)에 해당하는 존재인 '헬렐'은 '샤카르'라는 어둠의 신의 자녀로 나타나 있다. 샤카르는 당시의 주신主神이던 엘리온Elion에게 반역하다 천국에서 쫓겨났다. 그런데, 어둠 뒤에 밝음이 찾아오는 것은 맞지만, 그렇다고 해서 빛나는 자를 무조건 어둠의 자식이라 몰아붙이기엔 어폐語弊가 있다. 놀랍게도 태양계의 행성 중에서 태양과 가장 가까이에 위치한 수성보다 금성의 온도가 더 높다고 한다. 수성이 금성보다 열을 더 잘 견딘다는 의미다. 태양 주변을 부지런히 돌며, 가장 뜨거운 위치에서 호위역할을 하는 수성은 '태양의 별'이라는 별칭을 가지고 있다. 태양의 수석보좌관이란 것이다. 수성은 나름대로의 장점도 지니고 있는데, 이름 그대로 수은水銀, Mercury이기에 모양을 자기마음대로 변모시킬 수 있다. 그리스어로는 헤르메스이다. 영화 〈터미네이터 2〉에서 경찰관 복장을 하고 모양을 마음대로 바꾸던 미래에서 온 로봇이 수은의 성질에 딱 어울린다.

금성과 수성 중에서 어떤 행성이 사탄인지에 대한 논란이 존재하는데, 심지어는 수성 대신에 밝고 아름다운 금성을 사탄이라고 부르는 것은 여성비하라고 주장하는 학자들까지 등장할 정도이다. 수성이 수은水銀이라면 금성은 인燐, phosphorus이다. 그리스어로 빛은 포스φῶς이다. 루시퍼라는 단어는 제롬(AD 347~420)이 히브리어 성경을 라틴어로 번역한 불가타Vulgata본을 작성하면서 '빛나는 자'라는 뜻의 단어인 히브리어 '헬렐הילל'을 라틴어인 '루시퍼'로 번역하면서 혼란을 야기했다.

그리스 신화의 '헤르메스'는 로마 신화의 '메르쿠리우스', 혹은 '머큐리'이며, 로마인들은 수성을 신들의 심부름꾼(사자使者)으로 여겼다. 헤르메스가 얼마나 변화무쌍한지 그리스로마신화에서는, 여행자, 목동, 체육, 웅변, 도량형, 발명, 산업의 신이자, 도둑과 거짓말쟁이의 교활함을 주관하는 신이며, 신들의 집단의 뜻을 인간에게 전달하는 역할까지 수행했다고 한다. 숨은 의미를 해석하는 학문인 '해석학 hermeneutics'이라는 용어도 헤르메스에서 유래했다고 하니 가히 신화神話 속의 악동이자 재주꾼이다.

변화무쌍한 재주만큼이나 그 용어의 해석에 많은 혼란을 초래하고 있다. 금성인 비너스, 사탄인 루시퍼, 수성인 헤르메스 그리고 프로테우스Πρωτεύς가 유사한 역할을 한다. 한걸음 더 나아가, '프로메테우스Προμηθεῦς'까지도 헤르메스의 성향을 지니고 있을 정도니까.

셰익스피어의 작품 〈헨리 6세〉 3부 3막 2장에서, 자신이 영국의 왕이 되어야 마땅하다고 주장하는 극중 인물인 '글로스터의 리처드 Richard of Gloucester'는 자신의 처세술을 과시하면서 말한다.

"나는 프로테우스와 변신술變身術 겨루기로 라이벌 대결을 벌일 정도이지."

프로테우스Proteus와 프로메테우스Prometheus는 글자 한 개를 빼면 같은 이름이 된다. 프로메테우스는 주피터 신에게 바칠 제물에서 고기는 쏙 빼놓고 가죽으로 뼈를 감싸고 하찮은 것으로 채운 넣은 후에 태워서 제사를 지내도록 인간을 꼬드긴 행위를 하긴 했지만, 신적인 존재들을 위해서 살기보다는 평범한 우리 인간들을 위해 헌신하고 희생한 인간적인 신으로 여겨지고 있다. 이런 행위에 분노한 주피터 신은 인간들에게서 불을 압수해버리는데, 프로메테우스는 제우스에게 빼앗겼던 불을 몰래 가서 다시 찾아와서는 인류에게 되돌려준다.

이토록 얄미운 존재였던 프로메테우스는 제우스신과 인간 사이의 중재역할을 하는 사자使者이기도 했지만, 신들 입장에서 보면 중간에서 골치 아픈 일들을 벌이는 망나니이기도 했다. '판도라의 상자 사건'으로 인해 인간들이 재앙을 받고 프로메테우스는 헤라클레스가 자신을 구해주기 직전까지 코카서스 산의 바위에 묶여 독수리에게 매일 간을 쪼아 먹히는 고통스러운 벌을 받는다. 수성, 헤르메스, 프로테우스, 프로메테우스가 동양에서 수성水星을 상징하는 용진辰과 공통점을 지니고 있다는 점을 한 번 더 강조하고 싶다.

앞서 이미 언급했지만 한자漢字 별신辰은 별진辰이 될 수도 있고 용진辰이 될 수도 있다. 별이 되었다 용이 되었다 할 수 있다는 말이다.

별의 총칭總稱으로 사용되기에 숱한 별들을 의미할 수도 있고, 특히 행성 중에는 수성水星을 의미하며, 심지어는 다섯째 지지地支로써 진시辰時를 나타내는 시각時刻의 표기에도 사용된다. 특별한 시대時代 혹은 기회機會가 도래하였음을 뜻하기도 하고 아침, 새벽, 날, 하루의 의미가 있기에 날짜를 정하는 택일擇日에 있어서도 그 중요성이 인식된다. 또한 민속적으로는 일월성신日月星辰의 해, 달, 별을 모두 의미할 때도 있고 심지어는 북극성北極星을 가리키기도 한다. 십이지十二支의 다섯째인 용은 이십사방위 중의 하나인 동쪽의 진방辰方을 나타내기도 하는데 좌청룡 우백호를 상상해 보시면 될 것 같다.

하지만 의외로 진시는 십이시十二時의 다섯 번째에 해당하기에 새벽이라기보다는 아침에 가까운 시간이 되어버렸다. 혹시 현대인들의 여유 없는 생활시간이 우리 조상님들보다 너무 앞당겨진 것일까? 생각보다 늦은 오전 7시부터 8시 59분까지를 말한다. 현대 24시간 제도에 맞춰본 십이시를 살펴보자.

23:00~00:59	子(쥐)
01:00~02:59	丑(소)
03:00~04:59	寅(범)
05:00~06:59	卯(토끼)
07:00~08:59	辰(용)
09:00~10:59	巳(뱀)
11:00~12:59	午(말)
13:00~14:59	未(염소)
15:00~16:59	申(원숭이)
17:00~18:59	酉(닭)
19:00~20:59	戌(개)
21:00~22:59	亥(돼지)

용龍은 봉황, 기린, 거북과 함께 신령한 동물인 '사령四靈'의 하나로 상상 속의 동물이긴 하지만 알려진 어떤 동물보다도 최고의 권위를 지니고 있다. 다른 사령들이 가지고 있는 능력에 비해 많은 것을 지니고 있으며 무궁무진한 조화 능력을 지니고 있는 것으로 여겨진다. 용은 우리의 생활과 의식구조 전반에 걸쳐 깊게 자리하면서 수많은 민속과 민간신앙, 설화, 사상, 미술품, 각종 지명에 이르기까지 다양한 위치에 자리매김하였다. 우리 조상들은 개인의 수호신을 넘어 나라를 지키는 호국신護國神으로서의 용의 이미지를 극대화하여 호국정신의 기치旗幟로 삼기도 했다.

용은 희망을 뜻하는 동물인 동시에 지상 최대의 권위를 상징하는 동물로 숭배되어 왔다. 서해 번쩍 동해 번쩍 자유롭게 이동을 하며 신비한 조화를 부리는 물의 신, 불교의 호교자護教者로, 왕권을 수호하는 호국신으로, 백성을 살펴주고 가뭄과 홍수와 비를 조절해주는 보호자로 갖가지 기능을 발휘하면서 '용신신앙龍神信仰'을 발생시켰고, 수많은 설화說話의 핵심 소재가 되어왔다. 하지만 용은 인류의 역사가 진행되는 지금까지 계속해서 우리와 함께 있어줄 수가 없었을지도 모른다. 그래서인지 요즘은 용을 구경할 수 없다. 용에게는 나름 아주 중요한 목표가 한 가지 있는데, 궁극적 목표는 구름을 박차고 하늘 높이 승천하는 일이다. 그러기에 우리 민족이 동일시 해온 용의 승천은 곧 민족의 포부요 희망의 표상表象으로 여겨져 온 것이다.

우리 민족만 용을 동경해온 것은 아니다. 당연히 동양의 여러 민족과 국가들은 용의 존재감을 극대화시켜 왔다. 용의 화려한 부활을 기대하면서 말이다.

특히 중국에서는 신성한 동물, 즉 영수靈獸[15]라고 하여 매우 귀하게 여겼으며, 영수 중에서도 특히 귀하게 여겨, 용이 모습을 드러내면 세상이 크게 변할 전조라고 믿었다. 용을 보았다는 소문이 흘러나오면 황제가 점술가들을 불러 길흉을 점치게 하고 점괘가 불길하게 나오면 궁궐의 위치를 바꾸는 일까지 있을 정도였다. 용은 징조徵兆의 동물이었기 때문이다.

용은 자기 마음대로 날씨를 바꿀 수 있었기 때문에 기분에 따라 먹구름을 동반한 번개와 천둥과 폭풍우, 홍수를 일으키고 바닷물이 땅으로 넘치게 만들 수도 있었고, 용의 기분을 거스를 경우에는 인간들에게 갖가지 견디기 힘든 고통도 안겨주었을 것이다. 그래서 인간들은 가뭄이 지속되면 용왕에게 기우제를 지냈고, 홍수가 나도 용왕에게 너그러운 선처를 빌었으며, 어부들이 바다로 출어를 나갈 때에는 풍어와 안전을 비는 풍어제豊漁祭를 지내왔을 것이다.

한국, 일본, 중국 등의 동아시아에서의 용의 생김새는 대략 다음과 같다. 용은 물고기나 뱀처럼 몸에 비늘을 지닌 360종류의 동물들의 조상이며, 특히 물고기들이 살고 있는 물속 세상을 통치하는 일종의 군주君主처럼 여겨졌다. 또는, 뱀이 500년을 살면 비늘이 생기고 거기에 다시 500년을 살면 용이 되는데, 그 다음에 뿔이 돋는다고도 한다. 입으로는 불을 내뿜고 축지법을 사용하여 매우 멀리 떨어진 장소로 순식간에 이동할 수 있다. 몸의 크기와 모양도 필요에 따라 바꿀 수 있는 기막힌 재주를 지니고 있다. 하지만 용이 최대한의 능력을 발휘하려면 여의주如意珠라 불리는 신비한 구슬을 획득하여 지니고 있어야만 했다. 여의주는 영묘靈妙한 구슬이며 이것에 빌면 만사가 뜻대로 된다고 하며, 사람이 이것을 얻으면 갖은 조화를 부려 무엇이든 만들어 낼 수 있다고 한다. 어디에서 나왔을지는 몰라도 용케도 여의주를 얻은 용은 자신의 턱 아래에 여의주 구슬을 달고 다녔다. 마치 자기장磁氣場에 연결된 자석마냥 함께 움직이면서 말이다. 회화적인 표현에서는 앞발에 쥐고 있거나 입에 물고 있는 경우를 더 많이 보셨을 것이다. 여의주는 보주寶珠, 여의마니, 이주驪珠라고도 불린다.

불교에서의 여의주는 법과 공덕이나 경전의 공덕을 상징적으로 이르는 말로, 여의주는 소유한 사람의 소원을 들어준다는 구슬이다. 이 구슬의 출처는 '여의륜관음如意輪觀音'으로 이 구슬을 두 손에 가지고 계시다고 하는데, 여의륜관음은 '칠관음七觀音'의 한 분으로 여의보주의 삼매三昧에 들어 있으면서 뜻대로 설법하여 모든 중생의 고통을 덜어 주고 소원을 이루어 주는 관음이시다.

용은 다른 동물들과 마찬가지로 암수雌雄가 따로 구별되는데, 머리에 있는 뿔이 뿌리보다 끝이 더 굵고 두껍고, 갈기가 유독 뾰족하며 몸의 비늘이 빽빽하게 겹쳐져 있다면 수컷이고, 코가 곧게 바로 서 있고 갈기가 부드러우며 얇게 겹쳐진 비늘과 굵은 꼬리를 가지고 있는 쪽이 암컷이라고 한다.

번식도 하는데, 파충류처럼 알을 낳는 난생卵生[16]을 한다고 한다. 불교에서는 난생卵生, 태생胎生, 습생濕生, 화생化生을 통하여 모든 생물체가 태어나는데, 주목할 점은 용은 화생이 아닌 난생을 한다는 것이다. 교미는 성장한 용들의 활동 장소인 하늘에서 이루어지지 않고, 어릴 적 지내던 땅이나 물로 내려와 이루어지게 되며, 특기인 변신술이 이때 활용된다. 작은 뱀의 형태로 모습을 바꾸어서 사랑을 나누는데, 하늘이 갈라질 것 같은 폭풍우가 일어나며, 알을 낳은 암컷은 알을 품지 않고 그대로 둔다. 그 대신 수컷이 바람이 불어오는 쪽에 서고 암컷은 바람을 맞는 쪽에 서서 알을 향해 깨어나라고 부르기만 하면 알이 자연적으로 부화된다. 이렇듯 새끼가 생겨나길 바라는 생각만으로도 알을 부화시키는 방법을, '의지意志를 품기만 하여도 손에 넣을 수 있다'는 의미를 지닌 '사포思抱'라 하며 용만이 가지고 있는 능력이라고 한다. 이렇게 태어난 새끼가 이무기라고 할 수 있으나, 아무튼 뱀으로 변하여 낳은 만큼, 그 시작은 용이 아닌 뱀 새끼인 셈이다.

암컷과 교미할 기회를 찾지 못하는 수컷 용들은 다른 동물들과의 교미도 시도하는데, 이런 일탈 행위를 통해 태어난 하이브리드hybrid 새끼들은 영수靈獸인 용의 기질을 그대로 이어받아 같은 동물이라 할지라도 훨씬 뛰어난 능력을 발휘한다. 용과 말 사이에서 태어난 말이 바로 용마龍馬[17]가 아니었던가?

이러한 신통력 때문에 용은 천계天界를 통치하는 옥황상제님의 사자使者로 받들어졌다. 옥황상제가 산다는 천궁天宮인 천상백옥경天上白玉京과 인간세계 사이를 오가며 상제의 뜻과 인간의 요청을 전달했을 것이며, 비록 유일한 통로였는지는 확실치 않지만 그 역할의 비중이 상당했을 것으로 여겨진다.

다음과 같은 기호嗜好를 왜 갖게 되었는지는 정확하게 알 수는 없으나, 용의 세부적인 특징 중에서는, 용도 좋아하고 싫어하는 것들이 있다는 것이다. 재미삼아 만들어진 이야기처럼 보이기도 하지만, 그런 것만은 아니다. 소홀히 넘기기엔 다소 아쉬운 모티프motif와 상징성을 지니고 있기에 조금만 알아보도록 하겠다.

용은 반짝이고 번들거리는 금과 은, 아름다운 보석과 청동색의 물건, 그리고 참새고기를 좋아하며, 철鐵, 골풀燈心草, 지네, 전단栴檀 나무의 잎사귀, 다섯 가지 색깔실로 꼬아서 만든 오방색의 실을 싫어한다고 한다. 지네의 독은 용에게 치명적이어서 쏘이면 뼛속까지 녹아버릴 수 있기 때문에 용은 지네를 유독 두려워한다.

왜 참새고기를 좋아하는지 무척 궁금하지만, 용이 등장하는 전설에서는 동서양을 불문하고 큰 새가 아닌 작은 새들이 등장하곤 한다. 동양과는 달리 서양의 용의 모티프에서는 노래하는 작은 새들이 용과 함께 등장하곤 한다. 평범해 보이지만 인간의 말을 알아듣는 그런 새들이다. 물론 동양에도 이와 비슷한 모티프가 등장하는데, 용이 아닌 호랑이와 함께 있는 까치이다. 지네에 대해서는 이미 설명한바 있다. 오방색도 중앙과 동서남북의 방위를 상징하는 색임을 이미 설명한 바 있다. 한국의 전통적인 색동옷도 오방색의 기초를 두고 있으며, 큰 행사나 전쟁터에 깃발을 세울 때나 배를 진수하거나 첫 항해를 할 때, 그리고 큰 굿을 할 때에도 오방색이 사용된다. 우리 전통에서의 오방색 휘장揮帳은 서양에서 만국기萬國旗를 행사장에 걸어놓는 것과 그 의미가 크게 다르지 않다. 아마도 오방색은 악한 용을 물리치기 위한 방책이었을 가능성이 높아 보인다.

골풀[18] 즉, 등심초는 서양에 거의 분포하지 않기 때문에 분명 동양의 용과 관련이 있다고 본다. 뒤에 다시 나오겠지만 서양의 용들도 좋고 싫은 것들의 구분이 분명 존재한다. 골풀은 물가나 습지에서 자라는 만큼, 용의 입장에서는 피해가기 어려운 곳에 떡하니 자리를 잡고 버티고 있는 장애물인 셈인데 안타깝다. 왜 하필 골풀 알레르기가 있는 걸까?

이처럼 용이 지니는 상징성이 많으므로, 용띠 해에 태어난 사람들이 타고나는 기질이 어떨지도 궁금해진다. 용의 기운을 받아 태어난 행복한 사람들은 어떤 특징을 가지고 있을까?

용의 해에 출생한 사람들은 건강하고 정력적이며 정직하고 용감하고 감수성이 예민하며 신뢰감이 두터운 성격을 갖고 있다고 한다. 또한 돈에 큰 욕심이 없고 아첨하는 것을 싫어한다. 반면에 화를 잘 내고, 흥분을 잘하며, 고집이 세고, 좋고 싫음이 분명하기에 다소 괴팍한 성미를 지니고 있다고 한다.

일반적인 성격은 격렬하면서도 활력이 있어 정력적이고 매력적이라고 하며, 확신에 찬 직선적 성격이면서도, 주도면밀하고 이지적이며 열망이 강해서 성공적이라고 한다. 운도 좋다고 한다. 외향적이면서 관대하기도 하다. 반면에 요구가 많고 편협하며 권위적이고. 지나친 자신감으로 인해 성급하고 무모한 부분이 있어 오만해 보이기도 한다. 재치가 부족하고 정상적인 궤도를 잘 벗어나기도 한다는데, 쉽게 실망하고 만족을 잘 못하는데다가 수다쟁이라고도 한다.

사람이란 혼자 사는 것이 아니므로 다른 띠의 사람들과의 관계도 살펴보는 것이 좋을 것이다. 용띠와 궁합이 잘 어울리는 띠는, 마음이 따뜻한 쥐, 유머 감각이 뛰어난 뱀, 허풍이 심한 닭, 머리회전이 빠른 원숭이띠라고 한다. 반면, 용띠는 범띠, 토끼띠, 말띠와는 그다지 맞지 않고, 개띠와는 상극이다. 그리고 아무리 용띠와 뱀띠가 어울리는 한 쌍이라 하더라도, 뱀띠 남자와 용띠 여자의 궁합은 좀 그렇다고 한다. 눌려 지낸다고나 할까? 어차피 남성이 한 살 연하거나, 11살 연상이라는 이야기이니 흔한 짝은 아닐 듯싶다.

용띠는 애교 만점인 원숭이띠에 가장 끌린다고 하며, 원숭이띠도 용띠의 장엄함에 끌려 그들은 다툼 없이 조화를 잘 이룬다고 한다. 말썽꾸러기 원숭이인 손오공孫悟空이 삼장법사三藏法師[19]의 눈에 띄어 안내자로서 스카우트된 것만 봐도 그렇다. 게다가 용들의 전유물인 여의주의 유사품인 여의봉如意棒까지 지녔으며 금단의 열매도 따먹어 힘이 장사이니 손오공은 용 부럽지 않은 원숭이었다고나 할까?

용띠와 쥐띠의 결합은 용이 강한 반면 쥐는 기술이 좋아 역시 성공적인 짝이 될 수 있다고 한다. 결론적으로 용띠와 삼합三合[20]을 이루는 띠는 쥐띠와 원숭이(잔나비)띠이다. 용이 쥐의 영리한 두뇌와 원숭이의 민첩한 몸놀림과 합쳐진다면 이보다 좋을 수는 없을 것이다.

그런가 하면 용띠와 돼지띠는 서로 까닭 없이 미워하는 원진관계[21]라고 하는데, 까닭이 없는 것만은 아니다. 용의 코는 돼지코 모양을 하고 있는데 '용혐저흑면龍嫌猪黑面'이라 하여 돼지 면상의 코를 싫어한다. 용은 열두 가지 동물의 형태를 모두 형상화한 영물인데, 다 잘생긴 모습 중에 하필 돼지의 코를 형상화한 것이 용의 코다. 용은 돼지만 보면 자기 코를 생각하며 못 견뎌한다. 즉, 자기의 코가 돼지의 코를 닮아서 잘생긴 용모에 오점을 남겼으므로 돼지를 미워하니, 민간에서 결혼 궁합을 볼 때 용띠와 돼지띠는 서로 꺼린다.

필자는 가끔 농담 삼아, 부부끼리 가장 나쁠 수도 있고 좋을 수도 있는 궁합은 소띠와 닭띠라고 말하기도 한다. 필자가 하도 심각하게 말하니 어떤 사람들은 진짜로 믿기도 한다. 결혼 생활을 오래하다 보면 부부간에 '소 닭 보듯이 한다.'는 속담을 가지고 농담거리를 만들어 본 것일 뿐인데….

03
한민족의 수호신

　이토록 화려한 경력을 지닌 용이 과연 우리 민족의 수호신일까? 아니면 우리의 수호신은 따로 존재하는 것일까? 그 의문을 풀기 위한 작업을 해보았다.

"용용 죽겠지?"의 어원

　화하족華夏族[22]이 아시아 대륙 서쪽의 곤륜산崑崙山[23]을 넘어 중원中原으로 동진東進해 들어옴에 따라 동아시아 대륙의 선주민先主民이었던 동이족東夷族과 중원 대륙의 패권을 장악하기 위한 생사운명을 건 수차례의 전쟁이 불가피했다고 한다.

　화하족은 용을 숭배하였고, 동이족의 수호신은 삼족오였다고 한다. 그런 이유로 화하족은 예로부터 전쟁을 할 때는 용이 새겨진 깃발을 앞장세웠으며, 이와는 대조적으로 봉鳳을 종족의 대표상징으로 삼고 있던 동이족은 봉황새가 그려진 봉도奉導의 인도 하에 전투에 임했다.

　이때 생겨난 동이족의 유명한 구호가 "용龍 용龍, 죽겠지!"라는 잘 믿기지 않는 구호였다고 한다. 언뜻 생각하면 애들 말장난이나 유머의 글처럼 보이지만, 민족의 무의식 속에 전승되어온 일종의 집단무의식적 습관이자 전통일 수도 있기에 그저 우습게 볼 문구文句가 아니다. 뒤에 나오겠지만 용 문화의 변천과 이동경로를 따져 보았을 때에 충분히 가능한 이야기이기 때문이다.

동이족의 후손인 한국인들은 오늘날에도 다투거나 장난을 칠 때 상대방을 향하여 "용용 죽겠지!"라고 한다. 뜻을 알지 못하면서도 상대한테 이 말을 들으면 상당히 약 올라 한다. 기막힌 심리전 병법兵法이다.

그렇다. 현대를 기준으로 볼 때에 세계지도상의 동東쪽에는 큰 용이 없었을지도 모른다. 서쪽에서 이주해 오던 화이족들은 성질 못되고 큰 용을 만나 본 적 없이 착한 용에 대한 좋은 추억만을 간직하고 있었기에 용을 숭배했을지도 모른다. 반면 동쪽 땅을 지키고 있던 동이족들은 용을 거의 접하지 못했고 용이 아닌 커다란 대형 새들을 주로 보아왔을 수 있다. 드높은 하늘에서 밝고 둥근 해를 등지고 날아내려오는 거대한 새.

삼족오三足烏라는 새는 용을 잡아먹을 수 있을 정도이며, 주작朱雀과 봉황鳳凰의 전신前身이라는 이야기도 있다. 봉황의 깃털이 다섯 가지 색을 띠고 있는데 이는 아마도 오방색과 관련이 있으리라 본다. 불사조不死鳥라 불리는 피닉스Phoenix도 간혹 용을 잡아먹는다고 한다. 무슨 문헌적 근거를 가지고 하는 말은 아니다. 구렁이가 닭을 잡아먹는 것도 보았고 큰 새나 매가 뱀을 잡아먹는 것도 보았기 때문이다. 삼족오가 겨우 까마귀 정도의 크기였다고 상상하는 것은 오산이다.

아무튼, 용과 새鳥의 대결이 벌어지게 되었는데, 이러한 류類의 대결은 피할 수 없는 일이다. 민족, 국가 등 집단 세력 간의 경쟁과 투쟁과 대결에서 항상 앞장서게 마련인 기치旗幟라 불리는 고유의 상징물

없이는 단합도 어렵다. 국제 스포츠 대회에서 선수들이 태극마크를 달고 나오지 않는다면 응원할 마음이 들지 않을지도 모른다. 동아시아의 상징이 용일까? 새일까? 이외에도 새를 상징으로 삼고 있는 세력들이 많은데, 팍스로마나의 고대 로마제국의 상징도 독수리요, 신성로마제국의 상징도 독수리요, 러시아제국의 상징도 독수리요, 미국의 상징도 독수리다.

한반도의 동쪽에 자리를 잡은 섬나라 일본은 또 어떨까? 용일까? 새일까?

일본의 종교라는 신도神道, 그리고 신도를 수행하는 곳인 신사神社, 그리고 신사의 입구를 지키고 서있는 우리의 솟대와 유사한 토리이鳥居, とりぃ. 당연히 토리이는 일본어로 새인 토리鳥, とり에서 나온 말이다.

신과 인간 사이의 뜻을 전달하는 임무를 맡았던 사자使者로서의 새와 용, 전달자와 동의어인 사자使者를 의미하는 그리스어 앙겔로스 ἄγγελος… 우리는 통상 앤젤을 천사天使라고 쓰고 마음이 착할 대로 착한 사람을 천사라고 부른다. 천상으로부터 오는 인류멸망의 끔찍한 소식을 전달하게 될 존재가 천사임에도 불구하고 말이다. 용과 새는 높이 날 수 있으므로 충분히 전달자의 역할을 수행할 것이라 우리는 믿어왔던 것이다.

〈아침이 밝아왔다Morning has Broken〉라는 아름다운 가사의 외국곡이 있다. 가사에는 '매일 매일이 신의 새로운 창조물'이라는 기막힌 표현이 들어있다. 해 질 녘이 되면 태양은 서쪽으로 기울며 죽은 듯 어둠을 몰고 오는데, 밤새 우리를 짓누르던 어둠으로부터 해방시키듯 또다시 동쪽에서 부활하듯 떠오른다. 잠자던 것들은 다시 깨어나고 기어 나와 활동을 시작하고 시커먼 괴물마냥 덩그러니 서 있던 나무의 잎사귀에는 어느덧 햇빛이 반사되어 반짝거린다. 물론 지구의 자전自轉현상에 의해 벌어진 일이고 우리가 어둠에 처했을 때 지구 반대편의 사람들은 밝음에 처했을 것임은 분명하다. 그렇다고 해서 밝음을 쫓기 위해 매일 비행기를 타고 해가 떠있는 곳을 찾아다닐 수도 없는 법.

운송수단이 발달한 지금도 그러한데, 옛날 옛적엔 밤새 안녕이 아닌 이상, 다시 부활해주는 태양을 볼 수 있다는 것이 얼마나 큰 행운이었을까? "태양은 또다시 떠오른다."는 말도 있건만 인간은 다음 날 뜨는 해를 보지 못할 경우가 많지 않은가? 해는 약속대로 떠주었는데 말이다.

지구는 태양에서 멀지도 가깝지도 않은 그런 존재이다. 기가 막힐 정도로 정밀하게 조화를 이루며 지구와 태양 그리고 인간은 살아왔다. 인간뿐만 아니라 지상의 모든 생명체들은 태양을 필요로 했다. 모든 것이 밝게 잘 보여서가 아니라 태양 없이는 에너지도 없고 에너지 없이는 식물이 자라지 못하며 그 식물을 먹지 못하면 동물들도 살 수 없었기 때문이다. 이런 태양이 퇴근을 서두를 때마다 인간들의 마음은 조마조마했고, 다음 날 직원 한 명이 출근하지 않은 회사의 분위기와 사장이 출근하지 않은 회사의 분위기가 다르듯, 태양이 출근하지 않으면 아주 큰일이었다. 태양은 천천히 여명黎明을 일으키며 나타나는 인류의 생명줄이었다.

기본적으로 인간은 달에 의해 기분이 좌우되므로 달에 대한 숭배도 많았다. 지구상의 인류 거의가 월력月曆을 사용했던 것도 그런 이유 때문일 것이다. 달의 영향력이 지대하며 달이 훨씬 가까운 곳에 있음에도 인류는 그러한 달의 역할보다는 태양의 역할에 더 비중을 둔 듯하다. 아직은 달숭배와 태양숭배가 팽팽하게 맞서 있는 편이지만,

대체적으로 태양숭배의 방향으로 기울어져 가고 있다.

짙은 어둠이 가시고 여명이 올 때에 사람들은 희망을 걸었다. 빛이 오고 있다는 징조였기 때문이다. 마치 가장 신선한 공기를 맡아보고 싶어 하는 모든 인간의 습성처럼, 부지런한 인간들은 너도나도 자기가 제일 먼저 밝아오는 빛줄기를 영접하고 싶어 했다. 게다가 이 시간 때가 대기 중에 운행하는 기운이 활발한 시기이기도 하다. 그러다 보니 태양에 앞서 나타나는 전조前兆인 계명성啓明星의 등장에 때를 놓치지 않고 일찍 일어나 집 앞 우물에서 정화수井華水 한 그릇을 떠놓고 소원을 빌었다. 동서양을 불문하고 태양은 부활의 상징이었다.

하지만 공교롭게도, 명확한 어둠과 밝음 사이의 그 잠깐의 주인 없는 순간은 뭔가 불순한 기운이 침투할 수 있는 시점이기도 했다. 윤달이나 윤년을 유의해서 관찰하는 우리의 습성만 봐도 이런 교대시간의 중요성을 짐작할 수 있다. 뒤에 다시 언급하겠지만 이 부분도 동서양 간에는 다소의 견해차이가 있다. 역학易學에서 자주 접할 수 없는 귀한 날인 손巽(☴) 없는 날, 손 없는 달, 손 없는 해 등등이 서양에서는 반대로, 손이 심하게 있는 날, 달, 해로 여겨졌기 때문이다.

우리 민속에서의 '손'은 한자어가 아닌 순우리말이다. '손님'처럼 말이다. '단골'이 무속용어이듯 손님도 무속용어일 가능성이 높다. 아무튼 손이 있어야 좋은지 없어야 좋은지 약간의 문화차이가 존재한다. 서양의 사탄은 손 없는 시간에 기습하기 때문이다. 해와 달이 교대하는, 서로 정신없는 가장 취약한 시간이니까. 동양에서는 이 시간에 기도하며 기氣를 받지만 기독교사상에서는 이 시간에 단전丹田을 운용하고 백회혈百會穴을 열어 놓는 것은 위험천만한 일로 볼 것이다. 사탄이 침투하기 가장 좋은 시점이니까.

하나님이 두 큰 광명체를 만드사, 큰 광명체로 낮을 주관하 게 하시고 작은 광명체로 밤을 주관하게 하시며 또 별을 만드 시고 그것들을 하늘의 궁창에 두어 땅을 비추게 하시며 밤과 낮을 주관하게 하고 빛과 어둠을 나뉘게 하시니 (창세기 1장 16~18절)

태양숭배사상은 전 세계 각지에서 공통적으로 발견되는 현상이지 만 오히려 이집트와 로마제국 등 서양이나 중동 및 아프리카 지역에 서 더 체계적으로 발달되었다. 동북아시아 지역에서의 태양숭배사상 은 독특하고 독창적인 측면을 보여주고 있다. 특히 동이족東夷族은 과거의 토템사상과 태양숭배를 결합하여 둥근 원, 즉, 원륜圓輪 안에 삼족오三足烏의 형상을 표현하는 일오日烏의 형상을 창조해냈다. 심 지어는 과학적 측면까지 있어 보이는데, 태양의 흑점활동과 관련하여 반복적인 국지적 태양폭발에 따른 흑점현상을 관측해보면 그 모습이 마치 다리가 세 개 달린 검은 새가 날아오르는 것과 닮아 있다. 그래 서 삼족오三足烏가 등장한 것이다.

고구려 시대의 고분인 각저총 3호분 내부에 고구려인들의 죽음 뒤 에 이르는 세상을 표현해 놓았는데, 신령스러운 동물들을 그린 사신 도四神圖가 있고, 그 중심에는 태양이 그려져 있다. 그리고 벽화의 중 심에 있는 태양 안에 날개를 힘껏 펼친 검은 새가 그려져 있는데 이 새가 바로 삼족오이다. 신중하게 검토해 본다면 고구려 건국신화의 동 명성왕東明聖王의 난생신화卵生神話는 뱀이 아닌 새에 의한 탄생이라 고도 볼 수 있겠다.

고구려 건국신화에서는, 천제天帝의 아들인 해모수解慕漱가 지상 을 자주 왕래하면서 인간세상을 돌아보던 중 물의 신神인 하백河伯

사신도(四神圖)와 함께 그려진 태양. 태양의 중심에 다리가 셋 달린 특
이한 모양의 새인 삼족오(三足烏)가 그려져 있다.

의 딸 유화柳花와 사랑에 빠지게 된다. 하지만 하백의 강력한 반대로
해모수는 떠나버리고 만다. 그럼에도, 신비하게도 햇빛이 유화를 계
속 따라다니며 그녀의 몸을 비추는 현상이 계속되더니 이윽고 유화
는 태양빛을 받고 잉태를 하게 되고 기이하게도 아이 대신에 커다란
알을 낳는다.

　아버지 하백이 해모수와 사귄 유화에게 노하여 유화를 귀양 보냈
을 때에 마침 동부여의 왕인 금와왕이 그녀를 측은하게 여겨 보호하
고 있었는데, 금와왕은 이 일을 불길한 징조로 여겨 알을 내다 버리
고 심지어는 여러 동물들의 먹이로 던져버리지만 동물들은 오히려 알
을 보호하고 나선다. 유화한테 돌아오기 직전까지 알을 품었던 동물
은 새라고 되어 있다. 사람이기보다는 신에 가깝겠지만, 그 알에서 태
어난 사람이 고구려의 시조인 주몽이라고도 불리는 동명성왕이다.
금와왕의 자녀들보다 능력이 너무 뛰어났기에 목숨을 보존하기 위해

동부여를 떠나게 되며, 궁극적으로는 고구려의 시조始祖가 된다. 주몽은 태양과 물로부터 양쪽의 성향을 모두 물려받은 셈인데, 그 이유는 아버지는 '해'의 해모수이고 어머니는 물水의 신의 딸이었기 때문이다.

해모수는 검은색 깃털이 달린 관冠을 쓰고 천상과 지상을 왕래하였는데, 이 해모수가 태양의 메신저인 삼족오를 상징한다고도 볼 수 있겠다. 비록 중국에서는 애써 동이족이라 하여 폄하하려 할지라도 고구려인들은 천제의 천손天孫으로서, 인간과 천상을 이어주는 삼족오를 신조神鳥로서 숭배하였다. 주몽의 고구려의 건국과 더불어 아들 온조에 의한 백제 건국, 더 나아가 일본에까지 영향을 준 것으로 되어 있다.

그래서인지 유독 우리 민족은 3이란 숫자를 길하게 여겼으며 신성하게 여겼다. 3은 가장 완벽함을 갖춘 숫자로 우리나라뿐만 아니라 세계의 다른 민족, 문화 및 종교에서도 가장 성스러운 숫자로 여겼다. 기독교신앙에서는 성부聖父, 성자聖子, 성령聖靈의 삼위일체三位一體로, 그리고 비록 태극기의 상징으로 사용되진 못했지만, 우리의 전통에서는 삼태극三太極 혹은 삼색태극, 삼원태극이라고도 불리는 청색, 황색, 적색으로 이루어진 태극이 존재한다. 태극선太極扇이라 불리는 둥근 부채를 보신 적이 있을 것이다. 삼태극은 삼재三才사상의 천天, 지地, 인人의 만물을 구성하는 세 요소와 직결된다.

우리의 민속 문화 전통에서는 삼족오 외에도 3자로 형성된 것들이 많은데, 칠성七星, 독성獨星, 산신山神 세 분을 한곳에 모셔놓은 삼성각三聖閣이나, 삼신三神할머니, 삼신당三神堂 등이 있으며, 고高, 양良, 부夫 세 성씨가 굴에서 나와 나라를 세웠다는 탐라耽羅의 개국신화인 '삼성신화三姓神話'가 제주 삼성혈三姓穴에 존재한다. 3이란 숫자가 북쪽의 고구려로부터 남쪽의 제주도까지 영향을 끼쳤다고 볼수 있겠다.

태양을 의미하는 원륜(圓輪) 안에 들어있는 삼족오(三足烏)의 형상인 일오(日烏)

1장 더 알아보기

1 아바타avatar

— 힌두교, 불교에서 신의 화신化身, 현신現身, 분신分身을 이르는 말. 특히 불교에서 부처님이 중생을 교화하기 위하여 여러 가지 몸으로 나타나는 것 또는 그 몸을 이른다.

2 황도면黃道面

— 태양의 둘레를 도는 지구의 궤도가 천구天球에 투영된 궤도. 천구의 적도면赤道面에 대하여 황도는 약 23도 27분 기울어져 있으며, 적도와 만나는 두 점을 각각 춘분점, 추분점이라 한다.

3 폴리어듀 Folie à deux

— 개별적인 두 사람이 망상 등의 정신증상을 함께 공유한다는 뜻이다. 주로 가족처럼 가까운 관계에서 발생하지만 완전히 남남일 수도 있다. 1933년 프랑스에서 발생한 살인사건의 공범자로 크리스틴 파팽과 레아 파팽 자매가 체포되었는데, 프랑스인 변호사의 하녀로 일하던 중에 특별한 이유 없이, 쇼핑을 다녀오던 변호사의 아내와 딸을 잔인하게 살해한 후 도주하지 않고 침실에서 여유롭게 잠을 자던 중 체포된다.

4 천상의 삼계三界

— 천구상의 삼계와 불교의 삼계는 다르다. 천구상의 삼계는 적도Tropical의 황도십이궁도Zodiac, 항성Sidereal의 십이궁도(인도의 Vedic 십이궁도), 별자리 Constellational의 십이궁도(현대적 개념의 십이궁도로 열세 개의 별자리로 이루어져 있다) 등이 있으며, 불교의 삼계三界에는 세 종류의 다른 정의가 존재한다.

첫째는 중생이 생사 왕래하는 세 가지 세계인 욕계, 색계, 무색계이다. 둘째
는 불계佛界, 중생계衆生界, 심계心界이며, 셋째는 삼세三世를 의미하는 전
세前世, 현세現世, 내세來世의 삼계이며, 천계天界, 지계地界, 인계人界를
지칭할 때에도 사용된다.

5 레판의 별

— 신약성경 사도행전 7장 43절에 등장한다.

"몰록의 장막과 신 레판Rephan의 별을 받들었음이여 이것은 너희가 절하고자
하여 만든 형상이로다. 내가 너희를 바벨론 밖으로 옮기리라 함과 같으니라."

6 프로메테우스Prometheus

— 그리스 신화에 나오는 티탄 족의 영웅. 인간에게 불을 훔쳐다 주어 인간에
게는 문화를 준 은인이 되었으나, 그로 인하여 제우스의 노여움을 사 코카
서스의 바위에 묶여 독수리에게 간을 쪼이는 고통을 받았다.

7 64괘六十四卦

— 주역周易에서, 팔괘八卦를 여덟 번 겹쳐 얻은 64가지의 괘卦. 건乾·곤坤·둔
屯·몽蒙·수需·송訟·사師·비比·소축小畜·이履·서합噬嗑·비賁·박剝·복復·무
망无妄·대축大畜·이頤·대과大過·감坎·이離·함咸·항恒·돈遯·대장大壯·진晉·
명이明夷·가인家人·규睽·건蹇·해解·손損·익益·태泰·비否·동인同人·대유大
有·겸謙·예豫·수隨·고蠱·임臨·관觀·쾌夬·구姤·췌萃·승升·곤困·정井·혁革·
정鼎·진震·간艮·점漸·귀매歸妹·풍豐·여旅·손巽·태兌·환渙·절節·중부中孚·
소과小過·기제旣濟·미제未濟이다.

8 몽골반점

— 몽골반점斑點 혹은 몽고반蒙古斑. 신생아·유아乳兒의 엉덩이나 등에 나타
나는 청색青色 반점. 출생 시에 두드러지다가 1년 후부터 퇴색하기 시작하
며 몽골 인종人種에게서 흔히 볼 수 있다.

9 소전小篆

— 한문 글씨인 고전 팔체서의 하나이다. 중국 진시황제 때에 이사가 대전을 조
금 더 간략하게 바꾸어 만든 글씨체이다.

10 《설문해자說文解字**》**

— 중국의 가장 오랜 자전字典으로, 중국 후한後漢의 경학자經學者로 알려진
허신許愼이 필생의 노력을 기울여 저술한 책으로 알려져 있다. 내용을 보면
무려 1만여 자에 달하는 한자漢字 하나하나에 대해, 본래의 글자 모양과 뜻,
발음을 종합적으로 해설한 책이다.

11 허물 건卂

— '卂' 자가 아닌 '辛'(신) 자라는 주장도 존재한다.

12 형성문자形聲文字

— 한자漢字 육서六書의 하나. 두 글자를 합슴하여 새 글자를 만드는 방법方法
으로, 낱말의 뜻을 나타내는 문자文字. 한쪽은 뜻을 나타내고 다른 쪽은 음
音을 나타낸다.

13 새벽별 Morning Star

— 이른 아침의 별 혹은 어둠을 열어 밝음을 전달하는 별의 의미를 갖는 계명

성, 샛별, 새벽별 등의 용어는 개역개정 성경 기준으로 다음과 같이 나타난다. 계명성은 이사야서 14장 12절에 1회, 샛별은 베드로 후서 1장 19절에 1회, 새벽 별은 욥기 3장 9절, 욥기 38장 7절, 계시록 2장 28절, 계시록 22장 16절 등에 총 4회 등장한다.

14 계명성

— 이사야 14장 12절 "너 아침의 아들 계명성이여 어찌 그리 하늘에서 떨어졌으며 너 열국을 엎은 자여 어찌 그리 땅에 찍혔는고"라는 구절에 등장한다. 계명성은 새벽별이라고도 한다. NIV에는 morning star로, KJV에는 Lucifer로 번역되어 있다.

15 영수靈獸

— 상서祥瑞로운 짐승. 상서롭다는 '복되고 길한 일이 일어날 조짐이 있다'는 뜻이다.

16 난생卵生

— 알이 어미 몸 밖으로 배출되어 알 속의 영양만으로 발육하여 새로운 개체가 되는 일. 혹은 불교에서 말하는 사생四生의 하나로. 알에서 태어나는 생물을 이른다. 불교에서는 생물이 태어나는 방법에 따라 네 개의 형태로 분류하는데, 사람과 같은 태생胎生. 새와 같은 난생卵生, 개구리와 같은 습생濕生, 나비와 같은 화생化生의 총칭이다. 마지막 화생의 경우에는 물질적이지 않은 영적인 탄생도 포함된다.

17 용마龍馬

— 용의 머리에 말의 몸을 하고 있다는 신령스러운 전설의 짐승. 중국 복희씨

때 황허 강黃河江에서 팔괘八卦를 등에 싣고 나왔다는 준마이다. 혹은 매우
잘 달리는 훌륭한 말을 뜻하기도 한다.

18 골풀

— 등심초燈心草, 전단栴檀나무라 하며 단향목檀香木의 일종. 말향抹香은 주
로 불공佛供을 드릴 때에 사용하는 가루 향이다. 예전에는 침향沈香과 전단
栴檀의 가루를 사용했으나 지금은 붓순나무의 잎과 껍질로 대용한다. 또한
단상檀像이라함은 전단栴檀, 백단白檀 따위의 단향목으로 만든 불상佛像을
말한다.

19 삼장법사三藏法師

— 불교에서 말하는 경, 율, 논 삼장에 통달한 승려 또는 삼장을 번역한 승려를
말하며 당나라 현장玄奘의 다른 이름이다. 중국 명대의 장편 소설《서유기
西遊記》의 주인공이다. 손오공은 금단의 열매를 먹고 신통력을 얻어 천상계
로 가서 횡포를 부리다가 석가여래의 법력으로 진압된다. 뒤에, 삼장법사에
게 구출되어 그의 종자從者로서 많은 곤란을 극복하고 인도에서 경전을 가
져온다.

20 삼합三合

— 세 가지가 잘 어울려 딱 들어맞음. 삼합은 만물이 탄생하여, 장성하고, 사라
지는 시간의 흐름에 따른 운동성의 변화를 의미하며 오행의 윤회과정을 보
여주는 작용이라고도 한다. 삼합오행三合五行의 운용은 풍수론風水論의 골
격을 이루기도 한다.

21 원진관계

— 원진元嗔, 원진살元嗔煞이라고도 하며, 궁합에서 서로 꺼리는 살. 부부간에 까닭도 없이 서로 미워하는 기운이 존재한다. 쥐띠와 양띠, 소띠와 말띠, 범띠와 닭띠, 토끼띠와 원숭이띠, 용띠와 돼지띠, 뱀띠와 개띠는 서로 꺼린다고 한다.

22 화하족華夏族

— 현재 중국 인구의 대다수를 차지하는 한족漢族의 원류가 되는 민족으로 추정된다. 중화中華 또는 화하華夏라는 말은 화하족에서 유래되었으며 중국을 일컫는 말이다. 현대 중국의 정식 국명인 중화인민공화국中华人民共和国의 '화华'와 중화민국中華民國의 '화華'가 화하족이라는 말에서 유래한 것이라는 의견이 있다.

23 곤륜산崑崙山

— 중국 전설상의 높은 산. 중국의 서쪽에 있으며, 옥玉이 난다고 한다. 곤산崙山이라고도 한다. 하늘에 이르는 높은 산 또는 아름다운 옥이 출토되는 산으로 알려졌으나 전국戰國시대 말기부터는 서왕모西王母가 사는 곳으로 불사不死의 물이 흐르는 신선경神仙境으로 여겼다. 또는 대천세계大千世界의 주인인 대자재천大自在天 혹은 마혜수라麻鞋首羅가 곤륜산 위의 장엄한 궁전에 살면서 60의 천신天神을 거느리고 백천百千의 천녀天女의 호의를 받으며 살았다고 한다. 대자대천은 그 모양은 발이 여덟, 눈이 세이며 천관天冠을 썼고 흰 소를 타고 세 갈래로 갈라진 창을 잡고 있는 형태로 표현된다. 원래는 인도印度 바라문교婆羅門教의 신으로 만물을 창조한 최고신最高神으로 받아들여진다.

용이란
무엇인가?

01
동양의 용

예로부터 동양에서는 용龍은 봉황鳳凰[1], 기린麒麟, 거북龜과 더불어 사령四靈[2]이라 불려온 상상의 동물이다. 용은 특히 물과 깊은 관련을 맺고 있는데, 물속에서 살면서 때로는 하늘에 오르고, 비, 바람, 구름, 천둥, 번개 등을 일으킨다고 전해진다.

2003년 여름의 어느 날 오전에 용오름 현상이 울릉도 해상에서 목격되었다고 한다. 열대 지방에서는 흔한 현상이지만 온대지방에서는 7~8월 여름에 나타난다. 용오름은 하늘로 상승하는 저기압성 뭉게구름인 거대한 적란운積亂雲[3]이 발생하여 지표면이나 해수면 주위에 기둥이나 깔때기 모양의 구름이 드리워지면서 구름 아래에 강한 소용돌이가 발생하는 현상이다. 맹렬한 바람과 소용돌이를 일으키기 때문에 해수면에 닿으면 물을 빨아올리고 육지에서는 집이 파괴되거나 나무가 뽑히기도 한다. 육지에서 발생하는 것을 토네이도tornado 혹은 랜드-스파우트land-spout, 해상에서 발생하는 것은 워터-스파우트water-spout로 구분 짓는다.

마치 용이 승천昇天하는 모습 같으니 용오름이라 불리는데, 직접 보신 분들도 많을 것이다. 필자는 포항浦項 동남쪽의 구룡포九龍浦 앞바다에서 그 멋진 광경을 목격하였다. 멀리서 보면 바다의 표면을 뚫고 물줄기 한두 개가 똬리를 틀고 솟구쳐 올라가는데, 용의 승천이라 아니 말할 수 없을 정도의 신비로움을 자아낸다.

용오름보다 자주 사용되는 단어가 '용트림'과 '용틀임'⁴인데 발음이 비슷해서 혼동되지만, 용트림은 거드름을 피우느라 일부러 과장되게 크게 트림을 한다는 표현이고, 용틀임은 '궁궐이나 제법 큰 관아官衙의 장식물로 용의 모양을 새기거나 그려 넣은 장식'을 말하는 것으로, '이리저리 비틀거나 꼬면서 움직이는 모양'을 의미한다.

이무기 이야기, 뱀인가? 물고기인가?

용이 승천하는 장소가 큰 연못, 강물, 넓은 바다이므로 용이 물고기에 가까운 존재인지 아니면 구렁이에 가까운 존재인지를 명백하게 단정 내리기는 곤란하다. 물에서 사는 거대한 물뱀도 존재하므로 용의 이전 형태인 '이무기'라는 존재를 살펴보지 않을 수 없다.

한강漢江의 발원지로 알려진 태백산맥 금대봉金臺峰의 검룡소儉龍沼라는 연못에 이무기 신화가 전해지는데, 요즘 보아도 신비로움을 자아내는 곳이다. 전설에 따르면, 서해에 살던 이무기(검룡)가 용이 되려고 강줄기를 거슬러 올라와 이곳에 머물며, 물이 솟아오르는 굴속에 살고 있었다고 하여 검룡소라고 하였다. 검룡이 물고기인지 뱀인지는 확실하지 않다.

이번에는 경주 유금이들野에 대한 전설을 살펴보자. '김부대왕⁵ 전설'이라고도 부르는데, 신라의 마지막 임금 경순왕과 그의 아들 마의태자麻衣太子⁶에 얽힌 전설이며, 유금이들이란 곳은 경상북도와 남도의 경계지역에 위치한 형산강평야兄山江平野를 지칭하는 것 같다.

경순왕敬順王(재위 927~935)은 신라의 마지막 왕이고, 마의태자는 마지막 태자라는 점에 차이가 있지만, 둘 다 나라 잃은 한恨을 품고 있다. 경순왕은 호국용護國龍의 모티프이고, 마의태자설화는 신라의 구국救國활동과 관련이 있다. '김부대왕'이 둘 중 누구를 지칭하는지는 정확하지 않으며, 전설의 대강의 줄거리는 이렇다.

> 쇠퇴기 통일신라의 세력이 약해진 틈을 타서 왜구倭寇들이 쳐들어와서는 신라의 백성들을 못살게 굴어 안심하고 농사를 지을 수가 없었다. 김부대왕은 자신이 죽은 후 용이 되어 왜구의 근거지인 섬들을 없애겠다고 했는데, 그가 죽은 후 '손살맥이'[7]에 큰 뱀이 나타났다. 사람들은 모두들 그것이 뱀이라 불렀다. 마침 어떤 노파가 손자를 등에 업고 뱀 구경을 갔는데, 등에 업힌 손자인 '유금이'가 뱀을 보고 용龍님이라며 큰 소리로 외쳤다. 승천하지 못하고 머뭇거리던 큰 뱀은 유금이의 소리침을 듣고서야 힘을 얻어 비로소 용으로 변하였고, 산과 섬을 쳐서 없애고 농사를 지을 들판을 만들어주었다. 용은 울릉도까지 없애려다가 울릉도는 나라의 수구水口 맥이[8]라 남겨두었다. 산이 깎여 만들어진 평야는 뱀을 용님이라고 불러주어 뱀의 승천을 도왔던 아이의 이름을 따서 '유금이들'이 되었다.

그 후 이러한 초기의 호국용護國龍 설화는 미륵신앙, 서낭당신앙 등으로 변이되어 현재까지 전래되고 있다. 물론 왜구의 침범은 고려시대에서 조선 초까지 이어지는 현상이긴 하다.

큰 뱀이나 큰 물고기에 대한 이야기는 동서양을 불문하고 각지각처에 존재하지만 이무기나 용가리(용가리는 어원이 불명하다)같은 존재는 우리 민족의 독자적인 상상 속의 동물들이라고 말할 수 있다. 일설에는 구렁이가 500년을 살면 이무기로, 또 이무기가 다시 500년간 도道를 닦으면 일단 용이 될 자격이 주어진다고 한다. 하지만 뱀은 뱀일 뿐, 이무기는 뱀과는 전혀 다른 존재라고 생각하는 사람도 많다. 설화 속에서는 큰 구렁이건 이무기이건 둘 다 용이 될 수 있긴 하지만 한국적 입장에서는 구렁이가 이무기로 변한다는 설說보다는 큰 물고기가 이무기가 된다는 생각이 더 지배적이다.

이무기는 통상 길이 4미터 이상의 아주 큰 물고기이며 네 개의 다리가 달려 있기도 하다. 물속에서 약 500여 년을 지내야 용이 되어 승천할 수 있으며, 승천할 때에는 물과 하늘에서 특이한 징조가 나타나기 때문에 사람들의 눈에 띄게 마련이고 이때 사람들은 저절로 감탄사를 자아내게 된다고 한다. 해룡海龍이라 하여 바다에서 승천하는 용도 있긴 하지만 일반적으로는 바다가 아닌 강이나, 호수, 작게는 연못에서 자라며 물고기 수천 마리를 거느리는 대장이라고 하니, 염수鹽水인 바다가 이무기의 성장장소成長場所는 아닌 듯싶다. 무슨 이야기인고 하니, 매년 5월에서 7월 사이에 남아프리카의 바다에서 서대한 정어리 떼가 군집하는 '정어리 떼 대이동Sardine Run'이라는 자연현상이 발생하는데, 한 번에 수십억 마리의 정어리가 모인다고 한다. 그렇다면 이들 중에서 적어도 수십 마리의 이무기가 등장해야만 하는데 한 마리도 발견되지 않는다. 정어리를 잡아먹으려는 범고래나 고래는 나타나긴 하지만 이들을 이무기라 보기에는 무리가 있다. 즉, 전설속의 이무기가 바다생물은 아닐 것이라는 추측이다.

이무기는 다른 물고기를 잡아먹는 대신 물고기들을 이끌고 보호하는 대장 노릇도 하고 저수지가 마르지 않도록 해주고 가끔 비도 내려주기 때문에 인간의 입장에서는 결코 비호감적인 존재는 아니었던 것 같다. 물론 고의적으로 저수지를 마르게 하고 홍수도 나게 만드는 변덕스럽고 못된 이무기도 있긴 했다.

용이 된 후 짝짓기를 할 때에는 이무기 형태가 아닌, 암수 모두가 다시 뱀 모양의 구렁이로 변해서 짝짓기를 한다는 이야기도 있으므로, 물고기 쪽이 아닌 뱀이 용이 되는 것 아닌가 하는 모순적 고민에 빠지게 된다. 어찌되었건 비늘을 가진 동물들의 조상으로 보는 경향이 있으므로 뱀과 물고기 모두가 포함된다고 인정하는 쪽이 편하다.

이무기나 용은 독특하게도 자라 또는 지네와 연관이 있어서, 자라가 사는 곳에는 이무기가 오지 않는다고 한다. 아마도 용은 봉황, 기린, 거북과 더불어 사령四靈이라 불려온 상상의 동물이다 보니 큰 거북과 유사한 거대한 자라와 같은 장소에서 서로 잘 지내기가 불편했을지도 모른다. 구렁이와 지네와의 관계는 조금 뒤에 자세하게 설명하겠다.

이무기는 기나긴 수행 시간을 걸쳐 여의주如意珠라는 것을 얻어야만 하늘로 승천할 수 있는데, 앞서 잠시 설명 드린 것에 추가로, 여의주가 가지고 있는 뜻이 '기억의 구슬' 혹은 '의미 있는 구슬'이다. 외국에서는 '신터마니Cintamani'라고 하여 영험한 구슬 혹은 철학자의 돌philosopher's stone[9]이라고도 불린다. 즉 지혜를 얻게 해주는 구슬이다. 어원은 그리스어의 금金 즉, 크리소스χρυσός인 것으로 알려져 있다. 즉 오래 묵은 뱀이 사과같이 생긴 금으로 된 여의주를 입에 물어야만 능력을 갖게 된다는 것이다.

용은 이무기 시절에는 머리에 뿔이 없었다. 십이지 선발대회에서는 용이 닭의 뿔을 빼앗다시피 한 것으로 되어있으며, 용이 빌려간 뿔을 돌려준다는 보증을, 나서기 좋아하는 지네蜈蚣가 서 준 것으로 되어있다. 보증을 잘못 선 지네는 닭의 원수가 되어버린다. 선발대회 이야기에 지네가 이유 없이 등장한 것은 아니다. 지네도 용이 되어 승천하기 위해 구렁이와 서로 경쟁하는 라이벌이기 때문이다.

용의 승천에는 '인간'의 관여가 중요한 역할을 하는데, 칭찬은 고래만 춤추게 만드는 것이 아니고 용이 승천할 수 있게끔 해준다.

이무기가 승천하기 위해서는, 모든 준비를 마치고 공중에 오르기 직전에, 신기한 자연현상을 보러 온 구경꾼들이 이무기를 뱀 같은 하찮은 동물이 아닌 영물인 용으로 인정해 주어야만 했다. 즉, 인간들의 심사審査를 통과해야 했다는 것이다. "저 큰 뱀 좀 봐."라고 말하면 하늘에 오를 기세였다가도 그대로 땅으로 곤두박질쳐버렸고, "저기 용님께서 승천하신다."라고 말하면 이무기는 힘차게 승천하여 진정한 용이 되었다는 것이다.

덕담 아닌 악담을 듣게 될 경우 승천에 실패하기에, 천년을 넘게 도를 닦은 이무기로서는 '십년공부도로아미타불十年工夫徒努阿彌陀佛'이 되어버리는 것이다. 물론, 강이나 호수, 저수지 등에서 살면서 인근의 인간들에게 좋은 일을 해주어 덕德을 쌓은 상태라면 칭찬이 나오겠지만, 성질만 부리고 살았다면 영원한 구원救援을 얻지 못하게 되는 것이다. 용이 되기 위한 치열한 투쟁鬪爭… 개천에서 용이 나는 것이 아니라, 용을 양성하는 전문기관인 용-스쿨Dragon School에서조차 쉽게 용이 되는 것은 아니었던 모양이다.

지네와 구렁이의 승천 다툼[10]

이번에는 〈지네각시의 설화〉를 통해 용과 지네와의 관계를 앞서의 뿔 보증을 섰던 지네와는 다른 각도에서 살펴보겠다.

여성으로 변신한 지네가 인간 남성과 부부가 되어 살면서 신의信義를 지켜나가, 결국은 용이 되어 승천한다는 내용이 민담의 주요 모티브이다. 그리고 지네가 용이 되기 위한 노력에 구렁이가 훼방을 놓는다. 일본의 민담설화인 〈설녀雪女[11]〉(눈 여자)와의 유사성을 비교해 보면 흥미롭다. '설녀'에 대해서는 주석에 추가적으로 설명해 놓았다.

너무도 가난하여 처자식을 부양하기 어려웠던 한 남자는 신변을 비관하여 죽으려고 산에 갔다가 어떤 여인을 만난다. 그 여인은 그를 간곡히 설득하여 함께 살아보자는 제의를 하고 둘은 한동안 행복한 생활을 하게 된다. 이윽고 부친의 제삿날이 가까웠다는 것을 깨달은 남자는 가족 걱정에 안절부절 못하며 집에 다녀와야겠다고 고집하게 되고 여인은 만류하던 끝에 마지못해 다녀오도록 허락을 한다. 단, 한 가지 당부當付를 하는데, "집을 떠나 여기로 돌아오는 길에 누구를 만나더라도 그 사람의 말을 들어서는 안 된다."는 것이었다. 남자는 집안일을 모두 잘 해결하고는 기쁜 마음으로 산으로 돌아오는 길에 자신의 돌아가신 조상을 우연히 마주치게 되자 크게 놀란다. 조상님은 그가 매우 경솔했음을 경고하며 "네가 함께 살던 산속의 여인은 사람이 아니라 지네이고, 지네를 죽이지 못하면 너도 죽게 될 것"임을 알려주며, 요괴를 물리치기 위한 상세한 방법(담배침 혹은 밥알을 쓰라고 되어 있다)까지도 일러준다. 하지만 그동안 맺은 정 때문에 마음이 약해져 그녀를 죽이지 못하고 오히려 오던 길에 생겼던 일들을 그녀에게 고백하고 만다. 즉, 죽은 조상을 만난 자초지종을 그녀에게 설명해 준 것이다. 자신을 믿어주는 마음에 감탄한 여인은 그에게 감사를 표하며, 그가 만난 사람은 죽은 조상이 아니라 조상으로 변장한 수컷 구렁이였으며, 자신과 용이 되어 승천하기를 경쟁하던 상대였음을 알려준다. 그동안 함께 살던 남자의 기氣와 따뜻한 배려로 기운을 더욱 얻게 된 지네여인은 승천하지만 구렁이는 승천하지 못하고 죽어버린다. 용이된 여인은 남자와 그의 식구들을 부자로 만들어 주어 보은報恩한다.

다른 지역 혹은 다른 시대의 설화에서는 구렁이와 지네의 입장이 뒤바뀌기도 한다. 다시 말해 지네가 악역을, 구렁이가 선한 역할을 할 때도 있다는 것이다. 이런 방식으로 몇 가지 동물들이 용으로 승천할 수 있는 자격을 부여받았는데, 일반적으로 이를 용사신격龍蛇神格이라 부르며, 이무기, 구렁이, 지네의 순으로 용이 될 가능성이 높다. 혹은 차례대로 지네, 구렁이, 이무기의 과정을 겪어야 한다고 말하기도 한다. 설화說話 속에서 뱀 등의 짐승이 신격화神格化되어가는 양상인 셈이다. 이들 외에 거미가 추가되기도 한다.

이 이야기의 아류亞流인 일본의 〈설녀〉처럼, 지네와 구렁이가 승천하기 위한 다툼을 하는 설화는 일종의 '금기설화禁忌說話'의 형태를 띠고 있다. 금기, 즉 터부taboo시 되는 무엇인가를 거스르는 실수를 할 경우, 인간이든 동물이든 그동안의 공든 탑이 허무하게 무너지고 무서운 결과를 낳는다는 것이다. 이는 인간人間과 신격神格 간의 일정한 약속 혹은 유대감fellowship이 특정한 실수로 인하여 순식간에 파탄破綻이 날 수 있다는 것을 의미한다.

요약하자면, 주요 모티브들은 음양陰陽의 상징인 여성과 남성, 변신變身, 부부의 연緣 그리고 금기禁忌와 승천昇天 등으로 대표된다.

일본의 건국신화가 전해오는 대마도對馬島의 와타즈미신사和多都美神社[12] 용왕신사龍王神社의 이름 풀이를 해보면, 와다는 바다海, 즈

미都美는 용궁龍宮으로 바다용궁 신사가 된다. 초대천왕인 진무텐노神武天皇의 탄생신화가 전해지는 곳이다. 이 신화도 금기설화禁忌說話의 형태이다. 반면 일본인들이 공식적으로 인정하는 건국신화는 용궁신화가 아니고 천조대신天照大神인 '아마테라스 오미카미天照大御神, あまてらすおおみかみ'[13]신화인데, 이는 아마도 한반도 관련설을 부인하려는 의도로 보인다. 천조대신天照大神은 일본 고유 종교인 신토神道 최고의 신이며, '아마테라스'는 '하늘에서 빛나다'는 뜻이다. 아마테라스의 이야기는 와타즈미신사和多都美神社의 해궁海宮전설과는 달리 동양적이기보다는 유럽 혹은 중동의 탄생설화들과 유사한 측면이 있다. 범과 곰이 경쟁을 벌이는 우리나라의 건국신화도 일종의 금기설화이다. 인격화人格化될 수 있는 기회가 주어졌음에도 금기를 깰 경우, 이를 달성하지 못하고 짐승으로 남는 것이다.

이무기에 이어, 구렁이와 지네가 용이 되는 과정 혹은 동물이 인격화 되어가는 과정을 살펴보았다. 그렇다면, 이제는 중동지역이나 서양에서의 용은 어떤 존재로 묘사되어 있는지를 검토해 보려고 한다. 무엇이 용의 근원인지, 또 어디까지를 용으로 보아야 하는지를 알아내는 과정 또한 결코 쉽지 않다. 누구도 보지 못한 상상의 상서로운 동물이기에 쉽게 정의내리지 못하는 존재이다. 3장에서 문화권 간의 용의 역할과 정의에 차이에 대해 자세하게 알아볼 예정이므로, 이번 장에서는 대략의 기본적 특징만을 다룬다.

02
중동의 용

에누마 엘리쉬 Enûma Eliš

    티그리스와 유프라테스의 두 강이 만나는 메소포타미아 지역(현재의 이라크)의 남부南部에서는 마르둑Marduk이 최고의 지도자였다. 마르둑은 '벨Bel', 즉, '주主님'이라고 불리거나, '벨 라빔' 혹은 '위대한 주님' 또는 '주인 중의 주인'이라고도 불렸고, 신들의 지도자로 여겨졌다. 더 나아가 '지혜로운 신탁의 주', '죽은 자를 살리는 자'로도 불렸다. 마르둑 신이 거대한 뱀, 즉, 용인 '티아마트Tiamat'와 싸우고 있는 모습이 바빌로니아의 유물인 원통인장印章에 새겨져 있는데, 티아마트의 모습은 영락없는 우리 용龍의 모습이다. 속칭 '창조에 대한 일곱 개의 명판The Seven Tablets of Creation' 혹은 학문적으로는 〈에누마 엘리쉬Enûma Eliš〉라 하는 명판名板이 존재하는데, 그중 하나에 마르둑과 티아마트가 새겨져 있다. 일곱 개의 명판은 1849년에 영국인 고고학자에 의해 고대 아시리아의 수도인 니느웨Nineveh에서 발견되었다. 원통인장의 탁본을 보고 있노라면, 마르둑이 용을 타고 이동하는 것인지, 아니면, 용과 싸움을 하고 있는 것인지 구분이 명확하지 않다.

고대 바빌로니아의 원통인장(cylinder seal)에 새겨진 돋을 새김조각. 바빌로니아의 신인 마르둑이 큰 뱀, 즉, 용으로 표현된 티아마트를 파괴시키고 있는 모습. 대영박물관 소장. 〈에누마 엘리쉬(Enûma Eliš)〉라 불리는 창조에 대한 일곱 개의 명판(The Seven Tablets of Creation) 중 하나이며 고대 아시리아의 수도인 니느웨(Nineveh)에서 발견되었다. (박물관 보관 번호: No. 89,589)

이슈타르 벽Wall of Ishtar

신바빌로니아 말기 시대에 건축된 이슈타르 벽Wall of Ishtar의 봉헌판奉獻版에 쐐기문자인 아카디아어로 새겨진 글의 탁본을 통해서도 용의 모습을 살펴볼 수 있는데, 용의 크기를 묘사한 부분이 다소 난해하게 나타나 있다. 고대 바빌론의 척도尺度를 따르면, 1카스푸kaspu는 현대 도량형에서 약 11.3킬로미터에 해당된다. 용의 길이가 무려 50카스푸라고 기록되어 있다. 그런데 입이나 귀는 그 단위가 큐빗cubit으로, 1바빌론 큐빗은 50센티미터 정도이다. 머리는 센티미터 단위인 반면 길이는 수백 킬로미터에 달하니 언뜻 잘 이해가 가지 않는다. 결국 해석 그대로 받아들이자면, 마치 촌충寸蟲, tape worm처럼 엄청나게 긴 몸체를 지니고 있었을 것으로 추정된다.

이슈타르의 벽의 헌정獻呈 명문銘文[14] 중 일부 문구를 한번 보자.

누가 뱀(용)이었던가

탐투Tamtu가 뱀이었는데,

벨Bel이 천상에서 만들었다.

길이는 50카스푸kaspu, 키는 1카스푸

입은 6큐빗이요 (해독불능) 은 12큐빗이요, 귀의 둘레는 12큐

빗이라

60 큐빗은 (해독불능) 새이고

물속에 9큐빗을 끌며

그 꼬리를 높이 쳐올리고

탐투Tamtu는 티아마트Tiamat와 동일시될 수 있다. 티아마트와 압수Apsû는 부부夫婦였는데, 압수는 남성격이고 티아마트는 여성격의 신이다. 이들은 혼란의 창조자인데, 용, 데몬, 악마적 존재로 표현된다. 이들은 세상의 질서를 잡으려는 신들과 충돌하여 싸우게 되는데, 에아Ea라는 신이 자신의 남편인 압수Apsû와 그의 책사策士인 뭄무Mummu를 살해했다는 소식을 듣자 티아마트는 크게 분노하여 남편의 죽음에 대한 복수를 결심한다. 참고로 압수는 수메르와 아카드 신화에서 민물淡水의 신이다. 압수는 모든 신들의 아버지父神였기 때문에, 비록 압수를 죽이긴 했지만, 수메르의 신인 엔키(아카드어로는 에아)도 인간이 창조되기 전에는 압수의 몸속에서 살았다고 한다. 고대 이집트 신화에서는 라Ra신이 에아를, 티아마트는 아펩Aapep과 동일시된다. 그리스 신화에서 제우스의 남매들을 삼켜버린 크로노스와 상당히 닮아 있는데, 이 이야기는 다음 장인 3장에서 자세히 설명 드리겠다.

이슈타르의 문 Gate of Ishtar

이슈타르 문門[15]은 메소포타미아 지역의 큰 성城 바빌론 내부에 있던 여덟 번째 문이다. 기원전 575년경 네부카드네자르Nebuchadnezzar 2세에 의해 도시의 북쪽에 건설되었다. 바벨론의 대표적 여신女神인 이슈타르Ishtar에게 헌정되었으며 청금석靑金石, lapis lazuli이라 불리는 귀한 푸른색 돌로 호화롭게 꾸며졌다. 문의 입구 양쪽에는 엇갈리어 가면서 여러 마리의 용mušḫuššu, dragon과 오록스auroch(소) 그리고 날개 달린 사자獅子가 새겨져 있으며, 1902~1914년에 걸친 발굴을 통해 발견된 유적과 유물들은 고스란히 독일로 옮겨져 1930년대에 재조립이 완료되어 현재 독일 베를린의 버가모Pergamon 박물관에서 전시 중에 있다. 앞서 설명한 이슈타르 벽의 봉헌판dedication plaque에는 아카드어로 신전과 문의 설립과정이 적혀있다.

이슈타르 문에 장식된 용은 발이 네 개로, 앞다리는 사자, 뒷다리는 독수리, 특이하게 생긴 귀가 달려있는 뱀의 머리, 사자 혹은 새의 것을 닮은 꼬리를 지니고 있다. 동양의 용과는 달리 차라리 고구려 고분인 강서대묘의 사신도四神圖에 등장하는 거북 현무玄武와 닮아 있다.

이슈타르의 문(Gate of Ishtar)에 여러 개의 타일을 이용해 표현되어 있는 용 무슈슈 (Mušḫuššu). 시루슈(Sirrush)라고도 한다. 버가모 박물관에 소장된 시루슈의 돋을새김 조각.

〈에누마 엘리쉬〉의 두 번째 부조(얕은 돋을새김 조각) 명판은 님로드 Nimrûd갤러리에 전시되어 있으며, 벨 신이라고도 불리는 마르둑과 용의 대결을 그리고 있다. 아시리아 시대인 기원전 885~860년경의 것으로 알려져 있으며, 여기서의 용도 티아마트를 지칭한다. 앞서의 공존적인 모습이 아닌 대결의 양상이 확실하게 표현되어 있는데, 네 개의 날개가 달린 마르둑은 특이하게 생긴 무기인 낫 모양의 반월도를 허리에 차고 있으며, 삼지창 모양의 화살을 마치 번개처럼 쏘아댄다. 이슈타르 문의 무슈슈 용과 〈에누마 엘리쉬〉의 티아마트 용의 생김새의 차이는 배와 다리 사이에 가늘고 긴 성기가 달려 있는 것과 네 발로 걷지 않고 두 발로 서 있다는 점이다. 티아마트가 여성격임에도 불구하고 남성적 성기가 달려있는 것이 흥미롭다.

〈에누마 엘리쉬(Enûma Eliš)〉, 즉 창조에 대한 일곱 개의 명판(The Seven Tablets of Creation) 중 하나로, 마르둑과 용과의 대결을 그린 얕은 돋을새김 명판이며 BC 885~860년경의 아시리아 작품이다. 마르둑이 티아마트를 해치우고 있는 장면이라는 설명이 붙어있다. 이 탁본에서의 티아마트는 날개만 제외한다면 무슈슈(Mušḫuššu)와 닮았다.

방금 언급했듯, 〈에누마 엘리쉬〉의 마르둑과 큰 용 티아마트는 때로는 우호적인 공존관계처럼 보이기도 하고 명백한 대결구도로 나타나기도 한다. 이슈타르 문의 무슈슈가 다른 우호적인 상징물인 사자, 황소와 동격同格으로 함께 조각되어 있는 것도 특이하다.

이러한 모호성이 생겨난 이유는 기원전 2000년 전의 구舊 바빌론 시대를 약 1100년가량 지난 기원전 900~600년경의 아시리아의 부흥기와 신新 바빌론 시대에 이르러서야 비로소 용과 신의 대결구도가 구체적으로 나타나기 때문이다. 즉, 고대 바빌론에서는 신과 용 양자 간에 확고한 대결구도를 보이지 않았다는 뜻이다. 선과 악의 적대관계이건 공존관계이건 간에, 아시리아 시대, 고대 이집트 시대, 고대 바빌론 시대까지의 용은 필요악必要惡처럼 느껴진다.

레비아탄

레비아탄Leviathan(히브리어로 לִוְיָתָן)은 비틀린, 혹은 나선형螺旋形이란 뜻이며, 유대교의 경전인 타나크Tanakh[16] 혹은 구약舊約 성경에 등장하는 바다괴물을 말한다. 지중해를 벗어나 미지의 대양을 항해하는 대항해시대가 도래하면서 넓은 바다에 다녀온 뱃사람들이 만났다고 주장하는 상상 속의 거대한 바다 괴물이나 생물체를 가리키는 용어로 레비아탄이 사용된다. 《모비딕白鯨, Moby Dick》[17]과 같은 문학작품에도 등장하며 거대한 고래를 뜻하기에 실제로 현대 히브리어로는 고래를 의미한다. 레비아탄은 구약의 욥기 41장과 이사야서 27장에 언급되어있다. 원래 메소포타미아 지역 혹은 팔레스타인 지역을 어원의 발생지로 보아야 맞지만 구약 성경이 전 세계적으로 퍼져나가면서 서양에서도 용 같은 큰 영물이나 초대형 물고기를 지칭하게 되었다.

03
서양의 용

　이렇듯 생김새만으로 용을 규정하기는 매우 어렵다. 오죽 용이 용같이 생기지 않았으면 우리 조상들도 승천하는 용을 바라다보며 "저기 구렁이가 날아간다."는 악담을 퍼부었겠는가? 자세히 들여다보지 않는 한 초대형 지렁이인지 용인지 구별이 가지 않았을 것이다. 실제로도 생김새만으로는 무엇이 용인지를 규정하기는 어렵다. 왜냐하면 용은 자기 모습을 멋대로 바꿀 수 있는 능력이 있기 때문이다.

　일률적인 모습으로 표현되는 동양의 용과는 달리 서양과 유럽의 용은 몇 가지의 대표적인 형태로 체계적으로 구분된다. 마치 토이푸들, 미니어처 푸들로 분류되는 것처럼 대략 네 가지의 대표적인 형태를 지닌다.

　동양의 이무기마냥, 생기다 만 것처럼 생긴 용들도 존재하는데, 모두 용dragon의 분류에 넣어주기는 한다. 작은 것부터 큰 것 순으로 보자면, 드라케drake, 와이번wyvern, 드래곤dragon 그리고 와이럼wyrm순이다. 그중에서 드래곤이 가장 전형적인 서양 용의 모습을 하고 있다.

　다음의 분류들을 이해하다 보면, 더욱 심오한 서양 용들의 이야기에 빠져들 수 있을 것이다. 판타지 게임이나 소설을 즐기는 분들은 이들 네 분류의 용 이외의 용들의 여러 다른 이름도 접했을 수 있겠지만, 그것은 요즘 시대에 상업적 목적으로 새롭게 가공되고 신조된 용들일 가능성이 높아 신빙성이 떨어진다.

먼저 드라케drake부터 살펴보면, 드라케는 용 중에서도 덩치가 작은 용을 주로 지칭하므로 작다는 점이 가장 두드러진 특징이다. 미니 드래곤인 셈이다. 때로는 날개 없이 그려지기도 하지만 날개가 있는 것이 원칙이다. 3장에서 소개할 늑대모양의 '다씨안 드라코Dacian draco'를 본떠서 드라케를 늑대나 호랑이와 합성시킨 캐릭터들이 인터넷에 자주 등장하는데 이 역시 근거가 미흡하다.

드라케는 주로 게르만Teutonic민족 신화에서의 용을 의미하며, 어원적 측면에서 볼 때에, 드라케drake는 드래곤dragon과 같다고 보아야 한다. 영어 단어인 dragon은 라틴어에서 기원한 프랑스 단어가 13세기 초에 영어화된 것이다. 용의 라틴어 주격主格 형태가 'draco'이며, 커다란 뱀이라는 뜻을 가지고 있다. 그리스어로는 드라콘δράκων으로, 뱀 혹은 거대한 바다뱀을 뜻하였는데, 그리스어와 로마어가 혼용되면서 드라콘은 신화적인 용이 아닌 그냥 뱀을 부를 때에도 사용되었다. 하지만 용이 아닌 그냥 뱀의 경우, 고대 라틴어에서는 '기어 다닌다'는 뜻의 세르펜스serpēns를, 고대 그리스어에서는 오피스ὄφις라는 표현을 사용했다.

두 번째는 와이번wyvern에 대해 설명이다. 와이번은 세력 있는 가문家門의 상징으로 자주 사용되어 왔다. 문장학紋章學, heraldry[18]적으로 북유럽의 와이번은 영국의 린드웜Lindworm과 동일한 존재로 볼 수 있다. 유럽의 와이번을 영국에서는 린드웜이라고도 불렀다. 와이번은 날개 한 쌍에 다리도 한 쌍이다. 마치 일반적인 새들처럼 앞다리 대신에 날개가 있는 셈인데, 박쥐처럼 양 날개의 끝에 발톱이 추가되어 있는 경우도 있다. 특정 가문의 문양, 표식 또는 깃발flag이나 배너banner들을 장식하는 데 주로 사용되었으며, 붉은색 깃발에 그려진 황금색 린드웜은 영국 남서부에 있던 고대 앵글로색슨 왕국 상징이었다.

깃발이란 단어도 생각보다 흥미로운데, 깃발 혹은 배너를 지칭하는 한자인 '기旗'의 첫 번째 뜻이 '곰과 범을 그린 기'이며 이러한 기는 '장수가 세우는 깃발로 주로 곰과 범을 그려 넣은 붉은색 상징물'을 뜻한다고 옥편에 나와 있는 만큼 한국의 깃발에는 곰을 그려 넣는 것도 나쁘진 않을 것이다.

영국 남서부에 있던 고대 앵글로색슨 왕국인 웨식스(Wessex)의 상징물인 황금색 와이번(wyvern). 웨식스는 앵글로색슨 7왕국의 하나이다.

와이번은 그림과 같이 날개가 달려 있으며 용의 머리를 하고 있다. 몸은 파충류의 것이고 다리 한 쌍이 있지만, 다리 없이 날개만 있을 때도 있다. 꼬리는 마치 철조망처럼 꼬였고 끝에 화살촉처럼 생긴 미늘창이 달려있으며, 불을 뿜고 이빨에는 독이 있다. 학교나 스포츠 팀의 마스코트로도 자주 활용되며, 중세와 현대 문헌뿐만 아니라 현대의 판타지 물에서도 쉽게 접할 수 있다. 라틴어인 독사viper에서 와이번wyvern이 파생되었을 것이라고 추정하고 있다.

와이번은 단독으로 사용되기보다는 마치 우리나라의 봉황새가 대통령 문양인 무궁화를 양 옆에서 받쳐주고 지지해 주는 역할을 하듯 보조 역할을 하는 것이 보편적인데, 지금까지 보전되어온 영국의 와이번들은 대개 흰색이거나 은색 빛을 띠고 있다. 와이번 조각이나 부조는 유럽 전반에 걸쳐 분포되어 있으며 오래된 석조 건축물에서 쉽게 찾아볼 수 있다.

세 번째는 와이럼wyrm이다. 와이럼은 몸통만 있고 다리는 아예 없어야 한다. 그리고 생각보다 무척 거대한 덩치를 자랑한다. 와이럼의 대략의 형태와 분위기는 1965년 출판된 유명 공상과학 소설인《모래언덕Dune》에 등장하는 모래지렁이Sandworm를 상상하면 된다. 소설 속의 모래지렁이는 눈이 없고 입 모양이 독특하게 생겼지만 전반적인 형태와 크기가 와이럼과 일치한다. 거대한 뱀으로 네 다리도 없고 날개도 없어서 단어 그대로 지렁이earth worm이라 부를 만하다. 하지만 아주 거대한 지렁이다. 주의할 점은 실수로 다리를 한 쌍이라도 그려 넣는다면, 그것은 더 이상 와이럼이 아닌 대형 와이번이라 불러야 한다.

마지막으로 드래곤dragon은 이상의 세 가지의 형태를 모두 갖춘 가장 완벽한 형태로 보면 될 듯하다. 드라케처럼 작지 않고, 와이번처럼 앞다리 대신 날개만 달려있지도 않고, 와이럼처럼 밋밋하지 않다는 점이 종합적인 특징이다.

1 드라케(drake)	2 와이번(wyvern)
3 와이럼(wyrm)	4 드래곤(dragon)

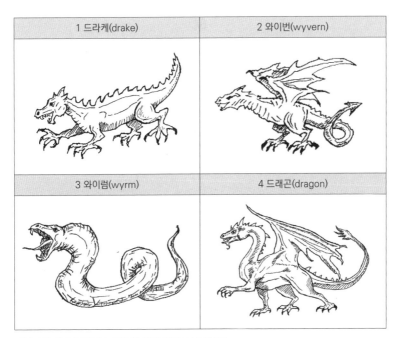

서양용의 대략적 분류로 크게 네 가지 형태로 나타난다.
1 가장 작은 용으로 사람보다 작다. 날개가 있을 수도 있다.
2 가장 자주 접할 수 있는 용이며, 앞다리가 없는 것이 특징이다.
3 상당히 크며, 다리나 날개는 없다. 초대형 뱀이나 지렁이를 연상하면 될 것이다.
4 정통적이고 보편적인 서양용의 모습으로 네 개의 다리와 날개를 지닌다.

04
세계 곳곳의 용들

이번에는 지금 현재, 세계 곳곳에서 용을 어떻게 부르는지 소개하려고 한다. 이름을 살피다보면 공통점과 차이점을 대략 파악할 수 있어서 3장으로 넘어가기 전에 미리 짚어보는 것이 좋을 것 같다. 더 자세한 내용을 찾아보고 싶어 할 독자 분들을 위해 알파벳 이름을 첨부해 두었다.

가장 자주 등장하는 단어는 단연 드라코drako 계열系列이다. 용은 네덜란드어로 '드라크draak'이므로 남아프리카공화국지역의 네덜란드 후손인 아프리카너들도 용을 '드라크'라고 부른다. 즈마히zmaj라는 단어도 비교적 눈에 자주 띈다. 즈마히는 지금은 해체된 유고슬라비아 지역인 크로아티아, 세르비아, 슬로베니아 등에서 사용한다. 나가naga와 용long은 동양에서 자주 사용되는데, 나가는 인도네시아, 캄보디아, 말레이어 사용권 및 산스크리트어의 흔적이 남아 있는 지역에서 사용된다. 나가는 사람의 모습을 한 뱀과 용을 뜻하거나 머리가 일곱 개 달린 코브라를 의미한다. 우리처럼 '용'이라는 발음을 그대로 사용하는 나라들도 있는데, 이들은 주로 유교 및 한자권에 묶여있는 나라들로, 한국, 일본, 베트남, 중국 등이다. 일본에는 탓수tatsu라는 고유의 단어가 별도로 존재하고 태국도 망콘mang-kon이라는 고유한 용어를 사용한다.

특이한 것은 히브리어 타님tanniym과 이슬람어 티닌tinnin의 유사성이며, 시아파 계열이며 페르시아 제국의 후손인 이란에서는 에쟈 ejdeha라는 독자적인 명칭을 사용한다. 스코틀랜드의 켈트어인 게일어에서의 아라크arach는 오히려 거미에 가깝지 않을까 하는 의혹을 자아내며, 핀란드의 로히가르메lohikäärme라는 독특한 명칭도 흥미롭다. 하와이와 뉴질랜드(마오리족)에서 사용하는 켈레코나kelekona와 타라코나tarakona는 발음이 비슷하다. 아프리카나 중남미에서도 용의 역할이 중요한 부분을 차지할 것임에도 불구하고 의미 있는 고유 단어가 발견되지 않는 점이 아쉽다.

각 지역별로 용에 대한 명칭이 어떻게 다른지 나열해본다.

첫째로 아시아권에서의 명칭이다.

- 한국: 용, 龍, yong
- 중국: 롱, 龙, lung/long, 단, 객가客家, Hakka[19] 방언은 '륭 龍, Liung'으로 우리 발음과 거의 같다.
- 일본: 류, 竜りょう, 타스たつ, 나가, ryu, tatsu, naga
- 베트남: 롱, Rong(시적인 표현), rng(일반적 표기)
- 태국: 망콘มังกร, mang-kon
- 말레이: 나가, naga
- 인도네시아: 나가, naga
- 캄보디아: 나가, naga
- 필리핀: 수컷용은 드라곤dragon, 암컷용은 드라고나dragona.
  타갈로그로는 드라콘drakón
- 산스크리트: 나가, naga
- 티베트: 두르크, 둑, 더그, druk, duk, dug

둘째로 아프리카권에서의 명칭이다.

- 아프리카: 느고냐, nrgwenya
- 아프리칸스어Afrikaans: 드라아크, Draak(남아프리카 공화국
  의 네덜란드어)

셋째로 중남미권(아메리카 대륙)에서의 명칭이다. 이 지역의 용에 대한 표현은 아쉬운 점이 많다. 대부분 스페인과 포르투갈의 식민지였기 때문에 고유어가 상당수 소실되었기 때문이다.

- 에스파니어 계열: 드라곤, dragón
- 포르투갈어 계열: 드라고, dragão

넷째로 태평양권에서의 명칭이다.

- 하와이: 켈레코나, kelekona
- 뉴질랜드: 타라코나, tarakona

다섯째로 중동권에서의 명칭이다.

- 터키: 에즈랴, ejderha
- 이란: 에쟈 ejdeha
- 아랍: 아-틴, 타-닌(복수형) 혹은 알 티닌, 알 타나닌
- 이슬람: 투반, 틴닌, th'uban, tinnin
- 히브리: 드라콘, 드라코님(복수형), 탄님, drakon, drakonim,

Tanniym

여섯째로 북유럽권에서의 명칭이다.

- 아이슬란드: 드레키, dreki
- 페로제도 Faeroese의 페로어 Føroyar: 드레키, 프로그드레키, 프래나로머, dreki, flogdreki, fraenarormur (페로 제 도는 영국과 아이슬란드, 노르웨이 사이에 있는 대서양의 여러 섬으로 이루어진 제도이다. 1948년 이후 덴마크 왕 국의 자치령이 되었다)
- 핀란드: 로히가르메, 드라키, 드라고니, lohikäärme, draakki, dragoni
- 에스토니아: 드라콘, 로헤, 로헤마두, draakon, lohe, lohemadu
- 북부 노르웨이 Norsk: 드라케, 드라고넷 drake, dragonet
- 노르웨이: 드라게, drage
- 스웨덴: 드라케, 린드웜, drake, lindorm
- 스웨덴(고대): 플루그드레이크, 프록그드라키, flugdrake, floghdraki

일곱째로 동유럽권에서의 명칭이다.

- 체코: 드라크, Drak
- 헝가리: 샤르카니, sarkany
- 폴란드: 스모크, smok

- 유고슬라시아: 즈마이, 아즈다야, zmaj, Azdaja
- 슬로베니아: 즈마이, 히드라, zmaj, hidra
- 크로아티아, 세르비아: 즈마이, 아즈다야, zmaj, azdaja
- 불가리아: 드라콘(발음), äðàêîí(표기방법)
- 루마니아: 드라곤, 즈마이, 드라쿨 dragon, zmei, dracul
- 로만Roman: 드라코, draco
- 러시아: 드라콘, drakon
- 우크라이나: 드라콘, drakon

마지막으로 서유럽권에서의 명칭이다.

- 웨일스: 드라이그, ddraig
- 스코틀랜드 게일어: 아라크, arach
- 영국: 드라곤, dragon
- 영어(중세): 드라군, 드라고운, dragun, dragoun
- 영어(고대): 드라카, draca
- 덴마크: 드라게, drage
- 네덜란드: 드라아크, draak
- 룩셈부르크: 드라아흐, Draach
- 스위스: 드라카, Drachä
- 오스트리아: 드라큰, 린트우름, Drach`n, lindwurm
- 독일: 드라케(단수형), 드라켄(복수형), 린트우름, drake, drache. Lindwurm
- 프랑스: 드라곤, 드라군, 다르곤, dragon, dragun, dargon
- 스페인: 드라곤, 엘 드라큐, 부르쟈, dragón, el draque, brujah

- 카탈로니아: 드라크, drac
- 바스크: 헤렌수즈, herensuge
- 포르투갈: 드라고, dragão
- 밀라노: 드라그, dragh
- 라틴: 드라코, 드라곤, 세르펜스, draco, dragon, serpens
- 이탈리아: 드라고, 볼란테, 드라고네싸, drago, volante, dragonessa
- 그리스: 드라콘, 드라코스(수컷) 드라케나(암컷), drakon, drakos, drakena
- 그리스(고대): 드라콘(수컷), 드라키나(암컷), thrakon, thrakena

수메르, 아카드, 아시리아, 바빌론, 그리스헬라, 로마 및 기독교에서 묘사하고 있는 용과 동양의 용들을 이미 살펴보았거나 더 자세히 살펴볼 예정이며, 앞으로 세계 각 지역의 고대역사에서부터 중세기까지를 거쳐 용이라 불릴 만한 존재가 무엇인가에 대한 조사를 해볼 예정인데, 유독 아랍 및 이슬람권에서의 용에 대한 표현은 찾아내기가 무척 어렵다. 이슬람권에서 용龍의 존재를 찾다보면 전혀 뜻밖의 복병을 만나게 된다. 즉, 진Jinn이라는 존재이다. 물론 뜻밖이지만, 자세히 들여다보면, 우리에겐 차라리 용이라는 단어보다도 훨씬 친근한 단어일 수도 있다는 점을 깨닫게 되는데, 이것 또한 뜻밖이다.

전혀 뜻밖인 이유는, 1장에서 설명 드렸던 바로 그, 십이지十二支의 진辰, 평소에는 별신辰으로 위장僞裝하고 있다가 '별신에서 용진으로 변하는 진'이라는 단어와 관련이 있어 보인다는 점이다. 우연의 일치일 뿐일까?

'진'에 대해 좀 더 자세히 알아보도록 하자.

05
이슬람 전통에서의 용(서양판 도깨비[20] 혹은 이무기)

아랍권에 해당되는 용dragon은 무엇이며 그 어원은 어떻게 되는가?

용을 지칭하는 아랍어는 하나만 있는 것이 아니어서 몇 가지를 검토해 보기로 한다. 대표적인 것은 알 티닌Al-teneen 혹은 알 타나닌Al-tananeen이며 이는 히브리어의 탄님과 어원이 같다.

알 티닌이라는 용어는 레반트Levant[21] 및 메소포타미아 지역에서 발생한 단어이므로 아랍어와 히브리어에서 공용으로는 사용하는 용의 표현임을 쉽게 짐작할 수 있다. 그렇다면 별도로 아랍의 용만을 꼭 집어 지칭하는 고유의 아랍어 단어가 따로 존재할까? 해당 단어를 찾아내기란 쉽지 않아 보이지만, 아라비아 전승에서 용을 지칭하는 정확한 단어는 우리 생활 아주 가까이에 존재한다.

진Jinn은 지니Jinni, 찐Djinn, 지니Genie 등으로도 불린다.

고대 아랍어인 '진(아랍어로 الجن, al-jinn)'은 로마시대에 'djinn'으로, 다시 영어권에 의해 'genie'로 변형되는 과정을 거치는데, 대체적으로 악령惡靈, demon을 지칭할 때 사용되었다. 뒤에 다시 언급되겠지만 악惡한 것만은 아니다. 진은 고대 아라비아 및 이후의 이슬람 신화 및 신학에서의 초자연적 생물체를 언급하는 단어로 사용된다. 코란의 72번째 장章 그 자체가 진에 대한 설명을 위해 할당되어 있을 정도로 코란Quran을 포함한 여러 이슬람 문서들에서 진은 빈번히 언급된다.

72번째 장의 제목이 '진에 대한 경전Sūrat al-Jinn'이다.

코란에 따르면 진은 연기 없는 맹렬한 불로부터 창조되었다고 한다. 하지만 별 혹은 빛으로부터 창조된 순수한 영靈적 존재인 천사天使와는 달리 진은 근본적으로 물질적 존재이며, 거역함이 없는 천사들과는 달리 자유의지가 있으며, 만질 수 있어서 인간과 교류가 가능하다. 인간보다는 훨씬 더 오래 살지만, 종말이 찾아올 주님의 날까지만 살 수 있는 존재로 알려져 있다.

진, 인간 그리고 천사는 하나님이 창조하신 세 가지의 지적知的인 창조물들sapient creations이라고 부른다. 그중에서 진은 자유의지를 지니고 있기 때문에 인간처럼 선善한 것도 있고 악惡한 것도 있고 중립적이고 자비로운 것도 있다. 하지만 '사탄 진shaytan jinn'은 기독교전통의 악령과 유사하며 다시 세 분류로 나뉜다. 아라비아의 민간 신앙에서는 날아다니는 진, 뱀 모양을 한 진 그리고 사람같이 생긴 진으로 구분 짓는다.

여기서, 유의해야 할 점은, 유대교전통, 기독교전통 그리고 이슬람 전통 사이에서 천사라는 개념에 다소의 혼란이 발생한다는 점이다. 즉, 이슬람 전통에서는 '루시퍼Lucifer'를 천사가 아닌 진으로 분류하고 있다. 우리가 알고 있던 루시퍼는 야훼(여호와)께 반항하고는 더 높은 자리를 차지하려고 반역을 꾀하다가 쫓겨난 타락한 천사 아니었던가? '루시퍼'는 '밝게 빛나는 자'를 뜻하는 라틴어이기에 1장에서 설명했듯이 일반명사가 아닌, 사탄을 칭하는 고유명사인데, '루시퍼'란 존재에 대한 의문이 생길 수밖에 없다.

하나님이 창조하신 천사의 삼분의 일이 반란을 일으켰다고 한다. 이들의 존재는 무엇이며 또 그 우두머리는 누구일까? 몇 가지로 대략 분류할 수는 있겠다.

타락한 천사, 사탄Satan, 아자질Azazil(히브리어로 עֲזָאזֵל), 이브리스Iblis(아랍어로 إِبْلِيس) 등과 보편적인 진jinn들 중에서도 신앙이 없는(알라신을 믿지 않는) 진들, 사신邪神 혹은 이교異敎의 신들이 보편적으로 타락한 천사 혹은 악령惡靈으로 취급되고 있다.

진의 어원으로는 페르시아에서의 조로아스터교 발생 이전의 동東이란어계語系 언어인 아베스타어語로 기록된 '자이니'란 단어가 있으며 여성격의 악령으로 기록되어 있다. 아랍어 어원도 셈족어 계열에서 발생하였으며, '감추다' 혹은 '감지되지 않은'의 의미를 지니고 있으며 아랍어 '매지눈مجنون'과 같은 뜻인데, '매지눈'이라는 용어는 현대 아랍어에서 일상적으로 사용되고 있으며, '악령에 홀리다possessed' 혹은 '미쳤다insane'는 표현에 사용된다.

서양권에서는 라틴어, 프랑스어를 거쳐 영어화英語化 되었는데, 지니genie의 로마시대 표기가 지니어스genius로, 고대 로마종교에서는 '사람과 장소를 지켜주는 정령精靈'을 의미하였으니, 천재genius와 진jinn이 동일한 어원을 가지고 있는 셈이다. 천재와도 일맥상통하니 상당히 지적인 존재인 것만은 확실하다. 뒤에 다시 소개되겠지만 이브리스는 천재였던 것 같다.

프랑스어로써의 지니는 18세기의 프랑스 문헌인 《천일야화》에 처음 등장한다.

〈흥부전〉에서, 박에서 튀어나와 흥부에겐 금은보화를 내주고 놀부는 혼내주는 도깨비, 노래 잘하는 혹부리 영감의 혹을 떼어가고 '금 나와라 뚝딱, 은 나와라 뚝딱'의 도깨비 방망이를 대신 선물한 도깨비 등은 영락없이, 주인의 소원을 들어주는 마술램프 속의 요정인 지니와 똑같이 닮아 있다.

여기서 잠시, 《천일야화》를 들여다보고 가도록 하자.

〈알라딘과 마술램프〉나 〈알리바바와 40인의 도둑〉이라는 이야기를 못 들어보신 분을 없을 것 같은데, 두 이야기는 《아라비안나이트》로 알려진, 《천일야화》 속의 400여 개의 이야기들 중의 두 개이다. 원래는 1000일이 아닌, '1001 Arabian Nights', 즉, 1001일 동안 400여 이야기를 오스만투르크의 황제인 술탄sultan에게 계속 이어서 들려준 이야기들의 모음집을 말한다.

작가는 누구일까? 누가 그것을 다 수집한 것일까? 어디에서 수집되었을까? 이라크의 바그다드? 이란의 페르시아? 아니면 인도?

통상적으로 가장 믿을 만하다고 알려진 사본들로는, 캘커타 I(Calcutta I), 카이로 판(Cairo Edition) 그리고 캘커타 II(Calcutta II) 등으로 세 개이며, 1717년에 프랑스인인 안토니 갈랭Antoine Galland이 집필한 《천 그리고 하룻밤Les mille et une nuits》이라는 제목의 책이 가장 먼저 서양에 소개되었으며, 영국인인 버튼Richard Francis Burton이 1885~1888년 사이에 동일한 제목 《The Book of the Thousand Nights and a Night》로 다시 발표하였다. 엉어판이면서, 세계적인 대형 흥행작이 된 버튼의 작품은 무려 17권에 총 3,215페이지에 달하는 엄청난 분량이다.

'1001일간의 아라비안나이트'에 수록된 이야기는 400여 개가 넘지만, 순정純正 아라비안나이트라고 할 수 있는 원본은 40여 개에 불과해서, 순수 원본 작품들만 골라서 읽는다면, 1001일이 아닌 하루면 몽땅 다 읽을 수 있는 분량이라고 한다.

무슨 말인가 하면, 1001일 동안 들려주었다고 하던 400여 개의 《아라비안나이트》의 이야기들 중 가장 대표적인 작품들인, 〈알라딘과 마술램프〉, 〈알라딘과 날으는 양탄자〉, 〈알리바바와 40인의 도둑〉 그리고 〈신드바드의 모험〉 등은 애당초 실제 원본에 포함되지도 않았고, 앞서 언급한 두 명의 서양 작가들에 의해 아라비아도 아닌 세계 곳곳에서, 1700년대 이후 수집되거나 창작되어 추가된 이들의 창작물이라는 것이다. 우리가 열심히 읽었고, 아이들에게 읽혔고, 앞으로 손주들에게 읽혀줄 《아라비안나이트》는, 기가 막힐 노릇이긴 하지만, 메이드 인 유럽제품Made in Europe이었던 셈이다.

〈알리바바와 40인의 도적〉 이야기에 등장하는 '열려라 참깨Sésame, ouvre-toi'라는 주문은 아랍어로는 존재하지 않으며, 프랑스어 이외의 언어로는 구전되었거나 기록된 문구가 없는 것으로 보아 18세기 갈랑의 창작물로 추정된다. 고로, 《천일야화》를 근거로 한 '지니'에 대한 탐구는 여기서 멈출 수밖에 없다.

비록 셈족어에서 파생된 아람어Aramaic와 아랍어가 각각 기원 후 1~7세기경 까지는 중동과 서아시아 지역에서의 유일신 사상의 전파에 적극적으로 활용되며 우세한 위치를 차지하고 있었다 하더라도, 이슬람교 발생 이전 아랍 지역의 주인이었던 베두인Bedouin족의 고대 종교관 속에서의 진의 역할이 어느 정도는 이슬람 전승에 반영되었을 것이 분명하므로 고대 아랍 전승을 무시할 수는 없다. 그러나 베두인족의 진 숭배 민간전승은 기독교와 이슬람교의 압력을 받아 토속신앙에서 이교도신앙으로 격하되고 흡수되었을 것이다.

진은 인간과의 충돌을 피해 그들만의 장소에서 인간과 유사한 계급체계와 삶의 터전을 갖추고 살아왔겠지만, 특이하게도 그 활동지역은 인간과 겹치지 않았고, 인간의 입장에서는 꺼리게 되는 황량하고 칙칙하며 우중충하고 어두운 장소에서 살아왔기 때문에 진과 인간 상호간의 간섭은 별로 없었을 것이라고 추정된다. 이런 음침한 곳에 살고 있는 생명체들의 정체는 인간들에게 두려움의 대상이 되었을 것이다. 고로 진들이 창조된 이후에 태어난 인간들은 처음에는 진들의 도움을 받았을지 몰라도 얼마 지나지 않아 진에 대한 숭배나 의존에서 벗어나 이들을 경계하고 피해야 할 대상으로 여기기 시작했고, 추종할 대상은 아니라고 판단했을 것이다.

진들의 사회조직은 인간들의 것과 매우 유사하여 사람들처럼 자기네 왕도 있고 법률도 있고 경조사慶弔事와 각자의 종교도 있다고 전해진다. 계층도 존재하는데, 가장 강한 계급은 마리드Marid, 다음은 이프리트Ifrit 혹은 샤이탄Shaitan, 다음은 굴 혹은 진Ghul or Jinn이며, 안느Ann가 가장 약한 계급이다.

지네, 구렁이, 인간, 용의 관계처럼, 또는 마치 인도의 카스트제도에서의 계급처럼 일정한 규율아래에서 계층을 형성하고 있다는 것이다. 마호메트의 언행록言行錄인 〈하디스Hadith〉에 의하면 진은 세 개의 계층으로 나뉜다. 방금 설명한 계층이 아닌, 앞서 말한 날아다니는 진, 뱀 모양을 한 진 그리고 사람같이 생긴 진의 계급이다. 하나는 날개가 달려 하늘을 날며, 또 하나는 뱀이나 개를 닮았으며, 또한 분류는 끊임없이 장소를 옮겨 다니며 이동하는 노마드nomad같은 존재라는 것이다. 이들은 뱀이나 독수리의 모습은 물론이고 흰색의 독특한 복장을 한 인간 등 어떤 모양으로도 나타날 수 있다고 하며 심지어는 용과 같은 영물이나 야생노새 같은 평범한 동물의 모습으로 나타날 수도 있다고 하니, 당연히 사람 모습을 할 수 있으므로 인간인 척하고 사람을 꾀어 파멸로 이끌 수도 있다. 〈알라딘과 마술램프〉에서처럼 알라딘을 꾀어 램프를 얻으려던 인물도 진이고 램프 속에 갇혀 있던 것도 진이다. 〈하디스〉에 의하면, 이들은 뼈만 남은 가축에 손을 대기만 해도 살이 차올라 이것을 먹으면서 연명할 수 있으며, 자신들의 가축을 먹이기 위해 똥을 목초牧草로 되돌릴 능력도 있다고 한다. 인간에 대한 욕정欲情도 품고 있어서 인간과의 애정사愛情事가 발생할 가능성이 농후하여 이를 무척 경계하고 있다.

중세 후반에 '와하비즘Wahhabism'[22] 사상을 받아들인 이슬람문화는 마술이나 심지어는 단순한 속임수 방식의 오락성 마술에 탐닉하는 것조차도 무지하고, 솔직하지 못하고, 거짓되고 기만적인 죄악으로 보았으며, 이는 선량하지 못한 진들이 마술사를 도와서 손을 대지 않고 물건을 옮기고 사람의 숨겨진 운명을 점치며, 강령회降靈會 등을 통하여 죽은 사람을 불러오는 등의 일을 가능하게 하는 것이라며 금지시켰다.

이슬람 전통에 따르면, 진은 인류의 조상인 아담Adam보다 수천 년 먼저 창조되었기에 인간보다 먼저 이들이 세상에 번성하고 세상을 다스렸다는 것이다. 시간이 지남에 따라 진들이 타락하고 피를 흘렸기 때문에 하나님께서 천사 내지는 맹렬한 불꽃을 보내 이들을 심판했다고 한다.

솔로몬Sulaymān(아랍어로 سُلَـيـمَـان)

이슬람 전승에 의하면 구약성경의 솔로몬Solomon 왕이 첫 번째 성전聖殿과 자신과 왕비가 살 궁전宮殿을 건축할 당시에 진들의 도움을 받았다고 한다. 이것은 마치 알라딘이 마술램프의 거인요정에게 자신과 공주가 함께 살 궁전을 짓게 한 것과 유사하다. 진들이 이스라엘의 재판장 뒤에 숨어서 재판을 도왔고, 선지자들 뒤에서도 도왔고, 평생 솔로몬을 보좌했다고 말한다. 하지만 솔로몬은 이들을 융숭하게 대접한 것이 아니고 마치 노예처럼 묶어 놓고 감시하며 일을 시킬 때만 풀어주었다. 한국 민간신앙으로 보자면, 무당의 협박에 붙잡혀 지내는 동자신童子神과 그 입장이 비슷해 보인다. 코란 27장 17절의 내용을 보면, 솔로몬 왕 앞에 진과 인간 그리고 심지어는 새들로 이루어진 군사들이 계급별로 열을 지어 행진하고 있었다고 기록되어 있다. 솔로몬 왕은 인간뿐만 아니라, 진과 새들까지 지위고하를 정하여 감독했다는 의미라고 한다.

> 그리고 솔로몬을 위해 무리를 지어 모여든 것들은, 진과 사람 그리고 새들로 이루어진 솔로몬의 병사들로, 그들은 열을 지어 행진하였다. (코란 27장 17절)

이슬람에서는 솔로몬을 술래이만이라고 부른다. 이슬람권의 코란뿐만 아니라 유대 전통(주로 탈무드 등을 말한다)에서도 진은 솔로몬왕의 왕좌 뒤에서 왕을 돕고, 선지자(예언자)들 뒤에 앉아 도왔다고 되어 있다. 진들은 솔로몬 왕을 섬겼으며, 솔로몬 왕은 진들을 가두어 묶어 두고 많은 일을 시켰다고 한다. 솔로몬이 지은 신전도 그것에 해당된다. 기독교적 구약을 근거로 본다면 모세의 후계자인 여호수아에게 멸망당하지 않고 살아남은 가나안 일곱 족속族屬의 일부가 진들이 했던 임무들을 담당했던 것 같다. 구약성경 여호수아서 9장에는 꾀를 써서 살아남은 가나안 일곱 족속 중 하나인 기브온Gibeon 족속이 등장하는데, 이들의 술수에 넘어간 여호수아는 조건부로 이들을 살려놓는다.

> 여호수아가 그들을 불러다가 말하여 이르되, 너희가 우리 가운데에 거주하면서 어찌하여 심히 먼 곳에서 왔다고 하여 우리를 속였느냐? 그러므로 너희가 저주를 받나니, 너희가 대를 이어 종이 되어, 모두 다 내 하나님의 집을 위하여 나무를 패

며 물을 긷는 자가 되리라 하니. (여호수아서 9장 22~23절)

　알라딘의 마술램프 속에 갇혀 살면서, 인간에게는 불가능한 일마저 처리해내며 주인에게 충성을 다하는 이러한 모티브 속의 지니의 정체는 바그너의 작품인 〈니벨룽겐의 반지〉에서 볼탄(오딘)을 위한 하늘 궁전을 짓는 데 동원된 난장이들 혹은 거인들의 정체와 매우 흡사하다. 불가능한 일에 동원된 존재들은 피라미드 건축에 동원된 건축가와 노예들 마냥 불가능도 극복해야만 했을 것이다. 고대 이집트에서 신과 파라오 다음의 높은 지위를 차지한 존재들은 최고의 기술을 지닌 건축가들이었다고도 한다. 〈미이라The Mummy〉라는 영화로 일약 유명세를 탔던 '이모텝Imhotep'도 후대에 이르러 신의 지위로까지 추앙받게 된 건축가이다.

알라딘이 마술램프를 문지르면 램프 안에 갇혀있던 지니(Genie)가 연기처럼 나타나 램프의 소유자에게 소원을 묻는다.

앞서 살펴본 대로, 이슬람 전통과 유대 전통Judaism간의 유사성이 다수 발견되는데, 유대전통에서는 '오브ob'와 '쉐딤shedim'이라는 특이한 존재가 추가로 등장한다. 전통적인 기독교 사상에서는 이러한 중간단계는 존재하지 않지만, 하나님의 '아들들'이라든지, '네피림' 등 의문을 가지게 하는 용어들이 의심을 받고 있다

킹 제임스 판 성경의 신접한 자familiar spirits라는 단어는 레위기 19장 31절에서 박수wizard와 함께 등장한다. 히브리어로는 אוֹב, '오브'라 읽으며, 물 등을 담는 가죽 부대負袋를 뜻하기도 한다.

> 너희는 신접한 자와 박수를 믿지 말며 그들을 추종하여 스스
> 로 더럽히지 말라 나는 너희 하나님 여호와이니라 (개역개정
> 레위기 19장 31절)

유대민족의 구비설화口碑說話에는 '쉐딤'이라 불리는 초자연적 존재가 등장하는데, 이것이 이슬람의 진의 개념과 가장 유사하다. 쉐딤은 먹고 마시고 자식을 낳고 죽기도 하며 인간의 눈에 잘 띄지 않는다고 한다. 또한 인간에 의해 대체되기 이전까지는 이들이 세상에 살고 있었다고 한다. 이슬람 전승에서처럼, 탈무드에서도 이들이 솔로몬이 지은 성전의 건축을 도왔다고 되어있다. 악마·악령devils/demons으로 표현된 쉐딤שֵׁדִים은 구약성경 신명기 32장 17절에 등장하는데, 개역개정 성경에는 단순히 '귀신'으로 되어있다.

> 그들은 하나님께 제사하지 아니하고 귀신들에게 하였으니 곧
> 그들이 알지 못하던 신들, 근래에 들어온 새로운 신들, 너희
> 조상들이 두려워하지 아니하던 것들이로다 (개역개정 신명기

이슬람문화에서는 용dragon은 따로 없는 것 같다. 유대 혹은 기독교문화의 '티아마트'와 '타닌'이라는 용어만을 함께 공유할 뿐이다. 굳이 이슬람문화에 용사신격龍蛇神格을 반영하자면, 결국 진Jinn을 용 혹은 이무기로 보아야 할지도 모르겠다.

인류 이전에 지구에 살던 진들 말고, 하늘에 있던 천사들의 거처居處에서 추락한 천사들, 즉, 타락한 천사들Fallen angels이란 존재가 알려져 있다. 이들이 사탄Satans, 아자질Azazil, 이블리스Iblis인데, 유대교 혹은 기독교 전승과 비교했을 때의 이슬람 전승에서의 결정적인 차이는, 이들이 타락한 천사가 아닌, 천사와 전혀 다른 기원起源을 지닌 진이며, 특히 진들 중에서도 하나님의 지시를 거부한 진들이라고 되어있다. 사족蛇足이지만 '이블리스'는 '악함'을 뜻하는 이블evil이라는 단어의 어원으로 여겨지기도 한다.

진은 연기가 나지 않는 불에서 창조되었다고 한다. 반면 천사는 별빛에서 창조되었고, 인간은 흙에서 창조되었다. 각자의 특성이 완전히 다른 것이다. 진은 비록 천사들처럼 영생을 하는 것은 아니나, 인간들과는 달리 진들은 자신들의 수명을 계속해서 연장시킬 수 있으며, 모습을 여러 가지 형태로 바꿀 수 있다. 우리 눈에는 보이지 않지만 인간의 생활 속 깊숙이 개입되어 우리와 함께 살아가고 있으며 짓궂은 진에게 걸리면 인간은 괴롭힘을 당할 수 있다. 천사와는 달리 진도 자유의지가 있으므로 인간과는 근본적으로 적대관계에 있을 수 있는데, 이는 자유의지가 서로 충돌할 수 있다는 의미다.

흥부전에 등장하는 도깨비 모티브는 당연히 진과 동일하며, 함께 등장하는 제비의 경우는 진이나 인간과는 별도로 오딘Odin의 새鳥

로서 신의 메신저 역할을 한다. '밤 말은 쥐가 듣고 낮말은 새가 듣는다.'는 속담조차도 통신보안을 열심히 지키자고 해서 나온 표어가 아니다. 작은 새들의 역할은 지상에서 생활하는 인간들과 진들이 하나님의 뜻을 제대로 행하며 살고 있는지를 감시하는 감시자의 역할이며, 잘못한 일은 잘못한 대로, 선한 일은 잘한 대로 저 멀리 하늘의 신神에게 그들의 행적을 보고하는 메신저 혹은 전달자 역할을 하는 것이다. 흥부전의 제비는 인간 가까이서 생활하며 인간을 관찰하여 천상을 오가는 작은 새의 모티브에 해당한다.

그런데 왜 인간과 진은 적대관계에 빠졌을까?

적대관계는 하나님이 인간이라는 존재를 새롭게 창조하면서 발생한다. 마치 동생이 생기면 부모의 사랑을 빼앗길까 걱정하는 형의 모습 같다고나 할까? 원래는 천사와 진만이 세상에 존재했는데, 어느 날 알라신께서는 자신과 천사의 모습을 닮은 인간을 창조하시고는 무척 기뻐하신다. 그 뿐 아니라 천사들에게 인간, 즉 아담Adam에게 경배하도록 명령하신다. 막내 동생한테 "형님"이라고 부르면서 절을 하라는 청천벽력 같은 명령이셨다.

그런데, 코란에서는 유독 이 '명령'이란 단어의 해석에 큰 비중을 두고 있다. 즉 '자유의지'란 개념 탓인 것 같은데, 이것이 조금 복잡하다. 쉽게 말해 천사는 자유의지를 갖지 않도록 창조되었고, 진과 인간은 자유의지를 갖지만, 천사들이 알라신의 명령에 군말을 달았을 리가 없다는 것이다.

코란의 수라 바카라Sūrat Baqarah의 2장 30절이다.

주님께서 천사들에게 말씀하셨다. "들으라! 내가 땅에 새로운
통치자를 보내리라." 하시니, 천사들이 말하길, "주께서는 우

리가 주를 찬양하고 이름을 거룩히 하고 있건대, (진에 이어 또다시 인간을 보내는 것은) 죄를 짓고 피를 보게 할 존재로 세상의 통치자를 대신하시렵니까?"라고 하였다. 이에 주님께서는 "나는 너희들이 모르는 것을 알고 있다."라는 말로 대답을 대신하셨다.

코란 해설서解說書의 일종인 타프시르Tafsir에 따르면, 천사들의 이러한 질문은 자유의지 판단에서 나온 것이 아니었다고 설명하고 있다. 즉, 명령의 내용에 대한 질문일 뿐이었지 반론反論도 반대도 아니며, 명령 그대로 받아들인 것이었다고 말하고 있다. 그러나 천사들이 반발한 것은 사실인 듯 하며, 인간인 아담에 앞서 창조되어 지상에 내려와 땅을 다스린 진들이 타락하였음에도, 오히려 진보다 못할 것 같은 흙으로 만든 인간에게 또다시 지상의 통치권을 준다는 것이 못마땅했을 것이다. 비록 진들의 행위가 알라신의 마음에 들지 않아 인간으로 진을 대체하시겠다는 결정을 하신 것이겠지만, 천사들까지는 아니어도 진들의 저항은 이미 예고된 행동이었을 것이다.

진들 중에 아주 똑똑한 진이 있었다. 그는 너무 똑똑해서 땅이 아닌 하늘, 즉, 천국으로 다시 불려 올려가 상상하기 어려운 직책을 맡게 된다. 그는 높은 계급에 속하는 진인 '이블리스'였는데, 얼마나 똑똑했는지 알라께서는 그를 천사들을 가르치는 선생님으로 발탁할 정도였다. 문제는 여기에서 발생한다. 흙에서 인간을 창조하시자마자 알라께서는 천사들과 이블리스한테 새로운 창조물인 아담Adam 앞에 엎드려 절을 하라고 명령하신다. 천사들은 복종하지만 이블리스는 뻣뻣하게 서서 거부한다. '나는 불에서 창조되었고 먼저 창조되었는데, 한낱 흙에서 창조된 인간 따위에게 굴복할 수 없다.'는 의미였을 것이다. 진은 인간처럼 자유의지를 부여받았기에 가능한 일이었다.

인간인 아담에게 경배하기를 거부한 일로 이블리스는 다시 땅으로 쫓겨나고 땅에 번성하게 될 인간을 꾀임에 빠지게 만드는 일에 열중하게 된다. 그리스신화에서 인간들이 제우스에게 지내던 제사를 중단시키고, 인간을 대신하여 고통스러운 벌을 받고, 인간이 신에게 빼앗긴 불을 다시 전해주었지만, 결국 판도라의 상자가 열리게 만든 프로메테우스가 이블리스에 해당되고, 이브를 꾄 간교한 뱀에 해당하고 루시퍼에 해당된다고 할 수 있다. 주의할 점은, 이슬람적으로는 루시퍼는 타락한 '천사'가 아니라, 전혀 다른 제3의 존재인 반항적 '진'에 해당될 수 있다는 것이다. 곧 이슬람식 큰 뱀, 옛 뱀, 즉 용이라는 점이다.

이번 장의 마무리를 짓자면, 비록 제목이 '용이란 무엇인가?'였지만, 그보다는, '무엇이 왜, 어떻게 용이 되었는가?'를 살펴본 계기가 된 것 같다. 무엇을 목적으로 용이 되어야 하는지? 또 어떤 과정을 겪어야만 하는지? 궁극적인 용의 운명은 무엇인지? 등이다.

왜냐하면 용에 대해 공부를 해보면, 그냥 용 그 자체가 아니라, 이 세상에서 무엇을 용으로 보는지, 무엇을 우리가 용이라고 부르게 되었는지를 어렴풋이나마 알게 되기 때문이다.

용이란 무엇입니까?

2장 더 알아보기

1 봉황鳳凰

— 중국의 전설에 나오는 사령四靈 또는 사서四瑞 중 하나. 수컷은 봉, 암컷은 황이라고 하는데, 성천자聖天子(덕이 높은 왕)가 내려올 징조라고 한다. 전반신은 기린, 후반신은 사슴, 목은 뱀, 꼬리는 물고기, 등은 거북, 턱은 제비, 부리는 닭을 닮았다고 한다. 깃털에는 오색 무늬가 있고 소리는 오음에 맞고 우렁차며, 오동나무에 깃들이어 대나무 열매를 먹고 영천靈泉의 물을 마시며 산다.

2 사령四靈

— 사령 또는 사서四瑞는 《예기禮記》예운편禮運篇에 기록된 전설상의 네 가지 신령하고 상서로운 동물이다. 기린麒麟은 신의를 상징하고, 봉황鳳凰은 평안을 상징하고, 영귀靈龜는 길흉을 예지하고, 용龍은 변환을 상징한다고 한다.

3 적란운積亂雲

— 영어로는 Cumulonimbus이다. 님버스nimbus는 비구름이나 원광圓光을 말한다. 적란운은 적운보다 낮게 뜨는 수직운으로 위는 산 모양으로 솟고 아래는 비를 머금는다. 물방울과 빙정氷晶을 포함하고 있어 우박, 소나기, 천둥 따위를 동반하는 경우가 많다.

4 용틀임

— 용틀임은 남사당놀이의 연희자演戲者들이 하는 땅재주 동작을 뜻하기도 한다.

5 김부대왕

— 한글로는 동일한 김부대왕이지만 경순왕은 한자 표기가 김부대왕金傅大王이고, 마의태자는 인제 지역에서 김부대왕金富大王이라 한다.

6 마의태자麻衣太子

— 신라가 고려에 항복하자 이에 반대하여 금강산으로 들어가 마의麻衣를 입고 풀뿌리와 나무껍질을 먹으면서 여생을 보냈다고 한다.

7 손살맥이

— 정확한 출처가 없으므로 형산강兄山江 일대로 추정된다.

8 수구水口맥이

— 풍수지리상의 작은 산과 큰 산간의 상호작용도 의미하지만, 통상적으로는 수구水口를 막고 허虛한 방위를 보안하는 신으로 널리 인지되어 있다. 왕릉王陵의 풍수와 연관이 깊다.

9 철학자의 돌philosopher's stone

— 현자賢者의 돌이라고도 하며 이는 중세의 연금술사alchemist들이 모든 종류의 암석이나 금속을 황금으로 바꿀 수 있으며 또한 영생을 가져다준다고 믿었던 상상의 물질인데, 비유적으로는 실현 불가능한 이상理想을 뜻하기도 한다. 혹은, 태양계의 각 행성, 즉 달을 포함한 수성, 금성, 지구, 화성, 목성 및 토성 등 7곳에서 모아온 돌을 하나로 합친 합금체合金體를 의미하기도 한다.

10 지네와 구렁이의 승천 다툼

— 《한국구비문학대계》(한국정신문화연구원, 1980~1988) 1-4, 1021; 1-6, 416;

1-8, 324; 2-3, 372. 참고문헌: 「용사설화의 측면에서 본 지네처녀설화」(이지영, 구비문학연구 4, 한국구비문학회, 1997), 「이물교구설화연구」(라인정, 충남대학교 박사학위논문, 1999), 「지네각시 설화의 전승과 그 의미」(김정석, 민족문화16, 민족문화추진회, 1993), 「지네 여인 변신설화의 지역성과 전승양상」(심민호, 충남대학교 석사학위논문, 2003).

11 설녀雪女

— 설녀, 즉 유키온나ゆきおんな는 일본 민간 설화에서 발견되는 눈의 정령 혹은 요괴이다. 늙은 목수와 젊은 목수가 밤늦도록 나무를 베다가 시간을 놓쳐 눈보라치는 산속에 갇혔다가 설녀의 배려로 젊은이만 살아남는데, 설녀는 젊은이에게 살려준 대가로 이 사실을 절대 누구에게도 이야기하지 말라고 경고한다. 뒤에 젊은 나무꾼은 아름다운 여인을 만나 결혼하고 아이들을 낳아 가족을 이루었는데, 어느 눈보라치는 날, 아내에게 설녀를 만났던 이야기를 고백한다. 그는 그녀가 설녀였다는 것을 몰랐던 것이다. 약속을 지키지 않은 것에 크게 노한 설녀는 그를 죽이진 않지만 아이들을 남겨놓고 눈보라 속으로 사라져 버린다.

12 와타즈미신사和多都美神社

— 와타즈미신사에 전해지는 해궁海宮전설은 일본 천황가天皇家가 시작된 해궁전설이다. 하늘의 형제 신神들이 낚시를 하다가 바다에 빠뜨린 낚싯바늘을 찾으러 내려왔다가 형제 중 하나가 용궁의 공주에게 반해 결혼한다. 그리고 땅 위의 출산장소에서 아이를 출산하게 되는데, 용궁의 공주는 자신이 아이를 낳는 동안 어떤 소리가 나더라도 절대 들여다보지 말라고 당부한다. 남편이 들여다보니 큰 구렁이가 똬리를 틀고 출산을 하는 것이었다. 결국 큰 뱀인 해룡海龍은 아이를 놔두고 떠난다. 이 아기가 커서 자신의 이모와 사

랑에 빠져 낳은 자녀가 초대 천왕인 '진무텐노'라는 것이다.

13 아마테라스 오미카미天照大御神, あまてらすおおみかみ

— 이자나기의 왼쪽 눈에서 태어났으며, 기키記紀에 따르면 아마테라스는 태양을 신격화 한 신으로, 황실의 조상신(황조신)의 일종으로 일컬어진다. 신앙의 대상이자 토지의 제신祭神으로서 모셔진 신사로는 이세 신궁이 특히 유명하다. 태양을 관장하였으므로 신들의 최고 통치자였다. 이 신화는 오히려 이집트, 그리스, 오딘의 신화와 유사한 측면이 있다. 일본은 군국주의·제국주의 시절에는 이것으로 국민들을 교육시켰는데, 서양문화에 대한 추종과 관련이 있을 것으로 보인다.

14 이슈타르의 벽의 헌정獻呈 명문銘文

— 영문英文 번역판은 다음과 같다.

"Who was the serpent dragon

Tamtu was the Serpent

Bel in heaven hath formed

Fifty kaspu is his length, one kaspu (his height)

Six cubits is his mouth, twelve cubits (his . . . .) - Twelve cubits is the circuit

of ^his ears)

For the space of sixty cubits he.... a bird,

In water nine cubits he draggeth ....

He raiseth his tail on high ..."

(서아시아의 원통인장들, The seal cylinders of western Asia (공)저: W.H. Ward, pp 197~198)

15 이슈타르 문門

— Ishtar Gate. 아랍어로 بوابة عشتار. 이슈타르는 바빌로니아의 신화에 나오는 여신. 미와 사랑의 여신이며 동시에 전쟁의 여신이기도 하다. 바빌론 성의 성벽에 이슈타르 신을 숭배하는 신전까지 이어지는 순례길Processional Way 의 벽과 문에 벽돌로 된 얕은 돋을새김浮彫, bas-relief 조각의 벽화가 세워져 있다.

16 타나크Tanakh

— 타나크는 유대교의 경전으로, 기독교의 구약에 해당한다. 율법서인 토라, 예언서인 네비임, 성문서인 케투빔으로 나뉘어져 있다. 타나크는 각 제목의 맨 앞의 히브리 알파벳을 따와서 '타나크תנ"ך'가 되었다.

17《모비딕白鯨, Moby Dick》

— 우리말 제목은 백경白鯨으로 1851년 미국의 작가 멜빌이 지은 해양 소설. 흰 고래 모비 딕에게 한쪽 발을 잃은 후 복수의 화신이 되어 버린 에이하브 선장의 광기어린 추격을 토대로 거친 운명에 도전하는 인간을 상징적으로 그렸다.

18 문장학紋章學, heraldry

— 가문의 문장과 역사를 연구하는 학문이다. 유사한 형태인 기학旗學, vexillology은 기旗를 연구하는 학문으로 깃발의 정보들의 모음에 대한 연구이다.

19 객가客家, Hakka

— 커지아, 객가. 하카Hakka라고도 불린다. 이들은 서진西晉 말년부터 원元대

까지 황하 유역에서 점차 남방으로 이주한 종족이다. 지금은 광둥广东·광시 广西·푸젠福建·장시江西·후난湖南·쓰촨四川·하이난海南·타이완台湾 등지에 분포하는 중국계이다. 또한 베트남, 캄보디아, 태국, 싱가폴, 말레이시아, 인 도네시아, 인디아 등에도 분포한다. 이들이 쓰는 말은 북경어와 광둥어의 중 간쯤 되기 때문에 우리의 한자 발음과 유사하다. 객가란 것은 '가족손님'을 뜻하며 타지他地에 나와 사는 사람들을 의미하기도 한다. 그래서인지 객가 를 중국의 유태인이라고 부르기도 한다.

20 도깨비

— 동물이나 사람의 형상을 한 잡된 귀신의 하나. 비상한 힘과 재주를 가지고 있어 사람을 홀리기도 하고 짓궂은 장난이나 심술궂은 짓을 많이 한다고 한 다. 괴귀, 독각대왕·망량魍魎, 돗가비(《석보상절》), 영어로는 '이야기 속의 존 재'란 뜻으로 goblin 혹은 hobgoblin이라고도 부른다.

21 레반트 Levant

— 그리스와 이집트 사이에 있는 동지중해 연안 지역을 통틀어 이르는 말. 좁게 는 시리아, 레바논 두 나라를 이른다.

22 와하비즘 Wahhabism

— 아랍인들은 코란의 가르침대로 살아야 한다고 주장하는 이슬람교 수니파 계열의 운동이다. 이슬람교의 타락과 형식주의를 비판하며 순수 이슬람을 지켜야 한다고 주장한다. 이 운동을 통해 와하브 왕국이 성립되었으며 사우 디아라비아의 수도가 리야드로 된 것은 이 운동이 리야드에서 일어난 데서 유래되었기 때문이다. 무함마드 이븐 압둘 와하브가 제창하였다.

세계 곳곳의
용들

01
동양 용의 모습

 우리에게 알려진 일반적인 용의 모습은 중국 한나라漢朝(BC
206~AD 220) 이후에 형성된 것으로, 아홉 가지 종류의 동물을 합성
한 모습을 하고 있다. 대략 아홉 개가 맞는 것 같긴 한데, 그 아홉 가
지 동물이 무엇인지에 대해서는 이견異見이 존재한다. 어떤 이들은
용의 얼굴은 낙타, 뿔은 사슴, 눈은 토끼, 몸통은 뱀, 머리털은 사자,
비늘은 물고기, 발은 매, 귀는 소와 닮았다고 한다. 입가에는 긴 수염
이 나 있는데, 메기의 수염을 닮았고 입술도 메기의 입술임에도 불구
하고 메기는 아홉 개의 동물 중에서 제외된다. 머리 한가운데에는 척
수라고 불리는 피부의 융기가 있으며, 이것을 가진 용은 하늘을 자유
롭게 날 수 있다. 우리의 용은 날개가 별도로 없으므로 아마도 이마
의 혹을 이용하여 날았을 것이라 추측된다. 물론 소리도 그곳을 공명
시켜 발생시켰을지 모른다.
 등에는 81장의 비늘이 있고, 목 밑에는 한 장의 커다란 비늘을 중
심으로 하여 반대 방향으로 나 있는 49장의 비늘이 있는데, 반대방
향으로 어긋나는 지점의 비늘을 역린逆鱗[1]이라고 하며 이곳이 용의
급소이다. 이곳을 건드리면 용은 참을 수 없는 고통과 분노를 쏟아내
어 건드린 대상을 죽여 버린다고 한다. "잠자는 사자의 코털을 건드린
다."는 외국의 속담과 유사한 것이 "역린을 건드린다."는 말이겠다. 그

통상적으로 그려지는 한국 용의 이미지. 사
자의 갈기, 메기의 수염 및 지느러미 등이
추가되어 화려함을 더한다. 북에 그려진 용.

러나 역린을 건드린다는 것은 사람의 가장 예민한 급소나 약점을 건
드려 화가 나도록 만드는 정도가 아니고 왕의 심기를 건드린다는 의
미로 해석된다. 왕의 마음을 불편하게 만드는 것은 역적모의 수준을
뜻한다. 뒤에 언급되겠지만, 서양의 용은 급소는 역린이 아닌 다른 곳
에 위치해 있다.

동물	모습	사용된 부위
낙타		이마, 입술
사슴		뿔

동물	모습	사용된 부위
뱀		목, 몸통
사자		머리털 (근거부족)
물고기		비늘
독수리		발톱
소		귀
토끼		눈
조개		배 부위
호랑이 혹은 사자		발

《본초강목(本草綱目)》에 따른 전형적인 한국의 용의 모습을 구성하는 아홉 가지 동물들의 신체적 특징들이다. 단, 중동의 용은 앞발은 호랑이 또는 사자, 뒷발은 독수리의 발을 하고 있는 경우가 많다.

아홉 종류 동물에 대해 의견이 분분하지만, 그나마 일관적으로 사용되는 현재 용의 모습은 중국 명나라 때 의학자인 이시진李時珍이 제작한 약학서藥學書《본초강목本草綱目》에 나와 있으며, 대부분의 용화龍畵들은 오늘날까지도 서기 1596년에 발행된 《본초강목》의 기준에 따라 제작되고 있다. 《본초강목》에는, 낙타의 머리, 사슴의 뿔, 토끼의 눈, 소의 귀, 뱀의 목, 조개를 닮은 배, 물고기 비닐, 매의 날카로운 발톱, 호랑이의 발 등 아홉 가지 동물의 부분들로 이루어졌다고 주장되어진다.

이를 기준으로 보자면, 사자의 갈기가 제외되어야 하고, 낙타와 닮은 곳은 얼굴이 아닌 머리이고, 뱀과 닮은 곳은 몸통이 아닌 목이며, 조개를 닮은 배와 호랑이의 발이 추가되었다.

간과看過하기 쉬운 부분이 있는데, 그것은 용의 혀舌의 모습이다. 대체적으로 동양의 용들의 혀는 돌출되어 있지 않은 것이 특징이므로 관찰이 용이하지 않으나 중동이나 서양의 용은 갈라진 혀의 형태

《본초강목》을 표준으로 한 한국의 용의 전신 모습. 흔히 보는 화려하고 용맹스러운 모습으로 표현하려면 약간의 과장된 표현이 추가로 필요하다.

를 보여주기도 한다. 구렁이의 혀는 양 갈래로 갈라져 있는 반면, 이무기가 속한 물고기의 혀는 갈라져 있는 않기 때문에 용의 혀의 형태에 대한 정밀한 기준은 찾기 어려울 것으로 보인다.

동양에서의 용의 지위, 의미 및 상징

동양에서의 용에 대한 인식은 최고, 그냥 최고라는 말밖에는 할 수가 없다. 용은 그 징조로 보더라도 항상 상서롭고 좋은 징조를 상징하였지, 결코 음흉하거나 어두운 징조로 받아들여진 적이 없다. 단, 용이 상처를 입거나 추락했다면 그건 민족과 나라가 불운에 처할 수 있음을 의미하기도 했다. 하루의 운세를 뜻하는 '일진日辰'의 '辰'이 용이다. 그만큼 용은 우주의 징조를 알려주는 존재이다.

용龍은 길상吉祥의 상징이며, 비늘 달린 동물의 우두머리이다. 몸을 숨길 수도 있고 나타낼 수도 있고, 아주 커질 수도 있고, 짧아질 수도 길어질 수도 있다. 춘분이면 하늘로 오르고, 주분이면 깊은 못 속에 잠겨 지낸다.

동양에서의 용은, 용이 보이는 엄청난 신통력 덕분에 천계天界를 통치하는 옥황상제의 사자使者로 받아들여졌다. 신의 세계와 인간의 세계 사이를 드나들면서 일종의 메신저 역할을 한다는 것이다. 그런 까닭에 중국의 역대 황제들은 용의 위엄을 자신의 것으로 만들기 위해 자신이 용의 혈통을 이어받았다는 전설을 만들어냈다. 정도는 덜하지만, 이집트의 파라오나 로마의 황제가 자신들을 인간의 모습을 한 신神으로 자처했던 것과 마찬가지 원리였을 것이다.

제후諸侯격인 왕王도 해당되지만, 특히 황제를 용에 비유하여 황제의 얼굴을 '용안龍顔,' 옷을 '용포龍袍,' 보좌를 '용좌龍座'로 부른 것이라든지, 조선의 역대 임금님들의 후덕한 통치를 칭송한 서사시에 '용비어천가龍飛御天歌'란 제목을 붙인 것도 임금님들을 백성을 보호해주는 용에 비유한 것이라 본다. 고로 동양의 용은 모함을 받고 있는 입장에 서지 않는 이상 절대 악행을 저지르지 않았을 것이다. 만약, 우리가 용이라고 생각했던 생명체가 못된 짓을 하거나 잘못을 저질렀다면, 그것은 백이면 백, 비행청소년인 이무기의 소행이었거나 용을 가장한 다른 못된 짐승들의 짓이었을 가능성이 높다. 이런 경우는 용이 되려다가 실패한 동물들이 부리는 심술로 보는 것이 타당하다.

이무기가 500년을 묵으면 비로써 교룡蛟龍이란 용이 된다. 하지만 교룡은 뿔이 없다. 그리고 날개가 있는 것은 가히 비룡飛龍이라 부를 만한 단계인 응룡應龍이 되었다는 뜻이다. 즉, 날개 있는 동양용도 있긴 한 모양이다. 뿔이 있는 것은 규룡叫龍인데, 성장하면서 자라나야 할 뿔이 어릴 적부터 달려 있는 새끼용을 지칭할 때에도 규룡이란 용어를 사용한다.

교룡도 뿔이 없지만('蛟' 자체가 뿔이 없는 용이란 뜻이다), 뿔이 없는 것은 그냥 이무기라고 부르는 쪽이 편리하다. 특이한 용으로는 파란색 소牛를 닮았고 발이 딱 한 개만 달려있는 기룡夔龍인데, 기夔 자는 외발짐승이란 뜻을 갖는다.

"용에게 아홉 아들이 있는 데 각기 좋아하는 것이 있고, 각자 맡은 바가 다르다."라는 기록이 있다, 이는 '용생구자설龍生九子說'이라는 전설로, 용에게 아홉 아들이 있다는 가정假定하에 지어진 전설이다. 용도 결혼해서 자식을 낳고 자식들은 각자의 다른 개성과 삶이 있다는 뜻인 것 같다.

용생구자설龍生九子說은 명나라 때 호승지胡承之가 저술한 《진주선眞珠船》에 나오는 "결국, 용이 되지 못한 아홉 마리 용의 자식들"을 가리키는 것이다. 용어자체만 봐도 알 수 있는 것이, 용생구용龍生九龍이 아닌 용생구자龍生九子이다. 이 아홉 마리는 용의 자식일 뿐이지 정식 용은 아니란 것이다. 용龍이 아닌 자子에 머물렀다는 의미다. 아쉽게도 용 지망생은 용이 되지 못하면 아무것도 아닌 겉멋만 들은 천덕꾸러기로 전락하게 되는 것이다.

뱀은 용의 부류가 아니며 뱀은 절대 용의 연원淵源(사물의 근원)으로 볼 수도 없으므로 뱀이 용의 기원이 아니라고 주장할 분도 계시겠지만, 절대 그렇지 않다. 현재의 자료들로는 용의 연원이 이무기인지 뱀인지를 누구도 단언斷言할 수 없다.

자이언트 샐러맨더Giant Salamander는, 길게는 50년을 이상을 사는 초대형 도롱뇽(양서류)으로 북미와 동아시아에 분포한다. 길이가 1.5미터에 달하는 것도 쉽게 발견된다. 《훈몽자회訓蒙字會》에 의하면 도롱뇽의 어원은 '되롱'이다. '도루묵'이란 표현처럼 완전한 용이 되려다가 본래 상태인 도로용이 된 것일까? 하지만 동양인들이 이 도롱뇽을 보았다면 분명 이무기를 보았다고 주장할 것 같다. 게다가 샐러맨

이무기에 가장 가까운 동물인 일본 장수도롱뇽(Japanese Salamander). 일본 장수도롱뇽은 민물에서 사는데, 제법 큰 개체가 발견되어 사람들을 놀라게 한다. 샐러맨더(Salamander)라는 이름의 어원은 불속에서도 살 수 있는 도마뱀 모양의 전설속의 생물체를 의미한다.

더Salamander의 원뜻이 불 가운데를 걷고 불을 끄는 힘이 있고, 동물 중에서 가장 강한 독을 가지고 있으며 불 속에서 산다고 전해지는 뱀의 형상을 한 서양의 전설상의 동물을 지칭한다.

세계 속의 용의 기원起源

빠른 이해를 위해 이번 장의 핵심을 미리 간단히 정리해 보겠다. 먼 과거의 어느 시점에 전 세계적으로 벌어진 대홍수Deluge와 그로 인한 지리적 개편에 따른 지구 환경과 인류의 변화에 관한 이야기이다.

인류 역사상 여러 민족들이 서로 오랜 시간 지리, 문화, 종교, 경제적으로 갈라선 채로 수천 년을 살아온 것처럼 느껴질 수도 있겠지만 의외로 문화적 교류의 바람은 특정지역에서 어느 유행병보다 더 쉽고 넓게 퍼져나갔다고 본다. 학계에서는 여러 발상지에서 발생한 문화가 동시다발적으로 퍼져나간 것처럼 말하지만, 분명 문명은 어느 한 곳을 발판으로 시작하여 전 세계로 퍼져나갔다고 본다.

그 이유로는 무척이나 넓은 이 세상에, 의외로 공통점이 많다는 것이다. 우리가 노아의 대홍수 이후 아라라트Ararat 산山[2]이라는 딱 한 장소에서 퍼져 나와서일까?

대홍수로 인하여 완전히 뒤바뀌어 버린 새로운 세상을 처음부터 또다시 둘러보기가 두려웠던 인류는 모험을 자처하기보다는 그냥 제자리에 머물고 싶어 했다. 다음 홍수를 대비해서 바벨탑도 쌓았다. 한배를 탄(?) 공동운명체였으므로 언어도 하나였다. 한군데에 떼거지처럼 몰려있으니 하나님이 곧 흩으셨다. 세계 각지로 흩어져감에 따라 인류는 미지의 세계로 나아가야 했고 두려움에 떨었을 것이다.

새롭게 최종 정착지를 찾기까지 어떤 부족은 홍수 이전의 즐거운 추억만 지녔을 것이고, 어떤 부족은 방향을 잘못 잡았는지는 몰라도, 자기가 키우고 믿던 애견한테 물린 주인마냥 그동안 정들었던 동물들과 마주쳤음에도 겁부터 집어먹는 긴장상태에 처했을 것이다. 이유는 간단하다. 노아 홍수 이전까지는 함께 풀을 뜯어먹으며 옆에서 같이 잠자던 대형 짐승들이 이제는 친구가 아니라 적이 되었고, 내 먹이이기도 하고, 내가 그들의 먹이이기도 했기 때문이다.

02
중동과 서양의 용의 특성

성경에 등장하는, 용 및 뱀

서양, 중동, 동양을 통틀어 가장 많은 사본이 전해 내려오는 책자인 성경聖經을 살펴보면 용과 뱀에 대한 표현들이 등장하는데, 한글성경 기준으로 용은 17회, 뱀은 54회에 걸쳐 등장한다. 단 영어 혹은 우리말로는 용이나 뱀으로 해석되지 않으나 히브리어 원본에서는 용이나 뱀을 뜻 하는 경우도 있으므로 아래의 표는 한글 표기에 충실했음을 미리 밝힌다.

가령, 히브리어에서 바다를 의미하는 "얌ַָ◌"이라는 단어는 용 같은 큰 생물체를 의미하기도 하며, 거대한 뱀인 "나하스ָ◌"나 거대한 괴물인 "라합"도 용으로 해석될 수 있다. 참고로 한글성경에서 거대하고 강력한 뱀인 '리워야단leviathan'을 악어로 해석하고 있는 것은 정확한 해석이 아니라고 본다. 해석상 오류의 예를 하나 더 들자면, 구약성경 느헤미야 2장 13절에 용정龍井이란 단어가 나온다. 우리말로는 용의 우물이며, 히브리 원문에도 '탄닌(용)의 샘'으로 표기되어 있으나 영어로는 재칼의 우물Jackal Well로 번역되어 있다. 이 샘은 예루살렘 남동쪽의 기드론 골짜기에 있던 우물이며, 표백자의 샘(에느로겔)이고도 불린다.

구분		장과 절	본문	횟수
구약	느헤미아	2:13	용정(탄닌의 샘)으로	1회
	시편	74:13	용들의 머리를	2회
	시편	148:7	너희 용들과 바다여	3회
	이사야	27:1	바다에 있는 용을	4회
	이사야	51:9	라합을 저미시고 용을 찌르신	5회
	다니엘	14:23	숭배하던 큰 용이	6회
신약	요한계시록	12:3	붉은 용이 있어	7회
	요한계시록	12:4	용이 해산하려는	8회
	요한계시록	12:7	용과 더불어 싸울새	9회
	요한계시록	12:9	큰 용이 내쫓기니	10회
	요한계시록	12:13	용이 자기 땅으로	11회
	요한계시록	12:17	용이 여자에게 분노하여	12회
	요한계시록	13:2	용이 자기의 능력과	13회
	요한계시록	13:4	용이 짐승에게 권세를	14회
	요한계시록	13:11	용처럼 말을 하더라	15회
	요한계시록	16:13	용의 입과	16회
	요한계시록	20:2	용을 잡으니 곧 옛 뱀이요	17회

용(dragon): 개정개역 구약과 신약 성경에 등장하는 용. 총 17회 등장한다.

구분		장과 절	본문	횟수
구약	창세기	3:1	그런데 뱀은 여호와 하나님이	1회
	창세기	3:2	여자가 뱀에게 말하되	2회
	창세기	3:4	뱀이 여자에게 이르되	3회

구분	장과 절	본문	횟수
창세기	3:13	뱀이 나를 꾀므로	4회
창세기	3:14	하나님이 뱀에게 이르시되	5회
창세기	49:17	단은 뱀이요 독사로다	6회
출애굽기	4:3	그것이 뱀이 된지라	7회
출애굽기	7:9	뱀이 되리라	8회
출애굽기	7:10	뱀이 된지라	9회
출애굽기	7:12	뱀이 되었으나	10회
출애굽기	7:15	뱀이 되었던 지팡이	11회
레위기	11:29	큰 도마뱀 종류의	12회
레위기	11:30	도마뱀 붙이	13회
민수기	21:6	불뱀들을 백성중에	14회
민수기	21:7	뱀들을 우리에게서	15회
민수기	21:8	불뱀을 만들어	16회
민수기	21:9	놋뱀을 만들어	17회
신명기	8:15	불뱀과 전갈이 있고	18회
신명기	32:33	뱀의 독이요 독사의 맹독	19회
열왕기하	18:4	모세가 만들었던 놋뱀	20회
욥기	20:6	독사의 독	21회
욥기	26:13	날렵한 뱀	22회
시편	91:13	독사를 밟으며 뱀을 발로	23회
시편	140:3	뱀같이 그 혀 독사의 독이	24회
잠언	23-32	뱀같이 독사같이	25회
잠언	30:19	뱀의 자취와	26회
잠언	30:28	왕궁에 있는 도마뱀	27회

구분		장과 절	본문	횟수
구 약	전도서	10:8	뱀에게 물리리라	28회
	전도서	10:11	뱀에게 물렸으면	29회
	이사야	14:29	독사와 날아다니는 불뱀	30회
	이사야	27:1	날랜 뱀 리워야단 바다 용	31회
	이사야	30:6	독사와 날아다니는 불뱀	32회
	이사야	65:25	뱀은 흙을 양식으로	33회
	예레미아	8:17	뱀과 독사를 보내리라	34회
	예레미아	46:22	뱀의 소리	35회
	예레미아	49:33	하솔은 큰 뱀의 거처	36회
	예레미아	51:34	큰 뱀같이 나를 삼키며	37회
	아모스	5:19	뱀에게 물림	38회
	아모스	9:3	뱀을 명령하여 물게 하다	39회
	미가	7:17	뱀처럼 티끌을 핥으며	40회
신 약	마태복음	7:10	뱀을 줄 사람	41회
	마태복음	10:16	뱀같이 지혜롭고	42회
	마태복음	23:33	뱀들아 독사의 새끼들아	43회
	마가복음	16:18	뱀을 집어올리고	44회
	누가복음	10:19	뱀과 전갈을 밟으며	45회
	누가복음	11:11	뱀을 주며	46회
	요한복음	3:14	뱀을 든 것 같이	47회
	고린도전서	10:9	뱀에게 멸망당하였나니	48회
	고린도후서	11:3	뱀이 그 간계로	49회
	요한계시록	9:19	꼬리는 뱀 같고	50회
	요한계시록	12:9	옛 뱀 곧 마귀 사탄	51회

구분		장과 절	본문	횟수
신 약	요한계시록	12:14	뱀의 낯을 피하여	52회
	요한계시록	12:15	뱀이 그 입으로 물을	53회
	요한계시록	20:2	용을 잡으니 옛 뱀이요	54회

뱀(snake): 개정개역 구약과 신약 성경에 등장하는 뱀. 총 54회 등장한다.

탄닌Tannin

탄닌tannin이라는 화학化學용어가 있다. 알파벳 'n' 자 두 개가 연속해서 겹쳐있음에도 불구하고 한글 표준 표기로는 '타닌'이라 쓰기에 어원을 유추하기 매우 어렵게 되어버렸다. 사전적 의미는, '단백질, 또는 다른 거대 분자와 강하게 착화합물을 형성하기에 충분한 수의 하이드록시기 따위를 가지고 있는 페놀성 화합물을 통틀어 이르는 말'이라고 되어있다.

타닌성분은 식물들에서 얻어내는데, 밤나무, 시닥나무, 오리나무, 차나무, 참나무 등이 많은 타닌을 함유하고 있다. 타닌이라는 식물성 원료는 생가죽을 피혁皮革제품으로 만들어주는 역할을 하는 중요한 산업 필수품이다. 그래서 tannin의 동사형인 'tan'의 의미는 '동물의 생가죽hide 말린 것을 타닌 용액에 담구는 과정을 거쳐 피혁leather제품으로 탄생함'을 뜻한다. 여러분도 이러한 과정을 통해 새로 태어날 수 있는데, 그것이 바로 선탠sun tanning이다. 햇볕에 피부를 노출시켜 건강한 갈색으로 변질시킨다는 의미다.

멕시코 만에 위치한 유카탄 반도에는 석회암이 무너져 내려 생겨난 '세노테cenote'라는 일종의 오아시스처럼 생긴 우물들을 연결하는 지하 강물이 흐르고 있다. 이 지하 강물도 여느 강물들과 마찬가지로 흐르고 흘러 담수와 염수가 만나는 바다로 나아가게 된다. 바다로 나아가기 직전, 광활하게 펼쳐진 붉은 맹그로브red mangrove 숲을 지나면서 강물은 붉게 변하는데, 위에서 내려다보면 마치 푸른 색 용이 붉은 색 용으로 변신하여 바다로 나가 승천하는 것 같은 장관을 보여준다. 붉은 맹그로브 나무는 타닌 성분으로 이루어진 붉은색 염료를 다량 방출하여 물속에 풀어놓기 때문이다. 염료는 강의 하류에 서식하는 플랑크톤과 소금새우들의 몸에 축적되는데, 소금 새우를 주식으로 하는 플라밍고, 즉 홍학紅鶴들도 이에 따라 붉은 색을 띠게 된다.

타닌은 종교역사학자들 사이에서는 전혀 다른 뜻으로 사용된다. 탄닌Tannin은 괴물monster을 뜻하며, 우르가트, 가나안, 페니키아, 아라비아 지역 등에서 공통적으로 사용되어온 단어이다. 종말終末에 나타날 용을 말한다. 히브리어 탄닌תנין은 일차적으로 뱀serpent을 의미하며 이차적으로는 용을 뜻한다. 아람어가 어원인 이 단어는 고대 히브리어로 바다괴물도 의미한다.

> 하늘에 또 다른 이적이 보이니 보라. 한 큰 붉은 용이 있어 머리가 일곱이요 뿔이 열이라. 그 여러 머리에 일곱 왕관이 있는데 (요한계시록 12장 3절)

탄닌 외에 드래곤dragon으로 표기된 용이 구약 성경에 등장하는 경우는 '다니엘 서' 하나뿐인데, 그것도 14장 23절에 등장한다. 그리고 아쉽게도 우리말 성경에서는 용이 아닌 뱀이라 되어있다.

> 뱀을 죽인 다니엘 Daniel Kills the Dragon
> 그 당시 바빌론에는 큰 뱀great dragon이 있었는데 사람들은

또 이것을 숭배하였다. (대한성서공회 공동번역 개정판 다니엘서 14장 23절)

다니엘서의 뱀과 용

히브리어 성경과 개신교 성경의 다니엘서는 12장이 마지막 장이다. 다니엘이 사자 굴에 사자먹이로 던져지는 이야기는 히브리 성경과 개신교 성경의 다니엘서 6장 16절에 등장한다.

이에 왕이 명령하매 다니엘을 끌어다가 사자 굴에 던져 넣는 지라 왕이 다니엘에게 이르되 네가 항상 섬기는 너의 하나님 이 너를 구원하시리라 하니라 (개역개정 다니엘서 6장 16절)

그런데, 기원전 3세기 무렵 히브리어를 그리스어로 번역한 70인 역 七十人譯, Septuaginta[3]에는 13, 14장이 존재하며 우리말 성경 중에서는 대한성서공회 공동번역 개정판과 가톨릭 성경에만 나온다. 사자 굴 이야기도 6장이 아닌 14장에 기록되어 있으며, 다니엘이 용을 죽이는 이야기가 먼저 나오고 난 뒤에 다니엘이 사자 굴에 던져지는 이야기가 등장한다.

다음은 다니엘서 14장 23~29절의 내용의 요약이다. 편의상 뱀을 용으로 바꾸어 보았다.

다니엘이 용을 죽이다.
왕[4]은 바빌론 사람들이 숭배하는 강력한 용이 모셔진 곳으로 다니엘을 데려가서는, "너도 이 용이 살아있는 신이라는 것을 부정할 수 없을 것이다. 그러니 그를 숭배하라."고 명령했다. 그러자 "저는 저의 주님인 하나님이 살아계신 신이므로 그분을 숭배합니다. 하지만 당신께서 허락만 하신다면, 오 왕이여, 제가 칼이나 몽둥이 없이 용을 죽여 보이겠습니다."라고 다니엘이 말하였다. 그러자 왕은 "허락하마."라고 말하였다.

그러자 다니엘은 송진松津, 기름덩어리와 머리카락을 한데 넣고 끓여서 보리떡 반죽을 만들었고, 그것을 용에게 먹였다. 용은 그것을 먹고는 배가 터져서 죽어버렸다. 다니엘이 말했다. "보소서, 당신들이 숭배하던 것을!"

바빌론 사람들이 이 이야기를 전해 듣고는 매우 분개해 하며 왕에게 대적하였다. 그들이 말하길, "왕도 유대인이 된 모양이다. 그가 벨Bel을 파괴하더니 이제는 용까지 죽였고, 사제司祭들을 학살했다."라고 했다. 그들은 왕에게 몰려가서는, "다니엘을 우리에게 넘기지 않으면 왕인 당신과 당신의 가족들을 모두 죽이겠다."고 협박했고, 왕은 강요에 못 이겨 그들에게 다니엘을 넘겨줘 버린다. 다니엘이 벨 신神의 상像을 파괴하고, 벨 신의 사제들도 살해하고 용마저 죽였기 때문에 바빌론 사람들이 다니엘을 사자 굴에 던져 넣는 것으로 이야기가 전개되는 것이다. 어찌되었건 다니엘은 사자 굴에 던져졌지만 상처하나 없이 살아서 나온다.

다니엘의 이야기에서, 용의 죽음에 분개한 바빌론 사람들이 왕으로부터 다니엘을 넘겨받아 사자굴 속에 던져 넣는다. 하지만 선지자 하박국이 기적적으로 나타나서 사자굴 속의 다니엘에게 음식을 가져다주며 7일간을 생존하게 된다. 다니엘이 살아나오자 왕은 다니엘을 처단하라고 한 사람들을 사자 굴에 던져 넣고 그들은 사자들에게 잡혀 먹힌다는 내용이다. 다니엘은 예루살렘의 함락으로 인하여 바벨론에 끌려갔지만 지혜가 출중하여 바벨론왕의 총리 자리에 오른 인물이다.

앞서 언급했듯 '벨과 용'의 이야기는 구약성경의 다니엘서에 제14장의 형태로 추가되어 있다. 보다 오래된 다니엘서는 히브리어와 아람어로 기록되어 있지만, 13, 14장은 그리스어로 기록된 것 밖에는 없다. 그리스어로 된 70인역譯이 그 유일한 필사본으로 치시아누스 고문서Codex Chisianus와 테오도시온Theodotion의 개역본改譯本이 전해지고 있다.

그럼에도 다니엘서 13장과 함께 14장은 유대교 전통과 개신교改新敎에서는 제2 정전正典인 외경外經으로 여겨지며, 가톨릭과 정교회에서는 정경正經으로 보고 있으므로 특이한 경우라 할 수 있다.

구약 성서에 대한 고대 유태인의 주석註釋인 미드라시Midrash에 기록된 이야기에서는 떡에 들어가는 재료가 조금 다르다. 못을 숨긴 지푸라기를 먹였거나 달구어진 숯이 들어있는 낙타 가죽을 먹였다는 식이다. 〈알렉산더의 전설Alexander cycle of Romances〉이라는 고대 작품에는 다니엘처럼 알렉산더 대제가 독약과 콜타르를 먹여 용을 처치한 이야기가 나온다.

다니엘서의 결론은 이렇다. 움직이지도 먹지도 못하는 신인 벨은 살아있는 신이 아니란 것, 또 용도 불사不死의 숭배대상이나 신이 아니란 것이다.

카두케우스Caduceus와 아스클레피우스Asclepius

이것들은 우리 눈에 낯이 익다. 막대를 타고 오르는 뱀의 모습을 형상화한 것인데, 막대, 즉, 봉棒 혹은 나무를 타고 오르는 뱀의 모양이 의술을 상징한다거나 그리스 로마 신화와 관련이 있다는 사실을 잘 알고계실 것이다. 하지만 두 가지가 항상 헷갈린다. 하나는 카두케우스Caduceus의 막대이고 또 하나는 아스클레피우스Asclepius의 막대이다.

여의주 머리장식에 날개 달린 지팡이를 두 마리의 뱀이 감고 올라가는 모양을 한 것이 바로 대한민국이나 미국의 의무부대에서 사용하는 상징이며, '카두케우스'의 지팡이라고 부른다. 다른 말로는 헤르메스 혹은 머큐리의 지팡이라고도 부른다.

또 하나는 위쪽 끝이 경사지게 잘린 막대를 뱀 한마리가 감고 올라가는 보다 단순한 모양으로 '아스클레피우스'의 지팡이라 부르며, 유엔 산하 세계보건기구WHO 깃발에서 황금색으로 그려진 문양도 아스클레피우스의 지팡이임을 쉽게 알아보실 수 있다. 두 막대는 공통

카두케우스(Caduceus)의 지팡이 혹은 신들의 사자(使者)인 머큐리(Mercury)와 헤르메스(Hermes)의 지팡이(좌)와 그리스로마신화의 의술의 신인 아스클레피우스(Asclepius)의 지팡이(우). 둘의 결정적인 차이는 뱀의 숫자이다.

적으로 건강 및 의학과 관련이 깊어 보인다. 나무와 뱀, 용, 그리고 인간이 함께 등장하는 모티브는 세계 곳곳에서 구원과 부활의 공통된 주제로 자주 사용된다.

압수와 티아마트

중국의 탄생신화나, 정교하게 체계화된 그리스로마 신화는 나름대로의 질서와 원칙이 존재한다고 할 수 있겠으나, 수메르, 아시리아 그리고 바빌론 지역의 신화는 서로 간의 복잡한 교류와 혼합의 결과로 인하여 명확한 구별이 어렵고 용어의 중복이 과도한 편이므로 신神의 이름과 그 역할과 계보系譜의 정확한 구별이 어렵다. 심지어는 메소포타미아 지역과 상당히 떨어져 있던 이집트 문명의 신화조차도 중동지역의 그것과 겹쳐져 구분이 어렵다. 이런 중복重複현상은 유럽 신화에서도 쉽게 발견되는데, 다른 이름을 가진 동일한 신인 오딘 Odin과 보탄Wotan만 봐도 그렇다.

그러므로 중동지역의 탄생신화에 대해서는 약간의 조율과 단순화를 통해 전체적인 큰 그림을 살펴보는 것이 낫겠다. 전 세계가 함께 지니고 있는 공통적인 신화적 흐름을 살펴보기 위해서이다.

대략의 흐름은 이렇다.

아카드어 쐐기문자로 새겨진 바빌론의 '창조에 대한 일곱 명판'이 이라크 모술지역의 고대도시 니네베Nineveh의 폐허 속 고대 도서관 터에서 1849년에 발견되었다. 니네베는 아시리아제국의 수도였다. 〈에누마 엘리쉬Enûma Elish〉라는 정식 학술명칭을 지닌 이 문서는 발견 27년 뒤인 1876년에 학계에 정식 출간되기에 이른다. 〈에누마 엘리쉬〉는 '당시 하늘에서는'이라는 뜻의 아카드어이자 바빌로니아어라 한다.

처음 시작에 압수Apsu가 홀로 있었고 여기에서 인간의 모습을 한 신과 동물, 새, 파충류 혹은 인간의 모습을 한 악마가 나오게 된다. 당시의 세상은 천상, 대기, 지하의 세계로 나뉘어 있었으며, 얼마 후 대기와 지하세계가 합쳐지면서 지상 즉 땅이 생겨난다. 땅에는 라크무Lakhmu라는 첫 창조물이면서도 신적인 존재가 있었는데. 형용하기 어려울 정도로 심한 원시적 속성을 지니고 있었다고 한다. 천지개벽 후에 처음으로 세상에 나왔다는 전설상의 천자인 중국의 탄생신화의 반고盤古와 일치한다.

긴 시간이 흐른 후에 하늘의 주인인 안샤르Anshar와 땅의 주인인 키샤르Kishar가 탄생하여 질서가 유지될 수 있었다고 하는데, 각각은 아누Anu및 에아Ea와 동일시 될 수 있겠다. 아누는 수메르, 아카드의 천신天神이며 에아는 바빌론의 물의 신이다. 우주의 질서에 대한 반 작용이었는지 몰라도 혼돈과 무질서의 신들도 함께 창조되는데, 이 들이 바로 남성격인 압수Apsu와 여성격의인 티아마트Tiamat이며 둘 은 부부가 된다(일설에는 앞서 나온 라크무를 압수와 티아마트 부부가 낳았 다고도 한다. 이들 신화를 살펴보다 보면 종종 이러한 계보상의 혼란이 발생 한다). 압수는 혼란과 무질서를 상징했고, 티아마트는 괴물처럼 날개, 비늘, 발톱 및 거대한 뱀의 몸통을 지니고 있었으며 광야에 살던 동 물들의 피를 빨았고 인간들을 죽였다고 한다. 하지만 여전히 '모든 것 의 어머니'로 표현되며 황궁십이도의 별자리들을 세운 존재로 여겨지 고 있다. 압수와 티아마트 둘은 마치 구약성경 창세기 1장 2절에 등 장하는 혼돈과 공허를 뜻하는 두 단어인 '토후-바보후תֹהוּ וָבֹהוּ'와 일맥 상통하듯 보이기도 한다.

땅이 혼돈하고 공허하며 흑암이 깊음 위에 있고 하나님의 영
은 수면 위에 운행하시니라 (창세기 1장 2절)

압수와 티아마트에게는 참모이자 뜻을 전달하는 사자使者인 뭄무
Mummu라는 신이 있었는데, 그는 그리스 로마신화의 헤르메스나 고
대유럽신화의 로키Loki와 닮았다고 볼 수 있다. 뭄무는 어둠의 힘으
로 빛을 파괴하는 역할을 한다.

이후 갑작스럽게 에아Ea라는 존재가 이야기의 중심에 등장하는데,
대홍수를 예견하여 인류를 구했다고 한다. 에아는 '질서의 확립'을 상
징하며 뭄무와는 대조적으로 어둠으로부터 빛을 지키는 존재로 표현
된다. 압수는 이러한 에아에게 전쟁을 걸어보지만 도리어 패하여 죽
고 만다. 남편을 잃은 티아마트는 복수를 다짐하며 에아에게 어둠의
주인인 세트Set와 아펩Apopis을 보낸다. 둘은 기본적으로 몸통이 아
주 길고 무서운 뱀의 모습을 하고 있었다. 세트와 아펩은 둘 다 이집
트 신화에도 중복하여 등장하는데, 아펩이 크고 긴 뱀인 것은 맞으
나, 세트는 뱀이 아닌 재칼 혹은 여우 등의 동물을 합친 머리를 가진
사람의 형상으로 자신의 형제인 오리시스Osiris를 살해하고 이집트의
지도자로 올라서는 신이며, 훗날 오시리스의 아내인 이시스Isis의 유
복자인 호루스Horus에 의해 살해되는 존재이다.

돌연 이번에는, 에아의 역할을 마르둑Marduk이란 존재가 등장하여
대신 맡게 되는데, 형식상 마르둑은 에아의 아들로 되어있다. 어떤 기
록에서는 별자리도 티아마트가 아닌 마르둑이 창조한 것으로 되어있
다. 역사는 승자가 쓴다고 했나? 마르둑은 신들의 회의에서 빵과 깨
로 만든 술을 나누어 먹고 마시고서는 신들의 대표로 추대된다. 압수
가 죽고 티아마트의 새 남편이 된 킹구Kingu가 티아마트의 부탁을 받

고 마르둑에게 싸움을 걸어오는데, 이 싸움을 막기 위해 중재에 나섰던 하늘의 신인 아누Anu는 티아마트를 보고 두려움에 도망쳐버린다 (원래 아누는 이렇게 비겁한 신은 아니었다).

결국 마르둑과 티아마트간의 피할 수 없는 한판 결전이 시작되고 사방의 바람을 다룰 능력을 갖춘 마르둑은 바람으로 덫을 만들어 티아마트를 꼼짝 못하게 가두어버리고서는 용의 모습을 한 티아마트의 몸속으로 뚫고 들어가 그녀의 내장 속에 자리를 잡고 시위를 벌이게 된다. 이 모습을 본 킹구는 무릎이 떨리고 다리가 후들거려 겁을 먹고 싸울 용기를 잃게 된다. 이쯤에서 마르둑은 공기를 관장하는 신인 엔릴Enlil과 역할을 바꾸게 되는데, 마르둑이건 엔릴이건 결국 우주의 질서로 다시 잡는 일을 하였다. 어둠의 힘을 제압하고 승리를 얻은 마르둑은 우주와 세상을 재창조하려 계획하나, 일을 시킬 인간도 부족하고 신들이 궂은일을 맡으려 하지도 않으므로, 킹구를 희생양삼아 살해하여 그의 피로 인류를 만들고 티아마트를 두 동강내어 천국과 땅의 세상을 만들게 된다. 이어서 마르둑은 이샤라E-Sharra라는 천국의 대저택을 짓는다.

마르둑과 티아마트 사이에서 벌어진 대결에 대해 유사한 다른 설들이 존재하는데, 마르둑이 네 방향에서 불어오는 바람을 이용하여 티아마트의 배를 부풀려서 터지게 했다든지, 아니면 보리떡과 같은 물질이 용의 배를 부풀려져 터뜨렸다는 것이다. 마르둑은 바람을 신에게 선물 받은 바람을 마치 고기 잡는 그물처럼 활용하여 티아마트를 처치했다는 식의 내용은 요한계시록 7장 1절에 나오는, '이 일 후에 내가 네 천사가 땅 네 모퉁이에 선 것을 보니 땅의 사방의 바람을 붙잡아 바람으로 하여금 땅에나 바다에나 각종 나무에 불지 못하게 하더라.'라는 부분이던지, 동양의 용 부부가 낳은 알에 바람을 보내어 부화시키는 과정으로의 사포思抱라는 특별한 방법을 사용한다는 이야기와 유사한 모티브를 갖는다.

조금만 더 내용을 추가하자면, 메소포타미아 지역의 종교(수메르, 아시리아, 아카드, 바빌론)에서 티아마트는 태고太古의 바다의 여신이며, 압수Abzû(담수의 신)와 결혼하여 젊은 신들을 탄생시켰다고 한다. 티아마트는 태고의 창조 전 카오스chaos의 상징이기도 하다. 여성성의 아름다움을 상징하는 '번들거리는glistening 존재'라고도 묘사된다. 티아마트와 관련된 두 가지의 신화가 존재하는데, 첫 번째는 염수鹽水로 대표되는 창조주 여신인 티아마트와 와 담수淡水(압수) 간의 성스러운 결혼을 통해 우주를 평화로운 방법으로 창조하였다는 것이며, 두 번째의 '혼돈속의 싸움Chaoskampf'과 관련된 신화에서의 티아마트는 태고의 혼돈의 괴물 같은 화신化身이었다는 것이다. 일부 자료에서는 그녀를 바다뱀 혹은 용龍과 동일하게 다루고 있다.

바빌론의 창조 서사시인 〈에누마 엘리쉬〉에서 티아마트는 그녀의 남편인 압수와의 사이에서 자녀들을 낳게 되는데, 압수는 자신의 자녀들이 자신을 죽이고 그 권좌를 빼앗을 것임을 예측하고는 자녀들을 상대로 전쟁을 일으키지만 도리어 압수가 죽임을 당하며, 이에 분노한 티아마트는 거대한 바다용의 모습으로 변하여 남편을 살해한 신들에게 복수전을 선포한다. 하지만 티아마트는 엔키Enki의 아들인 폭풍의 신 마르둑Marduk에게 죽임을 당하고 만다. 그러나 죽기 전에 티아마트는 이미 메소포타미아 땅 곳곳에 괴물 같은 신들을 낳아버린 뒤였으며, 그 중에는 첫 세대의 용들이 있었다고 하며, 그녀는 용들의 몸속에 피 대신에 독毒을 가득 채워두었다고 한다.

티아마트는 이후 고대 그리스의 작가인 베로써스Berossus에 의해 탈라테Thalattē라 불리기도 했다. 그리스어 탈라싸thalassa가 바다를 뜻하므로 티아미트와 탈라싸는 일종의 험한 '바다'라는 동일어로 사용된다. 히브리어 얌ם이 바다이지만, 고대 히브리 전통에서는 히브리어 '얌'을 일곱 개의 머리를 가진 거대한 바다뱀을, 고대 이집트에서의 바다 혹은 강의 생명체로 표현되는 것도 흥미롭다. 애굽 해만, 즉, 'tongue of the Egyptian sea'는 히브리 성경에서 '얌 미츠라임ם מצ ־ם', 즉 '이집트의 바다'로 표기된다.

> 여호와께서 '애굽 해만海灣-tongue of the Egyptian sea'을 말리시고 그의 손을 유브라데 하수 위에 흔들어 뜨거운 바람을 일으켜 그 하수를 쳐 일곱 갈래로 나누어 신을 신고(신발을 적시지 않고) 건너가게 하실 것이라 (개정개역 이사야서 11장 15절)

이쯤에서 우리는 혼합되고 중복된 여러 신화들의 발생 및 완성시기 등을 잠깐 살펴볼 필요가 있다. 대략의 시대별 순서를 알고 있는 것이 편리하다.

추후 5장에 나올 〈길가메시 서사시Epic of Gilgamesh〉는 고대 메소포타미아 지역의 신화로는 현존하는 가장 오래된 문헌으로 알려져 있다. 수메르Sumer 문헌이며 우르의 제3왕조인 우룩 왕이 다스리던 시절로 대략 기원전 2100년경이라고 볼 수 있다.

두 번째로는 〈에누마 엘리쉬〉인데, 이는 짧게는 기원전 7세기로부터, 길게는 청동기 시대인 함무라비왕의 시대를 넘어 기원전 18세기경에 기록되었다고 보기도 하며, 학자들 간에는 대략 기원전 1100년경이라 합의를 본 상태이다.

세 번째로, 이슈타르의 문Ishtar Gate의 건축물이 신新바빌론 왕 네부카드네자르 2세에 의해 건축되었으므로, 정확한 건축연대는 불명확하더라도 대략 기원전 575년경으로 추정하고 있다. 기원전 586년에 유대의 예루살렘 성이 바빌론에게 함락되었음도 참고하길 바란다.

바빌론과 아시리아의 신화 사이에는 약간의 차이가 있는데, 바빌론의 신은 마르둑이고, 아시리아의 신은 태양신인 아슈르Ashur이다. 그리고 모든 여신들은 로마 신화의 비너스와 유사한 존재인 사랑, 풍요, 전쟁의 여신인 이슈타르Ishtar로 통합된다. 이어서 이슈타르는 이집트 신화의 이시스Isis와 동일시되어 버린다.

과도한 중복성의 예를 조금 더 들면, 마르둑신의 다른 이름이 무려 50개이며, 고대이집트인들이 그들의 최고신인 라Ra신을 부를 때 사용한 이름이 75개, 그리고 이슬람에서는 99개의 다른 이름으로 알라신을 부른다고 알려져 있다.

여기까지가 대략의 중동의 신화라고 볼 수 있겠다. 다만 신이 아닌 인간이 보기에도 좀 끔찍한 일이 추가적으로 벌어지는데, 킹구의 피로 인류를 만들었다고 되어있지만, 특별히 이름이 언급되지 않은 신 神 두 명이 인류창조를 위해 별도로 희생되었다는 것이다.

> 내가 두루 다니며 너희가 위하는 것들을 보다가 알지 못하는
> 신에게라고 새긴 단도 보았으니 그런즉 너희가 알지 못하고 위
> 하는 그것을 내가 너희에게 알게 하리라 (사도행전 17장 23절)

무명용사들일까? 희생양일까? 아님 모함을 받은 것일까? 특별히 성질이 나빠서 제거된 것이 아니라 신들의 회의에서 벌인 투표결과, 민주적 절차를 따랐다고 한다. 인간이 필요했던 이유는 신들의 숫자는 많아졌는데, 세상은 개간이 안 되고 황량하여 땅을 가꾸어야 했고, 숭배 받아야 할 신들은 많은데 신들을 숭배할 인간은 적었으니

더 만들어내야 했다는 것이다. 당시의 척박한 분위기는 구약성경 창세기에도 나와 있다.

> 여호와 하나님이 땅에 비를 내리지 아니하셨고 땅을 갈 사람
> 도 없었으므로 들에는 초목이 아직 없었고 밭에는 채소가 나
> 지 아니하였으며 (구약 창세기 2장 5절)

볼숭가 전설Völsunga Saga

서양의 용인 드래곤(dragon)의 가장 전형적인 모습.

〈볼숭가 전설Völsunga saga〉은 13세기 아이슬란드의 볼숭Völsung일 가一家의 활동을 그린 전설집傳說集이다. 시구르트Sigurd[5]는 북유럽 Norse[6] 신화의 영웅이며 〈볼숭가 전설〉의 주인공이다. 이는 13세기에 '연주적演奏的 산문체散文詩'라는 형식으로 아이슬란드에서 기록되었으며, 시구르트와 브린힐드Brynhild라는 남녀 간의 사랑과 부르군

트 족Burgundians의 흥망성쇠를 다루고 있다. 부르군트 족이란 로마제
국시절에 지금의 폴란드지역에서 거대한 집단을 이루고 살았던 동게
르만 혹은 반달Vandal 민족을 말한다.

전설은 시구르트의 아버지와 신神들 간에 벌어진 전쟁을 시작으
로 해서 시구르트가 용인 화프니어Fafnir를 죽인 이야기 그리고 권력
의 반지인 안드바라나우트(고대 노르드어로 Andvaranaut)[7]의 존재 그리
고 시구르트의 죽음 등으로 꾸며져 있다. 이 전설은 가극조歌劇調 작
품들과 문학작품들로 개작[8]되었는데, 대표적인 것들 중에는 바그너
Richard Wagner의 〈니벨룽겐의 반지Der Ring des Nibelungen〉[9]가 있으며,
외에도 많은 작품들을 탄생시켰다.

일반적으로 아이슬란드Iceland라고 꼭 집어 지칭하지 않고 북유럽
Norse의 신화라고 말한다. 이 전설은 11세기 이전부터 전해져 왔는
데, 거대한 암석인 룬스톤runestones[10]에 새겨진 그림 이야기들을 통해
서였다. 룬스톤은 지금의 스웨덴 지역에서 주로 발견된다.

스웨덴 람순드(Sweden Ramsund)의 큰 바위에 새겨진 AD 1030년경의 〈볼숭가 전설
(Völsunga saga)〉과 관련된 그림의 전체적 개요도. 그림의 자측 안쪽 부분에 시구르트가 용의
심장을 구워먹기 위해 불을 피우고 있다가 손가락을 입에 문 장면이 보인다.

다음의 그림은 스웨덴 람순드의 큰 바위의 그림 일부 부분을 확대한 것이다.

용의 심장을 요리하기 위해 심장을 꺼내던 중 엄지손가락으로
피를 맞보게 된 시구르트.

〈볼숭가 전설〉에서 시구르트는 지그문트Sigmund와 그의 둘째 아내인 히요디스Hjordis와의 사이에서 태어난 유복자遺腹子이다. 지그문트는 오딘Odin 신에게 감히 전쟁을 일으켰다가 죽임을 당하는데, 오딘에 의해 지그문트의 검劍은 산산조각이 나버린다. 히요디스의 임신 사실을 알고 있던 지그문트는 죽어가는 와중임에도 복중의 아들에게 산산조각이 난 검의 조각들을 유산으로 물려주라고 당부한다.

남편이 죽자 히요디스는 알프 왕King Alf과 재혼하는데, 알프 왕은 시구르트를 마법사 집안의 레긴Regin[11]에게 양자로 보내기로 결정한다. 양아버지가 된 레긴은 시쿠르트에게 아버지인 지그문트가 소유한 금金에 대한 소유권도 물려받았는지를 물어봄으로써, 시쿠르트의 마음속에 탐욕과 난폭함을 심으려고 시도한다. 하지만 시쿠르트는 "알프 왕이 금을 통제하고는 있지만 자신이 원한다면 얼마든지 줄 것"이라고 대답한다.

레긴이 시구르트에게 꿈이 너무 작다고 탓함에도, 시구르트는 여전히 자신이 왕과 동등한 대접을 받고 있으며 소유할 수 있는 것은 모두 가질 수 있다고 주장하므로, 레긴은 시구르트에게 "네 소유의 말 한 마리 없는 것을 보니 너는 단지 왕의 마구간지기에 불과하다"며 약을 올린다. 마침 이때에, 평범한 노인으로 변장한 오딘 신이 나타나서는 시구르트에게 많은 말의 떼를 보여주며 원하는 말을 고르라고 한다. 그가 고른 말은 그라니Grani라는 말인데, 이 말은 오딘신의 애마인 스라이프니르Sleipnir의 직계혈통이므로 명마였다.

유혹이 통하지 않자, 레긴은 오토Ótr[12]가 소유한 굉장한 금에 대한 이야기를 해줌으로서 시구르트를 마지막으로 시험해 본다. 레긴은 자신의 아버지 흐라이드말Hreidmar[13]이 강력한 마술사이며, 자신의 두 형제가 오토와 파프니르Fafnir[14]라고 알려주고, 자신은 대장장이 중에서도 달인이며, 오토는 마술사이고 수달의 모습으로 변신하여 난장이인 안드바리Andvari[15]가 사는 폭포에 가서 수영하기를 즐긴다고 말해준다. 안드바리 또한 같은 연못에서 꽁치처럼 생긴 물고기로 변신해서 놀기를 좋아한다는 것도 알려준다.

어느 날 물가를 지나던 오딘 신의 무리인 에이시어Æsir[16]가 오토가 모습을 수달로 바꾼 채 입에 물고기를 물고서 물가에 있는 모습을 보고는 진짜 수달로 착각하여 에이시어 무리의 행동대장격인 로키Loki[17]를 시켜 수달 가죽을 얻을 심산으로 오토를 죽이게끔 한다. 가죽을 얻은 그들은 무심코 부근에 있던 오토의 아버지인 흐라이드말의 집으로 그것을 가져가서 자랑한다. 분노한 흐라이드말, 파프니르, 레긴은 즉각 에이시어들을 붙잡아 두고는 오토의 죽음에 대해 책임지라고 으름장을 놓는다. 그의 죽음에 대한 보상으로 신들은 오토의 가죽 속에 금을 가득 채우고 가죽은 온갖 보석으로 치장해주겠다고 약속했고 금과 보석으로 가득 찬 오토의 시체를 세 명의 난쟁이들에게 넘겨준다. 흐라이드말의 집안이 난쟁이 마법사 집안이었던 것이다.

꾀가 많은 로키는 흐라이드말 집안에 빼앗긴 금과 보석이 아까웠는지, 엉뚱하게도 당시 물에서 오토와 놀고 있던 난장이인 안드바리를 지목한다. 로키는 바다의 여자 거인인 란Rán[18]에게서 그물을 얻어 와서는 꽁치모양으로 변해 놀고 있던 안드바리를 그물에 가두고는 있는 금을 다 내놓으라고 협박한다. 안드바리는 금반지 한 개만 제외하고는 자기 소유의 금을 모두 내어주게 되는데, 눈치 빠른 로키는 그 반지마저 빼앗고 만다. 분노에 찬 안드바리는 그 반지의 소유자에게는 죽음이 찾아오도록 저주를 건다. 한편, 금으로 채워지고 보석으로 치장된 오토의 시신이 흐라이드말의 집으로 보내지자마자, 욕심 많은 둘째 아들 파프니르는 자신의 아버지인 흐라이드말을 살해한 후 혼자서 금을 몽땅 차지하고 레긴에게는 한 푼도 나누어주지 않는 일이 벌어진다.

같은 13세기 후반경의 아이슬란드 판 볼숭가의 전설에 따르면, 파프니르는 힘센 팔과 두려움을 모르는 혼을 지녔다고 한다. 빼앗은 황금으로 번뜩거리며 온갖 보석들로 가득찬 집을 아버지에게서 빼앗은 후 혼자서 지켜냈다고 한다. 삼 형제 중 가장 강하고, 공격적이었으며 표독스러운 마술사였다.

그리고 오딘, 로키 및 호니르Hoenir[19] 등의 신들 일행이 여행 중 어떻게 하다가 수달의 모습으로 변해 있던 오토를 만나게 되었는지를 더 상세하게 설명하고 있다. 로키가 수달을 돌로 쳐서 죽이고 나머지 세 명의 신Æsir들은 오토의 가죽을 벗겼다고 묘사되어있다. 에이시어 일행은 그날 저녁 길을 지나던 중 흐라이드말의 거처를 방문하게 되고, 흐라이드말에게 자신들이 잡아 벗겨온 수달 가죽을 자랑하려고 내보였다는 것이다. 분노한 하이드말과 남은 두 아들은 신들을 사로

잡아 인질로 삼고 몸값을 물어내라며 로키만 풀어준다.

풀려난 로키가 구해온 배상금은 수달의 가죽 안쪽을 가득 채울 황금과 가죽의 겉을 감싼 빨간빛이 나는 금이었다고 한다. 꾀 많은 로키는 배상금에 해당하는 금을 신들의 소유물 중에서 가져오지 않고 다른 난쟁이인 안드바리에게서 강탈해 왔는데, 로키는 안드바리의 금뿐만 아니라 내주려 하지 않은 반지인 안드바라나트Andvaranaut마저 빼앗아 온다. 반지를 빼앗긴 안드바리는 "반지를 소유한 자에게는 죽음의 저주를!"이라고 외친다. 동생의 죽음에 대한 배상으로 황금을 얻게 된 파프니르는 욕심에 눈이 멀어서 자신의 아버지인 흐라이드말을 죽이고 혼자서 보물을 몽땅 차지한다. 심술궂고 욕심 많은 파프니르는 아무도 접근하지 못하도록 황무지의 깊은 굴속에 보물들을 숨기고 자신의 보물을 효율적으로 지키기 위해 스스로 거대한 용으로 변신해 버린다. 파프니르는 동굴 주변의 땅에 맹독을 내뿜어서 그 누구도 다가와 자신의 보물을 탐낼 수 없도록 했으며, 접근하는 사람들의 마음에 공포심을 조장하여 심장이 떨리도록 만들어버렸다. 일설에는 난쟁이 안드바리의 반지를 지닌 탓에 반지의 저주를 받아 용으로 변해버렸다고도 한다.

동생인 파프니르가 동생 오토의 생명의 대가로 받은 금을 독차지해버리고 아버지마저 살해하자, 맏이인 레긴은 아버지에 대한 복수도 하고 보물도 차지할 요량으로 수양아들인 시구르트를 보내어 파프니르를 죽이라고 시킨다. 동생의 습관을 누구보다 잘 아는 레긴은 시구르트로 하여금 파프니르가 주로 다니는 시냇가의 길에 미리 구덩이를 파고 들어가 숨어 누워서 기다리도록 지시한다. 용이 된 파프니르가 큰 몸을 바닥에 질질 끌며 지나 갈 때를 노려서 시구르트가 갖고 있는 검劍인 그람Gram을 용의 가슴팍에 깊숙이 찔러 넣어 심장을 꿰뚫으면 용을 처치할 수 있다고 가르쳐 준다.

당시 지니고 갔던 검인 그람에 대해서도 자세하게 묘사가 되어있다. 시구르트는 무기가 없으니 레긴에게 용과 싸울 검을 만들어 달라고 부탁하여 특별히 검을 제작하게 되는데, 대장장이의 모루를 칼로 내리쳐 시험해 보는 족족 부러지고 만다. 이에 시구르트는 자신의 부친인 지그문트가 남겨준 조각난 칼을 가져와서는 이것을 녹여 다시 검으로 만들어 달라고 부탁한다. 이렇게 만들어진 칼인 '그람'은 대장장이의 모루를 단칼에 반으로 잘라버린다.

레긴도 시구르트와 함께 길을 나서긴 하였지만 너무 겁을 먹은 나머지 시구르트만 혼자 남겨놓고 도망쳐 버린다. 용감한 시구르트가 구덩이를 한창 파고 있을 때에 긴 수염을 한 늙은이로 변신한 오딘이 나타나서는, 용의 심장에서 쏟아져 나오는 피가 워낙 많을 것이니, 피의 웅덩이에 빠져죽지 않도록 더 많은 배수로와 도랑을 파놓으라고 충고해준다. 그리고는 용을 죽인 후 그 피로 목욕을 하면 아무도 죽일 수 없는 몸을 얻게 될 것이라고 가르쳐주는데 이는 마치 그리스로마 신화의 아킬레스의 모티브와 유사하다. 지진이 일어나고 근방의 땅이 흔들리더니 드디어 용이 나타났다. 동굴로 돌아와 금도 지킬 겸 잠시 쉬려는 모양이었다. 앞길에 많은 맹독을 콧김으로 쏟아내면서 시냇가로 기어오고 있었다.

담대한 시구르트는 구덩이 속에 누워 숨어 있다가 용이 그 위를 지나갈 찰나를 놓치지 않고 용의 어깨 부위를 찔렀는데, 다행히도 한칼에 치명상을 입힐 수 있었다. 용은 그곳에 누워 죽어가면서 시구르트에게, "네 이름이 무엇인지, 너의 가문과 혈통이 어찌되는지, 누가 이토록 위험한 일을 하도록 보냈는지?" 등을 물어본다. 대화의 와중에 파프니르는 이 모든 것이 자신의 친형제인 레긴의 모략이었음을 깨달

용으로 변신한 파프니르(Fafnir)가 금괴를 지키고 있는 모습. 끔찍한 모습으로 동굴 곁에서 독을 뿜고 있다.

고는 시구르트에게 예언을 해준다. 즉, '레긴은 너의 편이 아니고 보물만 차지하면 양아들인 너도 죽이고 말 것임'을 말이다.

하지만 시구르트는 죽어가는 파프니르에게 "나는 곧 당신의 은신처로 가서 당신의 보물들을 몽땅 빼앗아갈 것이다"라고 말한다. 이에 파프니르는 '보물의 손에 넣는 자의 운명은 곧 죽음'이라고 경고하지만 시구르트는 "모든 인간은 어쨌든 언젠가는 다 죽는다. 죽기 전이라도 부자로 사는 것이 모든 인간의 꿈이다"라고 겁 없이 말하며 반드시 금을 차지하겠다고 공언한다.

파프니르가 완전히 죽은 것을 보고서야 레긴은 시구르트가 있는 곳으로 다가온다. 당시의 관습이 그랬는지, 시구르트는 자신이 잡은 용의 심장을 도려내어 구워 먹기로 한다. 욕심에 눈이 먼 레긴은 시구르트가 용의 심장을 구워먹고 나서 방심할 틈을 노려 시구르트를 죽이려고 기다리는데, 심장을 요리하면서 잠시 엄지손가락으로 용의 피를 맛본 시구르트에게 새들의 말소리를 알아들을 수 있는 능력이 생긴다.

마침 주변에는 오딘이 보낸 새들이 근처 나뭇가지에 앉아 재잘거리고 있었는데, 레긴에게는 들리지 않았지만 시구르트의 귀에는 "레긴은 반지로 인하여 타락했고, 곧 너를 죽이고 모든 것을 다 차지하려할 것이니 죽여 버려."라고 지저귀는 것이었다. 시구르트는 자신의 검 그람을 이용하여 레긴의 목을 잘라 죽인 후 먹다 만 파프니르의 심장은 자신의 아내가 될 사람에게 선물로 주기로 마음먹는다. 심장을 구워먹자 예언의 능력까지 덤으로 얻게 된다.

일부 사본들에는 파프니르가 숨겨놓은 보물들에 대한 묘사가 더 자세하게 되어 있는데, 리딜Ridill, 흐로띠Hrotti와 같은 검劍류, 그리고 머리에 쓰면 투명 인간으로 만들어 주는 공포의 투구인 타른헬름Tarnhelm을 포함하여 금사슬로 이루어진 멋진 갑옷들과 다른 여러 가지 물건들이 등장한다.

이제 브린힐드Brynhildr[20]라는 여신女神을 만나볼 차례이다. 그녀는 방패의 여인Shieldmaiden이라고도 하고 오딘을 호위하던 여신들인 발키리Valkyrie중 하나였다고도 한다. 아무튼 여걸女傑이라 보면 무난하다.

파프니르를 물리친 뒤 시구르트는 브린힐드를 만나게 되고 둘은 곧바로 사랑에 빠져 평생을 함께할 것임을 맹세하지만, 안타깝게도 브린힐드는 그녀가 다른 사람과 결혼하게 될 것과 시구르트가 죽게 될 것임을 예언한다. 운명적이지만 비극적 만남인 셈이었다.

예언을 그다지 마음에 두지 않은 시구르트는 브린힐드의 언니 베크힐드Bekkhild의 남편이 사는 하이마Heimar 궁정宮廷으로 찾아가는데, 그 이유에 대한 설명은 없다. 이후 시구르트는 부르군트족 Burgundians의 왕인 규키Gjúki의 궁정으로 옮겨가 그곳에서 살게 된다. 규키는 니벨룽Nibelung들의 왕, 즉 난장이들의 왕으로도 묘사된다. 규키는 자신의 아내인 그림힐드Grimhild와의 사이에 세 아들과 딸 하나를 두었는데, 아들들은 군나르Gunnar[21], 호그니Hogni 그리고 구르톰Guttorm, 이렇게 셋이었고, 딸은 구드룬Gudrun이었다. 시구르트가 지니고 있던 황금과 반지에 욕심이 생긴 부르군트 족의 왕비 그림힐드는 기억이 상실되는 망각의 음료인 에일Ale를 만들어 시구르트에게 마시게끔 함으로써 시구르트가 가지고 있던 브린힐드에 대한 기억을 완전히 지워버리고, 시구르트를 자신의 딸인 구드룬과 결혼하게 만들어 자신의 사위로 삼는다.

마침 그림힐드의 첫째 아들인 군나르가 브린힐드를 짝사랑하게 된다. 그녀의 환심을 사기 위해 구애를 하려 하지만, 브린힐드는 "자신이 머무는 거처 겸 휴식처는 맹렬한 불길로 둘러싸여 있어서 그 뜨거운 불길을 뚫고 자신에게 다가올 용기와 능력을 지닌 남자에게만 자신을 허락하겠다."며 거절한다. 그 맹렬한 불길을 뚫고 그녀의 처소까지 다다를 수 있는 수단은 시구르트의 말馬인 그라니를 타고 가는 방법밖에는 없었으며 게다가 그 말은 시구르트만이 탈 수 있는 말이었다. 마음 착한 시구르트는 자신이 브린힐드를 사랑하고 있다는 기억도 망각하였고, 이미 구드룬과 결혼한 터였기에, 기꺼이 자신의 모습을 군나르의 모습으로 바꾸어 자신의 말인 그라니를 타고 무사히 불길을 건너가 브린힐드에게 구애를 한다. 시구르트를 군나르로 착각한 브린힐드는 약속대로 군나르의 구애를 받아들여 결혼을 하게 된다.

얼마간의 시간이 지난 후, 군나르보다는 역시 시구르트가 멋져 보였는지, 브린힐드는 시구르트와 결혼한 구드룬에게, "너는 나보다 훨씬 멋진 남편을 두었구나."며 부러워 한탄하는 듯한 말을 건네게 된다. 브린힐드에게 구드룬은 남편의 여동생이니 가까운 사이였을 것이다. 당황해서였는지 아니면 마음에 너무 걸리었는지는 몰라도 구드룬은 순진하게도 브린힐드에게 그동안 있었던 자초지종을 모조리 밝히고 속임수가 있었음 알려주고 만다. 브린힐드는 자신을 속여 진짜 남편이 되었어야 할 남자를 빼앗아간 시어머니 그림힐드에 대한 복수를 계획한다.

브린힐드는 사람들과의 대화를 거부하고 자신의 원래 거처로 물러나 버린다. 브린힐드의 행동변화의 이유를 알 수 없던 남편 군나르는 어쩔 수 없이 시구르트에게 다시 부탁을 하며 브린힐드의 거처를 찾아가 무슨 일이 생겼는지를 알아봐 달라고 부탁한다. 브린힐드는 자신을 찾아온 시구르트에게 "규칙을 제멋대로 바꿔서 자신을 함부로 대하고 무시했다"며 비난과 원망을 퍼붓는다. 망각의 음료를 마셨던 시구르트는 자신이 무슨 규칙을 어겼는지조차 짐작할 수 없는 노릇이었다. 하지만 서서히 자초지종이 드러나는 듯하자, 군나르와 그의 동생 호그니는 미리 조치를 취하기로 한다. 둘은 시구르트를 암살할 음모를 짜내는데, 막내인 구르톰의 정신을 마술로 홀리게 만들어 제정신이 아닌 상태에서 시구르트를 공격하여 죽이게끔 할 계획을 세운다. 마술에 걸려 흥분상태에 빠진 그루톰은 마침 잠자리에 들어있던 시구르트를 기습하게 되고, 두 사람간의 격렬한 싸움 끝에 결국 둘 다 큰 부상을 입고 둘 다 죽게 된다.

큰 슬픔에 빠진 브린힐드는 시구르트와 자신 사이에서 태어난 세 살 된 아들 지그문트Sigmund[22]를 자기 손으로 살해하고는 화장火葬을 위해 쌓아 놓은 거대한 장작더미인 파이어pyre 위에 시구르트, 구르톰, 지그문트의 시신을 얹혀 놓은 뒤, 자신도 장작불 위에 올라가 이들과 함께 네 명이 동시에 화장되어질 거대하고도 장엄한 장례식을 준비하기에 이른다.

왜 브린힐드가 자기 아들까지 죽였는지는 모를 일이다. 일설에 따르면 아들만 있는 것이 아니라 쌍둥이 딸까지 있었는데, 딸에 대한 추가적인 언급은 없다. 더 나아가 일부 사본에는 브린힐드가 시구르트의 고모로 되어있기도 하다. 즉 시구르트의 아버지인 지그문트의 여동생이라는 것이다. 자신의 고모와 사랑에 빠졌다는 근친적 요소도 포함되어 있는 셈이다.

등장인물	인물 특성	역할	비고
오딘(보탄)	신(Æsir)들의 지도자	자신에게 도전한 지그문트를 살해하지만 시구르트를 돕기도 한다.	
로키	오딘의 참모	오딘 일행이 죽인 오토의 배상금을 마련하기 위해 안드바리를 속인다.	Æsir
안드바리	대장장이 난장이	황금반지를 만들어 지니고 있다가 로키에게 빼앗긴다.	Alberich
지그문트	시구르트의 부친	오딘에게 대항했다가 살해된다.	
히오디스	시구르트의 모친	시구르트의 모친이자 지그문트의 둘째 부인이다.	
시구르트	주인공/유복자	우여곡절을 거쳐 브린힐드와 결혼하려하나 실패한다.	지그프리드
하이머	베크힐드의 남편		
베크힐트	브린힐드의 언니		
브린힐드	주인공/쉴드메이드	그림힐드의 속임수로 시구르트가 아닌 군나르와 결혼한다.	발키리

등장인물	인물 특성	역할	비고
흐라이드말	강력한 마술사	난장이 마술사 집안의 가장이다.	
레긴	흐라이드말의 맏아들	유복자가 된 시구르트는 레긴의 양자로 입양된다. 시구르트와 함께 용이 된 파프니르를 살해한다.	
파프니르	흐라이드말의 차남	동생 오토 살행의 배상금으로 받은 금은보화에 욕심을 내어 이를 지키기 위해 스스로 용이된다.	파프너
오토	흐라이드말의 막내	강가에서 수달로 변했다가 오딘 일행에게 살해당한다	
규키	그림힐드의 남편		부르군트족의 왕
그림힐드	니벨룽의 여왕	시구르트를 사위로 삼고 싶어 에일이란 음료를 먹여 기억을 상실시킨다	부르군트족의 왕비
군나르	규키의 맏아들	어머니 그림힐드의 도움으로 짝사랑하던 브린힐드와 결혼한다	
호그니	규키의 차남	군나르와 함께 시구르트를 살해할 계획을 세운다	
구르톰	규키의 삼남	형들의 마술에 이용당해 시구르트와 목숨을 걸고 싸운다	
그드룬	규키의 딸	브린힐드 대신에 시구르트의 아내가 된다	
스라이프니르	오딘의 명마		
그라니	스라이프니르의 후손	불속에 뛰어들 수 있는 유일한 명마이다	
그람	시그문트의 명검	지그문트가 주었던 부서진 검을 녹여 새로 만든 명검이다	

등장인물	인물 특성	역할	비고
에일	기억을 없애주는 음료	그림힐드가 이 음료를 시구르트에게 먹여 브린힐드를 잊어버리게 한다	

볼숭가의 사가(Völsunga saga) 및 부르군트족(Burgundian)의 흥망성쇠에 등장하는 인물특성 및 관계를 보여주는 표. 시구르트(Sigurd)는 볼숭(Völsung)과 히요디스(Hjordis) 사이에서 태어났다고도 하고, 지그문트(Sigmund)와 히오디스 사이에서 태어났다고도 한다. 이러한 불일치는 전승과 기록에서 시구르트, 지지문트, 지그프리드(Siegfried)의 세명의 인물를 동일시하는 경향이 있기 때문이다. 볼숭이란 명칭은 볼숭 가문(家門)의 족장의 호칭을 의미할 가능성이 높다. 비록 시구르트가 구드룬(Gudrun)과 결혼은 햇으나, 브린힐드(Brynhild)와의 사이에도 쌍둥이 자매가 태어났으며 딸의 이름은 스반힐드(Svanhild)이고 아들의 이름은 할아버지의 이름을 이어받아 지그문트(Sigmund)라 하였다.

니벨룽겐의 반지(니벨룽 또는 니벨룽겐의 노래)

지그프리트Siegfried는 게르만족의 〈니베룽엔리드Nibelungenlied〉[23]의 신화에 등장하는 영웅 중 하나이며, 작곡가 리하르트 바그너Richard Wagner의 유명한 오페라 작품인 〈지그프리트와 가터대메룽〉의 주인공이기도 하다. 가터대메룽Götterdämmerung[24]은 '신들의 황혼'이라고 해석되는데, 1848~1874년 사이의 바그너의 4부작四部作 작품인 〈니벨룽겐의 반지Der Ring des Nibelungen〉의 일부분이다. 무려 26년간에 걸쳐 완성된 작품인 셈이며, 1876년에 초연되었다고 한다.

신들의 황혼이라 해석되는 '가터대메룽'이라는 독일어는 고대 북유럽어인 '라그나뢰크Ragnarök'[25]의 번역으로, 북유럽의 신화에서의 라그나뢰크는 예언적인 신들의 전쟁을 의미한다. 다양한 피조물들과 신神들 사이에 전쟁이 벌어져 모든 것이 불타버리고 물에 잠겨버리고 새 세상이 열린다는 이야기이다. 유의할 점은 바그너의 〈니벨룽겐의 반지〉는 앞서 본 본래의 고대 신화의 원본들의 내용에서 상당히 벗어나 있다는 점인데, 이 부분에 대한 비판은 전문가들의 몫이므로 본문에서는 더 다루지는 않았다.

원래의 〈니벨룽겐의 노래Nibelungenlied〉는 중고지中高地독일어 Mittelhochdeutsch로 쓰인 서사시로, 게르만족의 대이동 시대인 5~6세기경부터 전승되어 오다가 1200년경에 궁정 서사시로 정리되어 현재에 전해진 것으로 추정되며, 바그너의 가극 〈니벨룽겐의 반지〉의 원전原典이라고 볼 수 있다.

4부작ring cycle[26]인 〈니벨룽겐의 반지〉의 차례는 다음과 같다.

① 라인골드Das Rheingold, The Rhinegold
② 발키리Die Walküre, The Valkyrie
③ 지그프리트Siegfried
④ 신들의 황혼Götterdämmerung, Twilight of the Gods

신들의 황혼은 바그너의 〈니벨룽의 반지〉 가운데 마지막 네 번째 극이다. '가터대메롱'과 '라그나뢰크'는 같은 의미로 사용되었지만, 엄격히 말해서, 독일어 '가터데메롱Götterdämmerung'은 '권력의 재앙적 붕괴'란 의미를 가진 반면, 북유럽어 '라그나뢰크Ragnarök'의 뜻은 '예언적으로 살펴본 신神들의 권력의 재구성'이라는 뜻을 지니고 있다. 독일어로 옮기면서 뜻이 변한 셈이다.

시구르트는 독일 이름인 지그프리트는 같은 것이다. 즉, 북유럽 판 지그프리트가 시구르트라는 것이다. 두 이름은 모두 동일한 요소인 'Sig-'라는 부분을 공유하고 있는데, 독일어나 네덜란드어로 '승리 victory'를 뜻한다.

바그너의 서사적 순환오페라opera cycle인 〈니벨룽겐의 반지〉에서의 바그너 식의 해석은 서사시와 약간의 차이를 보인다. 파프니르Fafnir가 '파프너Fafner'로 바뀌어있다. 그리고 난장이들 대신 거인巨人 둘이 등장한다. 첫 번째 오페라인 〈라인골드(1869)〉는 '궐피의 속임수Gylfaginning'[27]에 근거를 두고 있음도 참조하셨으면 한다. 거인 형제 파프너Fafner와 파솔트Fasolt는 신들의 왕인 보탄Wotan[28]을 위한 성이자 궁전인 발할라Valhalla를 완성하고는, 보탄이 미리 약속했던 대로 그 건축비의 대가로 프레이아Freia라는 여신女神을 데리고 가겠다고 말한다. 거인 형제의 마음은 같은 듯하면서도 분명한 차이가 있었는데, 파솔트는 건축비에는 마음이 없었으며 여신 프레이아를 진정으로 사랑하고 있어 그녀를 소유하고 싶어 했던 반면, 파프너는 프레이아를 빼앗아 신들에게 치명적 손상을 입힐 계획을 가지고 있었던 것이다. 당시에 프레이아는 자신의 정원에서 신들이 식량인 황금사과를 재배하여 공급하고 있었는데, 신들은 이 황금 사과를 먹고 젊음을 지속하며 유지할 수 있었다. 프레이아를 빼앗기게 되면 황금사과의 공급이 끊겨서 신들은 치명적 피해를 입게 될 상황이었으므로, 파프너의 의도는 건방진 신들을 견제해 보겠다는 심산이었던 것이다. 프레이아가 지닌 상징성은 봄의 여신 이둔Idun[29]에 근거하는데, 에덴동산에서 자라는 나무의 과실을 먹고 산 아담과 이브의 이야기 및 거절 못할 유혹의 먹음직한 사과가 등장하는 백설 공주와 일곱 난쟁이의 이야기에도 유사한 모티브가 나온다.

　신들은 건설비용으로 프레이아를 내주기로 계약은 하였지만, 자신들에게 절실한 존재인 여신 프레이아를 놓치기 싫어했으므로, 다른 보물로 건설비를 충당하자는 의견을 제시하였고, 파프너는 프레이아 대신에, 신들이 난장이 알베리히Alberich로부터 빼앗아 발할라 궁전으로 옮겨놓은 보물로 건설비를 대신하는 데 동의한다. 알베리히와 안드바리Andvari는 동일인물로 보인다. 보물들 가운데에는 마법의 헬멧인 타른헬름Tarnhelm과 권력의 마술 반지가 포함되어 있었다. 보물을 나누던 중 파프너는 형제인 파솔트를 쳐 죽이고 혼자서 황금반지를 차지하며, 지상으로 도망가면서는 마법의 헬멧을 이용하여 자신을 용으로 변신시켜서 여러 해 동안 미지의 동굴 속에 보물을 숨겨놓고 지키게 된다. 하지만 용이 된 파프너는 반지의 저주를 받아서인지는 몰라도, 최고의 신인 보탄의 손자孫子이면서도 무한한 생명을 약속받지 못했기에 영생을 찾아 모험을 떠났던 지그프리드Siegfried를 우연히 만나 죽임을 당하게 된다.

바그너의 작품이 출품된 1800년대 당시의 보편적 세상 분위기를 짐작해 보면, 거인들은 노동자계층을 상징하며, 파솔트는 로망스적 혁명을 꿈꾼 자로 비유되고, 파프너는 파솔트에 비해 상대적으로 보다 폭력적이며 질투심이 많은 인물로 묘사되며, 신들의 세상을 전복시킬 극단적 혁명의 꿈을 지니고 있었다고 보인다. 파프너와 파솔트의 관계는 성경의 카인과 아벨의 관계를 상징한다고도 한다.

1200년경 오스트리아 궁정에서 업무를 보던 어떤 기사騎士가 고대 게르만의 영웅전설을 집대성하여 발표한 작품이 가장 정통성이 있다는 등, 워낙 여러 사람의 작품으로 소개된 점도 있지만, 기본적으로 작가미상의 서사시로 남아 있기에, 여러 작품들을 접하면 접할수록 등장인물에 대한 엄청난 혼란만 초래되는데, 그 혼란의 수준이 가히 무질서에 가깝다고 할 수 있을 정도이므로, 앞서 소개한 이 책의 '볼숭가의 사가 및 부르군트족의 흥망성쇠에 등장하는 인물특성 및 관계를 보여주는 표'를 기준으로 보고 참고해 주셨으면 한다.

베어울프beowulf의 시詩

〈베어울프〉는 고대 영어로 된 서사적 시詩로서 3,182개의 두운을 맞춘 작품이다. 이는 영어로 된 시로는 현재까지 전해지는 것 중 가장 오래된 것으로, 고대 영어 문학작품 중 가장 중요한 작품으로 여겨지곤 한다. 작가는 앵글로색슨 시인으로 학자들 간에 베어울프 시인 Beowulf poet으로 불리며, 제작 시기는 AD 975~1025년경으로 추정된다.

시詩는 스칸디나비아 지역을 무대로 시작된다. 베어울프라는 인물은 예어트(기이트Geats)[30]의 영웅으로, 데인Danes[31](덴마크)의 왕인 흐로트가Hrothgar를 구하기 위해 달려온다. 왜냐하면 데인 왕의 거처인 헤오롯Heorot[32]이라는 궁전 겸 연회장이 괴물 거인 그렌델Grendel의 공격을 받고 있었기 때문이다. 베어울프가 거인 그렌델을 맨손으로 살해하자 그렌델의 엄마가 아들의 복수를 위해 재차 공격을 시도하나 역시 패하고 만다. 베어울프는 그렌델의 엄마의 은신처에 보관되어 있던 거인의 거대한 검劍을 이용하여 엄마 거인마저 제거한다. 승리자가 된 베어울프는 예탈란드Götaland(현대 스웨덴의 쾨타란트 지역)에 있는 고향으로 돌아가 예어트 족族의 왕이 된다. 약 50년여가 흐른 후, 베어울프는 예탈란드에 나타난 용과의 싸움에서 승리하긴 하지만 이 전투에서 심각한 부상을 입게 되며, 그가 죽자 그의 수행원들을 그를 화장하고 바닷가의 곶이 위치한 곳에 그를 기념하기 위한 탑을 세우게 된다.

색슨 방언으로 지어진 시 전체가 거의 완벽하게 보존되어 있으며, 노웰 고문서Nowell Codex라 불린다. 원래 제목이 없었으므로 등장하는 주인공의 이름으로 더 잘 알려져 있는 셈이다. 노웰은 고문서 소유자의 이름이다. 비록 1731년 화재로 심하게 훼손되었으나 로버트 코튼 경

Robert Bruce Cotton이 세운 영국의 코튼 박물관에 영구 보존되어있다.

이 시는 통상적으로 이야기가 시작되는 '옛날 옛적'이나 '어느 날' 도 아닌 그냥 갑자기 '거두절미하고(라틴어로 et in medias res)', 즉, "그리고 모든 일들의 중간에"라는 문장으로 시작된다. 이렇게 이야기를 시작하는 것이 고대 서사시들의 특징이라고 한다.

첫 번째는 '그렌델'과의 전투이다.

베어울프의 이야기는 헤오롯라 불리는 거대한 궁전을 자신과 자신의 전사戰士들을 위해 건립한 데인의 왕인 흐로트가의 이야기로 시작되는데, 그 거대한 궁전에서는 흐로트가와 그의 아내인 윌소우 Wealhtheow가 함께 살면서 그의 전사戰士들도 그곳에서 같이 생활하였다. 모두 함께 모여 살면서 낮이면 노래를 합창하고 저녁에는 삶을 축복하는 시끌벅적한 잔치를 벌이며 하루하루를 만끽하고 있었다. 마침 근처에는 요정같이 생겼다고는 하지만 거대한 괴물 트롤troll인 그렌델도 살고 있었다고 하며, 일설에는 성경에서의 카인의 후예라고 전해진다. 많은 사람이 행복에 겨워 왁자지껄 즐거워하는 소리는 은둔생활을 하며 고독을 즐기는 그렌델로서는 도저히 공감하고 공유할 수 없는 고문 같은 소음이었기에, 가끔도 아닌 매일매일 견딜 수 없는 자극을 받아오다가 결국 참지 못하고 헤오롯의 넓찍한 방hall을 공격하기에 이른다. 그렌델은 전사들이 모두 잠든 밤을 이용하여 기습하였는데 다수를 죽이거나 산채로 삼켜버리고는 달아나버린다. 사건이 발생하자 흐로트가와 그의 부하들은 그렌델에 대한 두려움으로 인하여 공들여 지어놓은 헤오롯을 포기하고 다른 곳으로 떠날 생각까지 하게 된다.

마침 예탈란드의 베어울프라는 젊은 전사가 흐로트가가 겪고 있는 어려움에 대해 듣게 되며, 자신의 왕의 허락을 받고 고향을 떠나 도움을 주기 위해 헤오롯으로 찾아온다.

베어울프와 그의 부하전사들은 헤오롯에서 밤을 지새며 그렌델이 나타나길 기다렸는데, 자신에 찬 베어울프는 어떤 무기도 사용하지 않고 그렌델를 맞이하여 정정당당하게 싸우겠다며, 무기를 사용하지 않겠다는 선언을 한다. 그렌델이 넓은 강당에 침입한 낌새가 보이자, 베어울프는 잠이든 척 꼼짝하지 않고 있다가 그렌델이 다가오는 순간 뛰어올라 강하게 그의 손을 비틀어 잡았다. 그렌델과 베어울프의 몸싸움이 더욱 거칠어지자 베어울프의 부하들이 마지못해 손에 손에 검을 들고 베어울프를 도우러 나섰지만 그들의 칼은 그렌델의 피부조차 뚫지 못한다. 끝내 베어울프는 자신의 강한 힘을 이용하여 그렌델의 한쪽 팔을 어깨로부터 쭉 찢어 떼어내는데 성공하고, 한쪽 팔을 잃은 그렌델은 비명을 지르며 급히 도망가다가 출혈로 인하여 자기 집이 있는 강가의 습지에 다다라 쓰러져 죽고 만다.

두 번째 전투는 '그렌델 모친'의 복수로 시작되었다.

다음 날 밤, 그렌델을 무찌른 데 대한 대규모 축제가 거하게 벌어진 후 흐로트가와 그의 부하들은 모처럼 헤오롯에서의 편안한 밤을 지내게 된다. 하지만 그렌델의 엄마가 아들의 죽음에 분노하여 복수를 위해 슬그머니 헤오롯의 강당 안으로 들어서서 흐로트가의 최고의 심복 전사인 에이셰르Æschere를 아주 잔인하게 죽여 버린 뒤 사라져 버린다.

흐로트가르와 베어울프 및 그들의 전사들은 강가의 습지에 있는 그렌델의 엄마의 은신처를 찾아내어 공격 준비를 하고 있는데, 운페르스Unferth라는 충복이 혹시나 도움이 될까하여 자신의 검인 후른팅Hrunting을 베어울프에게 건네준다. 베어울프는 자신의 죽음에 대비하여 흐로트가에게 자신의 일가들을 돌봐줄 것과 재산과 상속 등에 대한 몇 가지 유언을 남긴 후 단독으로 호수 속으로 뛰어든다. 호수 밑바닥에서 그렌델의 사체가 안치된 동굴을 발견하게 되며 그렌델이 죽여 입에 물고 갔던 몇몇 전사들의 시체도 목격하게 된다. 바로 그 찰나에 그렌델의 엄마와 베어울프 간의 처절한 전투가 시작된다.

처음에는 그렌델의 엄마가 압도적으로 우세했기에, 베어울프는 엉겁결에 후른팅을 휘둘렀으나 통하지 않자 격노하며 검을 내려놓는다. 이 틈을 타서 기습 공격을 받지만 입고 있던 갑옷 덕분에 간신히 위기를 벗어날 수 있었다. 베어울프는 동굴 속에 보관되어 있었던 거인의 검을 집어들어 그것으로 괴물의 목을 단칼에 베어버린다. 그렌델의 엄마의 독한 피에 검이 닿자 칼날은 순식간에 녹아내려 칼자루만 남아버린다. 베어울프가 단연코 죽었을 것이라 믿고 체념하여 슬픔 속에 기다리고 있던 그의 부하들의 눈에 멀쩡한 모습의 베어울프가 호숫가 모래사장에 나타난다. 칼자루만 남은 칼과 그렌델의 머리를 전리품으로 얻은 베어울프는 그것을 흐로트가에게 선물로 준다. 흐로트가는 그 보답으로 명검인 내글링Nægling을 비롯한 집안의 여러 가지 가보를 보답으로 내주게 되는데, 베어울프의 시에서는 선물을 주고받는 장면이 유독 지루하다 싶을 정도로 길며, 이야기는 주로 흐로트가왕의 지난 일들에 대한 기나긴 회상으로 채워져 있다. 그런 이유에서인지 이 부분을 흐로트가의 설교Hrothgar's sermon라 부르며, 베어울프에게 이번 승리에 대해 너무 자만심을 갖지 말도록 신신당부하는 부탁과 자신의 백성들을 위로하는 대목으로 채워져 있다. 비록 오늘은 개선장군일지라도 언젠가는 죽게 되니, 겸손할 것을 당부하는 로마의 전통인 '메멘토 모리Memento mori'라는 라틴어 문장을 생각나게 하는 대목이다.

세 번째는 '용'과의 전투이다.

개선장군이자 영웅 베어울프는 자신의 고향으로 돌아와 백성들의 왕으로 등극한다. 어느 날, 즉, 베어울프가 그렌델의 엄마와 전투를 벌인지 50년째가 되던 날, 왕국의 노예 한 사람이 왕국 근처의 '에아라네스Earnanæs'라는 지역에 사는 용의 은신처에 감추어져 있던 금으로 만든 술잔을 훔쳐내는 일이 발생한다. 자신의 귀중한 컵이 없어진 것을 눈치 챈 용은 대노大怒하여 자신의 굴을 박차고 나와서는 눈에 보이는 것은 모두 불태우고 사라져 버린다.

베어울프와 그의 전사들은 용과 싸우러 나서지만, 항상 그랬던 것처럼 부하들에게는 굴 밖에서 기다리라고 명령하고 혼자서 싸우겠다고 선언한다. 용이 버티고 있는 곳으로 내려가 싸움을 시작한 베어울프는 생각했던 것과는 달리 용에게 밀리게 된다. 나이를 생각하지 못했던 모양이다. 베어울프가 불리해지자 부하들은 두렵기도 하고 살고 싶기도 하여 근처의 숲으로 후퇴를 해버리지만 유독 베어울프의 부하 중 한 사람인 위글라프Wiglaf만이 베어울프가 빠진 곤경에 크게 괴로워하며 달려가 합류하여 베어울프와 함께 용을 죽이는데 성공한다. 하지만 베어울프의 부상은 회복될 부상이 아니었다. 베어울프는 죽게 되고 거대한 화장용 장작더미위에 올려져, 예탈란드 백성들의 통곡과 애도 속에 화장된 후 땅에 묻힌다. 베어울프의 부재로 인한 부족의 안전이 걱정스러웠던 백성들은 접근하는 누구라도 볼 수 있도록 바다가 내려다보이는 언덕 근처에 그를 기념하는 무덤과 높은 봉분을 설치하게 된다. 위글라프는 베어울프의 친척이었다고 하는데 '위글라프'의 뜻은 '남겨진 용기'라고 한다.

베어울프의 시는 주인공인 영웅이 머나먼 땅들을 여행하며 초자연적인 악마적 존재 및 괴물들에 대항하여 온갖 어려움을 뚫고서 그의 초월적 힘과 능력을 입증해 보인다는 내용의 서사적 시詩인 것이다.

서사시의 내용을 보충하자면, 이야기는 주인공인 베어울프가 주요 무대가 되는 장소에 도착하면서 시작되며, 이미 그렌들의 공격이 벌어지고 있는 와중이었다는 것이 이야기의 설정이다. 그러면서도 베어울프가 도착하기 이전의 흐로트가의 궁전인 헤오롯에 대한 상세한 묘사와 지난 역사 및 각 부족들의 혈통과 특성뿐만 아니라, 심지어는 데인지역 사람들이 주변에 신세진 것과 같은 것들, 선행과 무용武勇 등 여러 가지를 세밀하게 설명해 나가고 있다. 흐로트가 왕이 친형제보다 더 아꼈던 전사戰士들이 보였던 충성심에 대한 묘사도 등장한다. 당연히 베어울프에 대한 상세한 이력도 들어있다.

언뜻 보면, 호머의 〈오딧세이〉, 〈아더왕과 원탁의 기사〉, 〈로빈후드〉 등의 작품들과 유사한 모티브를 지니고 있어 보이며, 〈잭과 콩나무〉의 모티브도 언뜻 비쳐진다. 심지어는 영국 작가 H.G. 웰스의 1895년 작품인《타임머신》에서도 유사한 플롯plot이 발견된다.

비스햅Vishap과 바한Vahagn

비스햅은 이란의 북서부에 위치한 나라인 아르메니아Armenia의 신화에 등장하는 용으로 레비아탄처럼 물과 관련이 깊다. 통상 날개가 달린 뱀 혹은 다양한 다른 동물들의 요소가 합쳐진 형태로 묘사되곤 한다.

흥미로운 것은 노아의 방주가 상륙한 바로 그 지점인 아라라트Ararat 산이 비스햅의 고향이라는 점이다. 아라라트 산이 화산火山이라는 점과 그 부근에 지진이 잦았기에 용과 관련된 전설이 발생했을 것이라는 주장이 대세이다. 그러나 다른 용 설화들보다 더 큰 관심을 받아야 하는 이유는, 노아방주에서 내린 첫 인간들과 동물들이 대홍수가 끝난 이후 새로운 첫 삶과 발걸음을 시작한 바로 그 지점이 아라라트 산으로 추정되기 때문이다. 비스햅 전설이 가장 초기 용의 형태와 특성 및 습성을 살펴볼 수 있는 귀한 자료라고 생각되는 것도 이 때문이다.

노아홍수 이전의 용, 즉 뱀에 대한 평가 자체는, 잔혹한 괴수怪獸라기보다는, 성경 창세기에서처럼 비록 인간과 무척 친근했지만 흑심을 품고 인간을 타락으로 이끄는 존재로 인식되고 있었다. 그

비스햅(vishap)의 모습을 새긴 입석(立石)

래서인지 아르메니아 신화에 등장하는 비스햅은 자신들도 직접 새끼들을 낳아 키우고 있음에도 불구하고, 주변에 살던 인간들의 어린이들은 물론, 막 걸음마를 뗀 아이들까지 납치 해다가 악령惡靈을 주입하여 자신들의 아이처럼 키웠다고 한다. 또한 동양의 용과 마찬가지로 비스햅들은 하늘과 땅을 오르내리면서 천둥과 폭풍, 돌개바람을 일으키고 태양을 삼켜버리는 일식日蝕현상을 일으켰다고 전해진다.

이 용은 몇몇의 동부 유럽 나라들에서 물, 풍요, 부의 상징으로 숭배의 대상이 되기도 하였지만, 숨겨두었던 속마음이 드러나고 곧 폭력을 사용하는 무서운 존재로 변해버린다. 고대 전설에 따르면 비스햅은 용 처치전문가인 '바한Vahagn'과의 전쟁에 돌입하게 되었다고 한다. '용 사냥꾼 바한Vahagn Vishapakagh'은 불火과 전쟁의 신으로 고대로부터 아르메니아 지역에서 숭배되어왔다. 바한은 그리스의 헤라

용 사냥꾼 바한(Vahagn the Dragon Reaper)

클레스와 동일시되었으므로 그를 섬기던 사원에는 헤라클레스의 동
상이 세워져 있는 경우가 많다고 한다.

　다른 신들에 대한 이야기들처럼 신이 인격화되어 인간처럼 살아간
다는 믿음이 이집트나 로마제국 등에 존재했듯이, 신격화된 바한도
원래는 아르메니아의 왕으로 알려져 있으며, 그의 아들은 기원전 6세
기경 아라라트 산 인근의 '오론티드 왕국Orontid dynasty'을 다스린 삼
형제 중의 맏형으로 기록되어있다. 바한의 탄생일을 축하하기 위해
악기인 수금에 맞추어 부르던 시인들의 노래는 아르메니아인들이 기
독교로 개종한 이후까지도 계속 전해지고 있을 정도로 이들의 바한
에 대한 애정은 각별하다.

　노래의 가사에는 갈대와 식물의 줄기가 중요하게 다루어지고 있는
데, 이는 불을 발화시키는데 중요한 구실을 하기 때문이었을 것이다.
인류를 위해 불을 훔쳐온 프로메테우스도 속이 빈 나무줄기를 사용
했을 것이라고 추측된다.

다씨안 드라코 Dacian Draco

  다씨안 트라코는 고대 다씨안Dacian 민족들에 의해 그들의 군대를 상징하는 깃발처럼 활용되었다. 일종의 수호동물이자 상징이었다. 다씨안의 마지막 왕이었던 데케발루스Decebalus(AD 87~106)의 군인들이 이 깃발을 들고 행군하는 모습이 로마의 영토를 최고로 늘려놨던 황제 트라이아누스Trajan(AD 53~117)가 로마에 세운 원주圓柱모양의 탑에 조각 작품으로 묘사되어 있다. 다씨안 민족은 현대의 루마니아 지역인 도나우Danube 강 북부에 존재했던 민족이다. 막대형 깃봉에 특이하게 생긴 동물 모양의 깃발이 달려 있는데, 이를 '다씨안 드라코' 라고 부른다. 용의 모습이지만 머리는 입을 크게 벌린 늑대의 형상이며 금속으로 된 긴 혀를 내밀고 있다고 한다. 이 깃발은 여러 가지 용도로 사용되었는데, 바람을 받거나 기병대가 말을 탄 채로 들고 달릴 경우 매우 날카로운 새된 경고음 소리를 내도록 고안되었다고 한다.

황제 트라이아누스(Trajan, AD 53~117)가 로마에 세운 원주(圓柱)모양의 탑에 조각 작품으로 잘 묘사되어 있는 다씨안 드라코(Dacian Draco)모양의 군사용 깃발.

03
종교, 그리고 문화와 신화간의 타협

아사셀과 벨

천상天上에서 쫓겨난 용과 아사셀Azazel은 유사한 상징성을 지니고 있다. 아사셀은 성경적으로는 옛날 유대에서 속죄일Day of Atonement 에 모든 이스라엘 백성의 죄를 뒤집어쓰고 유대지역의 사막 광야에 있는 산인 야벨 문타르Jabel Muntar로 쫓겨나는 염소를 말한다. 구약 레위기 16장 8~10절을 참조하시면 된다. 우연치 않게도 중국에는 염소를 의미하는 글자가 없어서 염소를 산양山羊이라고 표기한다. 그런 이유에서인지 영어에서 희생염소scapegoat를 뜻하는 단어가 중국어 성경과 우리말 성경에서는 희생양犧牲羊으로 바뀌어버리는 어처구니 없는 일이 발생한다. 말 그대로 양이 '번역상의 문제로 인한 희생양' 이 되어버린 것이다. 양羊도 분명 제물로 바쳐지는 것은 맞지만, 양은 순결과 순수를 상징하지, 죄를 전가하는 속죄贖罪의 용도가 절대 아니다. 그 대신 염소가 악역惡役을 맡게 되어있다. 히브리어 아사셀은, עֲזָאזֵל라 표기한다. 우리말로는 엄연히 염소와 양이 구별됨에도 불구하고 특이하게도 한자 및 중국어로는 양과 염소를 구분하지 못한다.

모든 민족을 그 앞에 모으고 각각 구분하기를 목자가 양과
염소를 구분하는 것 같이 하여, 양은 그 오른편에 염소는 왼

편에 두리라. 그때에 임금이 그 오른편에 있는 자들에게 이르시되 내 아버지께 복 받을 자들이여 (중략) 또 왼편에 있는 자들에게 이르시되, 저주를 받은 자들아 나를 떠나 마귀와 그 사자들을 위하여 예비된 영원한 불에 들어가라. (마태복음 25장 32절~41절)

아사셀의 두 번째 뜻은 이슬람 코란에 근거한다. 대부분의 우리말 사전들은 이슬람적 의미를 왜곡하고 있는데, 가령, '죄를 짓고 천사에게 벌을 받은 정령精靈 즉, 진jinn의 하나.' 라고 오역誤譯되어 있다. 진의 하나인 아사셀은 천사에게 벌을 받은 것이 아니고 알라에게 받았으며, 죄를 지었다기보다는 알라신을 거역하여 천상에서 쫓겨난 것이다.

세 번째는 타락한 천사fallen angel 중 하나를 의미하므로 라틴어 루시퍼에 해당될 것이다.

성경에서 발견되는 흔치 않은 단어로는 릴리스Lilith라는 단어도 있다. 이사야서 34장 14절에 등장하는데, 통상은 날카로운 소리를 내는 올빼미owl라고 해석되어 있지만, 히브리어 릴리스ײַלִית는 '밤에 활동하는 여성 악마' 혹은 '밤의 괴물'이라는 뜻을 가지고 있다. 일반 사전적 의미로는, '황야에 살며 어린이를 습격하는 여자 악령'이라고 되어있기도 하다.

들짐승이 이리와 만나며 숫염소가 그 동류를 부르며 올빼미가 거기에 살면서 쉬는 처소로 삼으며 (이사야서 34장 14절)

벨bēlul은 주lord 혹은 주인master를 의미하는데, 벨은 고유한 이름이기보다는 직함에 가깝다. 이러한 직함은 아카드Akkad, 아시리아

Assyria, 바빌로니아Babylonia를 포함하는 메소포타미아Mesopotamia
의 다양한 여러 신들에게 주어진 직함이기도 하다. 벨은 동부 셈족어
이며 북서부의 셈족어인 바알Ba'al과 어원이 동일하며 그냥 벨Bel이라
고도 하여 성경 다니엘서에 등장한다.

고로, 바알은 레반트Levant[33] 지역과 소아시아Asia Minor 지역의 여
러 도시들에 존재했던 다양한 여러 신들 모두의 주인인 수호신으로
서의 주主를 의미하는 존경의 의미가 내포되어 있고, 비, 천둥, 비옥
함, 농사의 신이요, 천상天上의 주인이기도 하였으며, 원래는 신을 지
칭하던 바알이라는 명칭이 나중에 인간인 고위 관리를 지칭할 때에
도 사용되었다. 바알이라는 지칭보다는 '하다드Hadad'라는 명칭이 먼
저 존재했는데, '하다드'라는 신성한 단어는 오직 제사장들만이 입
밖으로 발음하도록 허용되었으므로 바알이라는 명칭이 보편적으로
사용되었다. 비록 '하다드'와 바알이 천상의 성스런 산위에서 여러 신
들의 모임을 주관하는 지도자였음에도 불구하고 히브리 신앙에서는
다양한 이방지역의 특정한 영적 숭배대상으로 여겨지거나 거짓된 신
으로 평가되었다.

유대 전승傳承인 탈무드에서도 '하다드'와 유사한 명칭이 발견되는
데, '하셈Hashem'이라는 단어이다. 아도나이Adonai라는 단어보다 흔
하게 사용되는데, 하셈Hashem'이란 히브리 단어 자체가 '그 이름the
name'이란 뜻이며, 현대 히브리어로는 대법관을 의미하기도 한다.

쿠어Kur

종교와 신화에서는 '메소포타미아'라는 단어가 자주 등장하는데,
어원을 알아두면 이해가 쉽다. 메소Meso라는 단어는 '중간中間'이라

는 뜻이며, 포타미아potamia는 강江의 복수 형태를 지칭하는 고대 그리스어이므로, 대략 동쪽의 티그리스 강과 서쪽의 유프라테스 강 사이의 지역을 말한다고 보면 되기 때문이다. 메소포타미아의 동쪽에 거대한 쿠어 산맥이 자리 잡고 있다.

쿠어라는 단어는 고대 수메르어이며 다양한 의미를 표현하는데 사용될 수 있다. 일반적으로 수메르 신화에서는 지하세계를 의미하며, 최초의 용으로 표현되기도 하므로 바빌론 신화의 티아마트에 상응하는 존재로 볼 수 있다. 쿠어는 수메르 지역의 동쪽에 뻗어있는 자그로스Zagros 산맥을 지칭할 때에도 사용되며, '이방異邦의 땅'이라는 뜻도 있다. 그래서인지 쿠어의 쐐기(설형)문자를 '𒆳'이라고 쓰므로 한자의 메산山자와 매우 흡사해 보인다. 용처럼 구불구불한 자그로스 산맥은 아라비아 반도및 이라크와 이란의 고원지대를 가로질러 분리시키는 거대한 산맥이다. 산맥의 최북단 지점에 아라라트 산과 아르메니아가 위치한다.

첫 번째 용이라는 의미를 갖던 명칭인 쿠어는 기원전 1000년경의 바빌론 신화의 후기後期 쪽으로 가면서 에레쉬키갈Ereshkigal, 이난나Inanna, 엔키Enki, 혹은 엔릴Enlil의 형제 아누키Anunnaki로 변질된다. 쿠어는 티아마트의 수행원 중 하나로 뱀처럼 길고 꼬불꼬불한 용으로 묘사되곤 하며, 이 거대한 용을 죽이자, 대홍수가 발생했다고 전해진다.

무슈슈Mušḫuššu

'무슈슈mušḫuššu'라고도 하고 '시루슈sirrušu'라고도 하는 생물체의 모습이 바빌론의 고대 도시에서 독일로 이전되어 재건축된 이슈타르Ishtar의 문門에 테라코타 형식으로 붙여져 있는데, 기원전 6세기경의 것으로 추정된다. 무슈슈는 신화적인 혼합생명체로서, 용의 비늘로 덮인 몸체에 뒷다리는 독수리의 발톱을, 앞다리는 사자의 발을 닮았으며 긴 목과 꼬리를 가지고 있고 머리에는 뿔과 벼슬이 있으며 무시무시한 전갈의 꼬리를 가지고 있다. 앞서 2장에서 이미 소개된 바 있다.

무슈슈는 수메르어에서 파생된 아카디아Akkadian 단어로 '붉은 뱀' 혹은 '사나운 뱀'으로 해석되며, 때로는 '수려한 뱀'이라고도 해석되어진다. 무슈슈를 '시루슈'라고 읽게 된 이유는 초기 아시리아학 연구에서의 부정확한 음역音譯 때문이었다고 한다.

바빌로니아의 말처럼 걸어가는 모습을 한 용들은 거푸집에서 만들어진 벽돌에 여러 가지 색과 광택이 나는 유리로 장식되었으며 고대 바빌로니아(BC 604~562)의 종교적 순례 길의 양쪽의 담장에도 장식되어 있다. 이처럼 '걸어가는 용뱀'으로 장식된 담장은 한때 마르둑의 대사원大寺院의 입구에 설치된 이슈타르의 문에서부터 약 800미터 가량을 뻗어 있었을 것으로 추정된다.

성경의 제2 정전正典[34]의 다니엘서에 등장하는 '벨과 용'의 용은 무슈슈와 관련이 있어 보인다. 신 바빌론의 네부카드네자르Nebuchadnezzar왕이 벨신Bel에게 봉헌했던 사원寺院에는 제사장들이 모시던 '거대한 용 혹은 뱀'이 살고 있었고 바빌로니아의 사람들은 그것을 숭배했기 때문이다.

무슈슈는 신바빌로니아 제국 시대의 마르둑Marduk과 그의 아들 나부Nabu를 상징하는 신성한 동물이며, 마르둑에 의해 바빌론의 에쉬눈나Eshnunna의 지역의 수호신인 태풍의 신 '티스팍Tishpak'으로도 변질되기도 했다. 큰 뱀 혹은 용이 때로는 악마, 때로는 제국의 상징으로 사용되기도 하는 것이다.

앞서 압수와 티아마트에 대해 설명하면서 과도한 중복성重複性의 예를 들어 본바 있다. 중복과 혼란 현상을 이쯤에서 대충 결말을 짓지 않는다면, 무한정 신화적 유사품類似品만 소개하고 마는 판타지 소설책이 되고 말 것 같기에 이쯤에서 종지부를 찍어볼까 한다.

과학과 문명이 최첨단으로 발달한 요즘도 각종 우상화 작업을 통해 신처럼 추앙받는 인간들이 존재하며 또 그들을 맹목적으로 따르는 사람들이 있을 정도인데, 과거 역사 속의 순진한 인류는 어땠을까? 권력자들은 자신이 진짜로 신이 되어야겠다는 의지보다는 신처럼 여겨지길 바랐을 것이다. 타민족의 종교를 차용하는 정도는 애교이고 슬쩍 자신을 신들의 위치에 엮어 넣는 파렴치한 수단은 널리 유행된 방법이었을 것이다.

종교와 신화의 혼합주의混合主義 현상으로 인하여 그 근본 뿌리를 제대로 찾아가기란 무척 어렵다. 어리석은 민중이 침묵하면 날마다 새로운 신이 몇 개씩이라도 창조될 수 있다는 뜻이다.

앞서 압수와 티아마트에 대해 설명하면서 언급했던 '기원전 2100년, 1100년, 그리고 575년에 대하여'에 추가적인 예를 하나 더 든다면, 헬라시대, 즉 헬레니즘 시대인 기원전 323~146년 사이에 이르러서는 지난 시간동안의 각종 신화들이 혼합되고 병렬적竝列的으로 나열되는 노골적인 혼합주의가 만연하게 된다. 싱크리티즘syncretism 혹은 혼합주의混合主義라는 것은 '본질적으로 상이하거나 혹은 완전히 정반대의 성격을 가진 여러 믿음을 조화롭게 공존시키고 다양한 학파의 사상들을 융합하는 것을 가리키며 특히 신학과 종교적 신화의 영역에서 근본이 전혀 다른 몇 개의 전통을 하나로 합하고 유추하여 조화시키려는 시도로 흔히 나타난다.'고 정의되어있다. 헬레니즘을 이어받는 로마시대에 와서는 그 절정기에 도달하게 된다. 야만인을 뜻하는 바바리안barbarian이라는 그리스 단어는 '그리스적이지 않은 모든 것'을 지칭하는 단어인데, 후대의 로마인들은 슬쩍 그 단어의 정의를 '그리스-로마적이지 않은 모든 것'이라고 바꿔치기해 버린다.

'아이시스 테르마우티스Isis Thermoutis'라는 아주 생소한 단어가 있는데, 사전을 찾아보는 것은 포기하는 것이 좋을 것이다. 아이시스 테르마우티스는 그리스-이집트의 통합신統合神인 세라피스Serapis(그리스어로 Σέραπις)와 함께 이집트 지역의 여러 사원들에 봉헌奉獻된 신의 이름이다. '세라피스'와 '아이시스 테르마우티스'는 기원전 3세기 톨레미Ptolemy 1세의 명령으로 새로 창조된 남녀 신들이다. 헬라시대에 이집트 지역을 통치했던 톨레미왕조에게는 그리스인들과 이집트인들을 어떻게든 하나로 통합시켜야만 했다. 세라피스라는 전혀 들어보지 않은 신이 이집트의 여신인 아이시스와 같은 사원에 봉헌되어 있는데, 세라피스가 아이시스의 남편인 오시리스Osiris의 자리를 차지해 버린 것이다. 세라피스는 세 쌍의 날개를 가진 천사인 세라핌seraphim(스랍)과 관련이 있는 단어처럼 보이지만 전혀 연관성이 없다. 참고로, 세라핌은 '날아다니는 불타는 자' 혹은 '날아다니는 사나운 뱀'의 뜻을 가지고 있다. 여성신격인 '테르마우티스'라는 단어를 찾기 어려울 것이라 말씀드린 이유는 헤르마우티스Hermouthis 혹은 테르마우티스라는 신은 둘 다 고대 이집트 종교에서의 '자양분을 주는 추수秋收의 여신의 뜻'을 가진 레네테트Renenūtet라는 동일한 뜻을 가진 다른 이름으로 이미 대체되어 버렸기 때문이다. 바로 이해가 되지는 않으시겠지만, 테르마우티스를 검색하면 나오는 자료가 없고, 레네테트를 검색하면 테르마우티스를 찾을 수는 있다.

용과 뱀뿐만 아니라 거미arach, 히드라hydra와 같은 생물도 용과 동

톨레미의 사원에 봉헌되어 있는 세라피스(Serapis)와 아이시스 데르마우티스(Isis Thermoutis). BC 304~284경. 아이시스를 뱀처럼 표현해 놓았으며, 나가 부부신 및 복희와 여와를 닮아 있다.

등하게 취급되는 경우가 있으며, 심지어는 메두사Medusa라는 용어도 등장한다. 망처럼 엮어놓은 거미줄을 의미하는 '아라크'는 생각보다 역사가 짧은 단어로 어원이 깊지 않다. 그러므로 고대 켈트인들이 사용했다고 하는 '아라크'의 어원은 따로 연구해볼 작정이다. 반면 히드라는 산스크리트어에서 왔는데, 공교롭게도 수달인 오토otter와 어원을 같이한다. 앞서 나왔듯이 로키에 의해 살해당해 가죽이 벗겨지는 불운을 겪게 되며 히드라도 역시 헤라클레스에 의해 죽임을 당한다. 헤라클레스는 프로메테우스를 도와 살려주는 역할을 하므로, 로키Loki는 프로메테우스와 동격인 셈이다. 히드라와 메두사는 비슷한 이미지를 가지고 있어, 전자는 머리에 많은 촉수를 가진 반면, 메두사는 머리에 많은 뱀의 머리와 눈을 지니고 있다. 히드라는 수생괴물의 의미가 큰 반면, 역시 수생생물인 해파리의 뜻을 가진 메두사는 괴물이라기보다는 단어 안에 들어있는 'med-'라는 어절의 의미가 '중재仲裁, 감시'의 뜻이므로, 엄격한 법을 준수해야 하는 문지기나 판관判官

역할의 의미에 더 비중을 두는 편이다.

메두사는 페르세우스Perseus에게 죽임을 당하는데, 페르세우스가 메두사를 처치하는 이야기는 뒤에 소개될 성 조지와 용 이야기와 흡사하다. 페르세우스는 고대 그리스 신화의 영웅으로, 미케네를 건설하였으며, 미케네의 페르세이드 왕조와 페르시아 아케메네스 왕조의 시조라고 전해진다. 페르세우스는 메두사를 찾아 리비아로 가는 길에 이집트에서 동족을 만났고, 뒤이어 메두사의 머리를 취해서 돌아오던 길에는 바다괴물 티아마트(바다고래)에게 제물로 바쳐졌던 아이티오피아(현대의 에티오피아가 아니라고 함) 공주 안드로메다를 구해내어 결혼하고 왕비로 삼았다.

지중해 미케네의 페르세우스가 이집트에서 동족을 만나고 리비아의 메두사를 처치하고 돌아오는 길에 에티오피아의 공주를 왕비로 삼았다는 것은 헬라시대 당시의 톨레미왕조는 물론이고 셀레우코스 제국까지 포함하는 광대한 영역을 차지하였다는 것을 암시한다. 무자비한 정복시대에 피정복민들을 정복국가의 권위아래 누는 방법으로는 신화적, 신학적 세뇌방법이 효과가 컸던 것 같다.

제법 커다란 별자리 중에 히드라Hydra자리가 있는데, 바빌로니아의 천문학 문헌에서 바슈무Bašmu, 즉 물뱀으로 알려져 있다. 긴 몸을 질질 끌고 다니는 뱀으로 앞다리는 사자이며 대신 뒷다리는 없고 그 대신에 날개가 있다고 한다. 머리는 앞서의 무슈슈의 용모양의 머리와 유사하다. 서양의 와이번과도 매우 닮았다. 아마도 바슈무라는 괴물 같은 뱀이 그리스신화의 히드라로 변형된 듯하다.

용과 관련된 신화는 다른 여러 전통 속에서 다양하게 찾아볼 수 있는데, 분류상 맞는 표현이 아니지만, 그냥 무식하게 유럽의 용과 중국의 용으로 나뉜다. 무식하다는 무례한 표현을 사용한 이유는, 이렇게 분류해야만 사람들이 알아듣기 때문이다. 하지만 이런 분류방법으로는 중동지역의 용이 갖는 중요성을 소홀이 하기가 쉽다. 물론 중동middle East라는 단어도 오류가 있는 단어이다. 그런 연유緣由로 저자는 중동지역의 용에 대한 언급 또한 가능하면 소홀히 하지 않으려고 하였다. 뚜렷하게 구별되는 두 가지의 문화, 전통적 용이 존재하는데, 그 중 하나는 유럽의 용으로, 유럽의 민속전승民俗傳承과 관련되어 있지만 그 뿌리는 궁극적으로 그리스 및 중동지역의 신화에 근거를 두고 있는 용이며, 다른 하나는 중국의 용으로 대표되는 한국과 일본, 중국 등의 동아시아의 용들이 있다.

미국의 스미소니언Smithsonian 박물관에 따르면 이러한 용의 신화의 이면에는 지면에 노출된 공룡화석이란 존재가 한몫 했다고 말한다. 고대 사람들이 공룡의 화석을 발견했을 때에는 당연히 그것을 용의 사체死體로 보았을 것이다. 기원전 4세기경의 중국 역사가 상거常璩는 이러한 화석이 바로 용이 실제로 존재했었다는 근거라고 주장하기도 했다. 그렇다면 언제, 그리고 어디에서 가장 초기의 용의 신화가 창조되었을까?

흥미로운 점은 저주를 받아 에덴동산이 폐쇄되기 직전까지도 뱀이 분명 꼿꼿한 자세로 서서 다녔을 것이라는 점이다. 히브리어로 뱀을 '나하스ᴡᴧ'라 하며, 이사야 27장 1절에 등장하는 용은 분명 나하스를 지칭한다고 볼 수 있다. 마르둑은 이사야 선지자 당시 바빌로니아의 주된 신이었고 네부카드네자르왕은 큰 성城 바빌론의 입구에 이슈타르의 문이 당당하게 서 있었을 당시에 세상을 지배하던 제왕이었다. 네부카드네자르왕은 역사 속에도 자주 등장하며 아마도 역사 전체를 통틀어 가장 강력한 군주 중 하나였으며, 그의 도시 '큰 성 바빌론'은 성경에서 황금의 도시라고 불리고 있다. 그리스의 역사가였던 헤로도토스Herodotus(BC 484?~425?)조차도 이슈타르 문의 웅장함에 대한 기록을 남겼을 정도이다. 마르둑의 용은 성경 고고학 연구에 있어서 대단히 중요한 부분을 차지하고 있다.

> 그 날에 여호와께서 그의 견고하고 크고 강한 칼로 날랜 뱀
> 리워야단 곧 꼬불꼬불한 뱀 리워야단을 벌하시며 바다에 있
> 는 용을 죽이시리라 (이사야서 27장 1절)

라와 아펩

라 신神의 전투Battles of Ra. 아펩Apep 혹은 아포피스Ἄποφις는 카오스(혼란)를 형체화한 고대 이집트의 신적인 존재로 빛, 질서, 진실에 맞서는 존재로 표현되어 있다. 이집트의 미술 작품들에서는 거대한 뱀으로 등장하며 이집트 8왕조 시기부터 언급되고 있다. 그리스어로 뱀이 오피스ὄφις임을 참조하면 쉽다.

아펩이 라Ra 신에 대항한 전쟁 이야기는 이집트의 신왕국新王國시대에 가다듬어졌다. 라 신이 매일 마다 아펩의 출몰을 물리쳤기에 매번 패퇴한 아펩은 지평선 해 뜨는 곳 밑에서 그 크고 구불구불한 몸체를 웅크려 똬리를 틀고 누워 숨어있어야만 했고 아펩이 숨어있던 지역은 바로 어둠의 세상이었고 지하세계였다는 것이다. 아펩은 해가 지는 죽음의 땅에 있는 바쿠Bakhu라는 서쪽의 산에 숨어 기회를 엿보고 있다가 동이 트기 바로 직전에 세상이 진동하고 들썩거릴 정도로 끔찍한 괴음을 일으키며 세상을 집어삼킬 듯 전진해 온다. 그때마다 라 신은 배를 타고 나아가 자신의 창으로 아펩을 물리쳐 몰아내곤 했다. 라 신이 없었다면 세상은 어둠의 세계에 점령당했을 것이다. 아

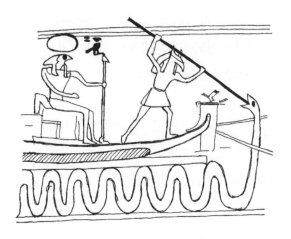

매일 매일 반복되는 라 신과 아펩과의 대결. 배위에 앉은 라 신과 배 아래의 크고 긴 뱀 아펩이 보인다.

펩은 예전엔 원래 중요한 신들 중의 하나였지만 죄를 짓고 어둠으로 쫓겨난 것으로 되어있다. 물론 매일 마다 여명을 틈타 탈출을 꾀하긴 한다.

이집트의 미라를 보관하던 관위에 새겨진 글자들을 참조해 보면, 라Ra 신은 평소 세트Set와 라의 눈目을 포함한 여럿의 수행원 겸 호위대를 대동하고 다녔는데, 이들과 마주친 아펩이 이들을 마법적인 시선視線으로 제압하려 했던 모양이다. 눈의 광선 외에도 지진과 천둥 폭풍으로 라 신의 일행을 공격하지만 결국은 거대한 고양이의 모습으로 변신한 라 신에 의해 제압당하고 만다.

동양의 나가Nāga of Orient

나가Nāga라는 용어는 고대 인도문자인 데바나가리Devanāgarī 문자

로 된 기록 및 산스크리트어Sanskrit와 팔리어Pali에서도 사용된다. 나가는 신적인 존재 혹은 일정한 계급적 실재實在이거나 아주 큰 뱀, 특히 킹코브라의 형태를 지녔다는 뜻을 지니고 있다. 특별히 힌두교, 불교, 자이나교 등의 종교에서 언급되고 있다. 킹코브라라고는 하지만, 사실상 훨씬 크며 일곱 개의 머리를 하고 있는 것이 보편적이 형태이다. 일곱 개의 머리를 세워놓으면 마치 유대관습의 일곱 등대인 메노라Menorah를 연상시키기도 한다. 인도 외에는 주로 동남아시아에서의 용의 형태가 이렇다 단, 태국에서는 뭉콘Mung-korn이라 하여 다소 다른 형태를 보이며, 같은 동남아시아 지역으로 분류되더라도 유교권인 베트남에서는 나가가 아닌 롱龍이란 용어가 사용된다. 의외이지만 일본에서도 나가라는 명칭이 사용되는데, 아마도 일본의 주민이 말레이, 중국, 몽골 인종 등 다인종으로 이루어졌기 때문인 것 같다. 일본에서는 류龍, 탓수tatsu, たつ 그리고 나가Nāga라는 단어를 모두 사용한다.

마지막으로 복희伏羲와 여와女媧에 대해서는 5장에서 자세하게 다룰 것이다.

인격화된 나가. 인도 최남단의 호이살라 건축물의 여러 조각물의 일부인 호이살라 조각(Hoy-sala sculpture) 중 하나인 나가 부부(naga couple)의 조각. 호이살라 지역의 힌두교 사원인 할레비두(Halebidu)에 있다. 복희와 여와 부부와 너무도 닮아있다. (5장 여와와 복희 삽화 참조)

04
공룡 인간Dinosaur Men

대홍수가 멈추고 노아의 방주가 머문 아라라트 산과 바벨탑이 지어지던 곳에 머물던 생존인류는 서쪽 혹은 동쪽으로 이동해 가면서, 서쪽으로 가던 인류는 용에 대한 공포심과 혐오감을, 동쪽으로 가던 인류는 용에 대한 친근감을 유지하며 숭배까지 하게 되었을 것이라는 추측을 낳게 한다. 현재의 용이란 존재를 바라보는 동서양의 근본적 차이를 보면 추측이라기보다는 당연한 이치라고도 볼 수 있다. 단, 영물인 용을 통해 용이 지닌 힘을 얻거나 이용했던 것은 동서고금의 공통점이라고 볼 수 있다.

> 온 땅의 언어가 하나요, 말이 하나였더라. 이에 그들이 동방으로 옮기다가 시날 평지를 만나 거기 거류하며, (중략) 그러므로 그 이름을 바벨이라 하니 이는 여호와께서 거기서 온 땅의 언어를 혼잡하게 하셨음이니라. 여호와께서 거기서 그들을 온 지면에 흩으셨더라. (창세기 10장 25절~11장 9절)

고대로부터 현대시대까지의 일들을 짐작해 보건대, 실제적으로 동편東便의 인류는 전통적으로, 용을 두렵거나 악한 대상으로 본 것이 아니고 꿈속에서라도 나타나주길 바랄 정도로 용과 가까이 하길 바랐고, 친근함과 일체감을 유지했으며 수호신으로 삼고 숭배의 대상으로 여겨왔다.

반면 서편西便의 인류에게 용은 큰 뱀, 옛 뱀 즉 사탄이요, 악한 존재요, 사람을 제물로 바쳐야만 만족하는 괴물이요, 없애야만 백성들이 편히 살 수 있는 그런 제거대상으로 여겨졌다. '용기 있는 자만이 미인을 얻는다?', 아마도 '용을 죽일 용기가 있는 자'만이 미인을 얻었을 것이다.

왜 이러한 극단적인 차이가 생겼을까? 그 설명은 추정에 의존할 수밖에는 없겠지만, 동쪽으로 이동하던 인류는 서쪽으로 이동하던 동시대인同時代人들에 비해 끔찍하고 소름끼치는 경험을 덜 겪었을 가능성이 높다. 물론 동양에서도 대홍수 발생 무렵에 난폭하게 변한 짐승들과 새들에게 인간들이 공격당한 기록이 있긴 하다. 이는 5장에서 자세하게 설명되어 있다.

지구는 둥글기에 평면지도처럼 무작정 동東과 서西로 나눈다는 것 자체가 모순이다. 원구圓球를 돌다보면 동쪽이 서쪽이 되고 서쪽이 동쪽이 된다. 하지만, 아무리 지구가 둥글다하여도, 혹시 지구가 하루는 시계방향으로 하루는 시계반대 방향으로 교대로 자전自轉한다면 몰라도, 일정한 자전방향을 유지하고 있는 지구의 표면위에서 살고 있는 우리에게 해가 뜨는 방향과 해가 지는 방향은 항상 일정한 채로 이제껏 바뀐 적은 한 번도 없다고 본다. 어원적으로 해가 뜨는 곳이 오리엔트Orient요, 해가 지는 곳이 옥시덴트Occident이다.

하나님께 저주를 받은 아담과 이브가 쫓겨난 방향도 에덴동산의 동쪽이요, 이스라엘 백성들의 죄를 용서해 주기 위해 하나님의 명령으로 모세가 지은 성막聖幕 또한 죄인이 출입하는 문은 동쪽이고 가장 성스러운 지성소至聖所는 성소의 서쪽에 위치하였다. 용이 있어야 할 위치는 동양 사상에도 등장하는데, 풍수지리상 명당明堂자리는 '좌청룡左靑龍 우백호右白虎'로 청룡의 방위는 동방東方임에 틀림없다.

일부의 성경학자들 중에는 공룡 중에는 수생동물도 있었을 것이므로 대홍수에서 살아남았을 것이지만, 홍수 이후의 기후변화로 인하여 몇 세대 안에 멸종하였다고 주장하는 사람들도 있다. 몸집에 비해 상대적으로 작은 뇌를 지닌 이 짐승들은 기후와 지형의 변화로 인하여 생존에 어려움을 겪고 있었으므로 환경적응력이 떨어지고 스트레스를 받아 성격도 난폭해졌을 것이라는 추측이다.

그로 인하여 구약성경 중 그 기록연대가 가장 오래되었을 것이라 추정되는 욥Job기에 등장하는 욥의 시대의 공룡들은 한결같이 괴물같은 공포심을 일으키게 하는 용으로 묘사되었다. 구약의 창세기 11장에 표현된 시기를 홍수이후 인류가 전 세계로 흩어져 나가기 시작한 때로 보고 있는데, 인류는 자신들의 아버지들이 상륙했던 아라라트Ararat 산으로부터 서서히 다른 장소로 분산되어 퍼져나가며 이동했던 것 같다. '시날'평지, 즉, 바벨론 지역에 모여든 이들은 대홍수의 재난을 생생하게 기억하고 있었다. 마침 같은 언어를 사용하며 함께 모여 지냈기 때문에 또다시 닥칠지 모를 위협에 대비하여 다시는 물속에 잠기질 않을 크고 높은 탑을 쌓게 되지만 무너지고 결국 흩어지게 되며, 힘을 모아 간신히 자리 잡은 바벨Babel지역을 떠나 내키지 않는 대규모 이주가 에덴동산에서 쫓겨난 아담과 이브나 가인Cain이 그랬던 것처럼 다시 시작된다. 게다가 이들이 탐험해야하는 대륙은 홍수 이후 새로 재편되었기에 사방四方이 그 누구도 가본 적이 없는 미지의 땅이었을 것이다.

인류는 시날평지를 떠나 정착할만한 비옥하고 살기 좋은 새로운 땅을 찾아 온갖 위험과 고난을 무릅쓰고 동과 서로 이동했지만, 대홍수로 인하여 뒤죽박죽 새로 편성된 지형 앞에 무엇이 기다리고 있을지 아무도 예측할 수 없었을 것이다. 급격한 환경변화로 인하여 소위 공룡 등 큰 동물들은 홍수이전과는 달리 몹시 포학하고 적대적이었을 것이다.

더군다나 구약에 따르면 노아의 홍수 이전에는 인간은 물론 모든 짐승들이 초식을 한 것으로 되어있다. 인간은 열매와 곡식을, 소나 사자 심지어는 뱀도 모두 풀을 뜯어먹었다고 되어있다. 가인의 동생 아벨이 한 것처럼 동물은 단지 제사 제물의 용도로만 살해되었다. 물론 에덴동산에서 퇴출되는 실낙원 사건 즈음에는 옷을 지어 입기 위해서도 동물을 죽여 가죽을 벗겼을 수는 있겠다. 아담과 이브가 자기들만 가죽옷을 입고 자녀들은 벌거벗겨 놓았을 리 없기 때문이다.

다음은 홍수가 끝난 직후 노아가 받은 지시사항이다.

> 땅의 모든 짐승과 공중의 모든 새와 땅에 기는 모든 것과 바다의 모든 물고기가 너희를 두려워하며 너희를 무서워하리니 이것들은 너희의 손에 붙였음이니라. 모든 산 동물은 너희의 먹을 것이 될지라. 채소 같이 내가 이것을 다 너희에게 주노라
>
> (창세기 9장 2, 3절)

서양 문화에 비해 동양 문화에서는 용을 공포나 악惡의 상징으로 여기지 않았다는 것은 사실이나 다름없다. 아주 쉽게 말해 동양에서는 용을 악한 존재로 보지 않았다는 것이다. 우리는 이렇게 된 이유를 그저 가정이나 추정을 통해 가늠해 볼 수밖에는 없겠지만, 혹시라도 서쪽으로 이동해갔던 인류들에 비해 동쪽으로 이동해간 인류들이 용과 같은 대형 짐승들과 위험한 충돌을 겪지 않았을 가능성이

높았기 때문이라고 추정해 볼 수 있지 않을까? 이들은 자녀들에게도 홍수 이전 동물들과 함께 풀 뜯어먹으며 살던 행복하고 평화로웠던 시절의 이야기만을 위주로 전수해 주었을 가능성도 높다.

홍수 이후에 사람들은 완전히 바뀌어버린 지구 지형을 따라 새로운 땅을 탐험하며 이동했을 것이기에 어디에서 무엇을 만날지 알 수 없는 일이었고, 방주에서 내린 뒤 헤어졌던 생존 동물들의 후손들의 모습도 인간의 모습마냥 과거와는 달라질 예정이었다. 인간도 그랬던 것처럼 동물들도 컸다가 점점 작아졌을까? 아니면 그냥 그대로였을까?

안테-딜루비언Ante-Diluvian이라는 다소 난해한 라틴어가 있다. 쉽게 말해, '노아의 홍수 전'의 시대라는 뜻이며 프리-딜루비언Pre-Diluvian과 같은 뜻이다. 노아의 홍수 이후의 시대는 포스트 딜루비언 Post-Diluvian 시대로 분류된다. 일반적으로 홍수Flood라는 단어보다는, 학문적으로는 대홍수Deluge라는 단어를 선호하고 시대를 구별할 때에는 '딜루비언'이라는 단어를 사용한다.

그렇다면, 노아의 홍수 이전의 시대는 어땠을까?

창세기에는 대홍수 이전을 살아온 사람들의 이름들과 수명이 등장한다. 즉, 창세기 5장 및 9장에 기록되어 있는 아담에서 노아까지의 족장들의 명단이다.

> 아담은 930세를 살고 죽었더라
> 셋은 912세를 살고 죽었더라
> 에노스는 905세를 살고 죽었더라
> 게난은 910세를 살고 죽었더라
> 마할랄렐은 895세를 살고 죽었더라
> 야렛은 962세를 살고 죽었더라

에녹은 365세를 살았더라 (에녹은 죽지 않고 하나님이 중간에 데

려간 것으로 되어있다)

므두셀라는 969세를 살고 죽었더라

라멕은 777세를 살고 죽었더라

노아는 950세가 되어 죽었더라

노아가 600세 되던 해에 홍수가 났다고 기록되어 있으며, "홍수 후
에 노아가 삼백오십 년을 살았고, 그의 나이가 구백오십 세가 되어 죽
었더라."라는 기록으로도 대홍수는 노아가 600살 때에 일어난 일임
을 알 수 있다. 노아가 500살 된 후에 아들인 셈, 함, 야벳을 낳았으
므로, 홍수 당시 아들들의 나이는 100세가량 되었을 것이다. 또 아
담이 130세에 셋째인 셋을 낳았으므로 형인 가인에게 살해당해 죽
은 아담의 둘째아들인 아벨은 적어도 129세 이전인 당시로서는 젊디
젊은 나이에 사망했을 것으로 추정된다.

이들은 평균 900세가량을 살았으며, 주요 인물들로는, 아담, 셋,
에노스, 게난, 마하랄렐, 야렛, 에녹, 무드셀라, 라멕, 그리고 노아의
열 명으로 추려지는데, 과연 이 열 명이 살던 홍수 이전의 시대는 어
땠을까? 대략 수명이 777~960세였던 것 같고, 노아의 아버지인 라
멕은 홍수로 인하여 사망하였을 가능성도 배제할 수 없다. 노아의 아
들 셈은 600년가량 살았던 것으로 추정되는데, 이는 대홍수 이후 지
구 환경의 급속한 변화로 인하여 상대적으로 인류의 수명이 줄어든
것은 의미한다. 그러나 아주 급격히 줄어든 것은 아니고 서서히 짧아
졌을 것이다.

대홍수 이전 지구에는 궁창이란 것이 있었다. 히브리어로는 라쿠
아רָקִיעַ, 영어로는 창공firmament 혹은 확장expansion이라고 하며 덮개

canopy라고도 부른다. 이는 궁창 아래의 물과 궁창 위의 물로 나뉘게 나누어 놓았다.

하나님이 이르시되 물 가운데에 궁창이 있어 물과 물로 나뉘라 하시고. (창세기 1장 6절)

궁창 위의 물을 과학적으로 표현하자면 지구 상공 약 10킬로미터 정도의 높이에 물로 된 막이 하나 더 존재했었다는 이야기다. 약 2킬로미터 정도 두께의 이 수증기층은, 지구 표면 위에 살고 있는 생물체들에게 충분한 습기를 제공하였기에 물을 얻기 위해 바다나 강물을 찾아다닐 필요가 없었고, 더군다나 궁창 위의 수증기층은, 태양 등에서 지구로 들어오는 단파shortwave를 차단하였으며, 특히 자외선 ultraviolet-wave의 차단에 탁월하였다. 그런고로 마치 온실처럼 이루어진 지구의 대기층에는, 지금보다는 산소는 물론 이산화탄소의 농도가 훨씬 높았을 것으로 추측된다. 대기압 자체도 달랐을 것이다. 당시의 사람들과 짐승들에게 태양광선은 큰 위협이 아니었으며, 태양의 모습을 두터운 수증기 층을 통과하여 보였으므로, 지금 우리가 보는 둥근 모습의 태양이 아닌, 약간 왜곡된 초승달 모양의 태양이었을 것이다.

공기 중의 수분도 충분했고, 습도와 온도가 알맞게 균형을 이루고 있었으며, 태양열은 은근했고, 해로운 파장이 드나들지 않았기 때문에, 사람들은 굳이 태양과 물을 경외하거나 절실히 찾거나 두려워하지 않았을 것이다. 다시 말해, 쓸데없이 태양신이나 물의 신에게 굽실거릴 필요가 없었다는 것이다. 그런고로 비가 내리지 않아도 걱정하지 않았고, 세상의 종말을 믿지도 않았을 것이다. 오죽하면 방주를 건축하는 노아를 보며 미친 사람이라 놀려댔으며, 수많은 사람들 중에서 고작 노아 자신의 식구 일곱 명만이 동조를 하였을까?

인간은 언제부터 신을 경외하고 믿기 시작했을까? 겁 없는 인간은 자기 자신을 믿지, 신이나 요행을 믿지 않는다. 옛날 사람들은 겁이 없었을 것 같다. 키도 3미터나 되었고, 머리(뇌)도 우리처럼 11퍼센트밖에 사용 못하고 죽는 것이 아니라, 100퍼센트 다 활용했을 것이다. 지금의 우리의 뇌는 죽을 때까지 열심히 써도 전체 뇌의 11퍼센트밖에는 활용하지 못한다고 하는데, 온실 환경 내에서는 뇌의 스냅시스의 연결능력이 엄청 늘어나기 때문에, 뇌기능을 모두 쓰고 죽었을 것이라는 분석이다.

이런 내용들은 본래 성경공부를 위한 연구목적이 아니었고, 미국의 항공우주국NASA에서 진행하였는데, 우주에서 장기 체류를 해야 할 우주인들이 오랫동안 무중력상태에 노출되게 되면, 세포의 성장 hypertrophy은 물론이고 심지어는 체세포분열mitosis조차 진행되지 못하기 때문에 심각한 신체적 위축atrophy에 빠져들게 된다고 한다. 이것을 막기 위한 연구를 진행함에 있어 대홍수 이전의 온실화 된 지구환경의 효율성에 대한 연구가 1950년대부터 진행되어 왔고 그 연구 결과들이 이처럼 흥미롭다.

폐활량도 엄청나게 좋았을 것이다. 산소를 활용하는 데 있어서 당시의 온실 환경 속에서는 4가四價, quadri-valence의 헤모글로빈을 가지고 있는 현대인간과는 달리 다가多價, multi-valence로서, 혈류중의 헤모글로빈 세포 하나에 지금 우리처럼 산소원자 네 개만 달랑 달고 다닌 것이 아니라 몇 배의 산소분자를 포화시켜 혈액 속에 순환시킬 수 있었을 것으로 추정된다. 고로 한 번의 심호흡만으로도 엄청난 운동량을 낼 수 있었을 것이다. 100미터 달리기 후에 헉헉대는 사람도 없었으며, 200킬로미터의 거리를 쉬지 않고 달려도 숨이 차지 않을 정도의 폐활량을 가졌을 것이라고 한다. 가령 현재의 우리의 지구환경에서는, 찢어진 상처가 회복되는데 길게는 14일이 소요된다면, 이러한 온실 환경 속에서는 단 하루면 같은 상처가 회복된다고 한다. 식물들의 성장속도도 엄청 빨랐을 것으로 추정된다.

연탄을 연료로 때던 시절, 일산화탄소 연탄중독이 자주 발생하였을 때에도 사용했고, 최근에는 메르스MERS 때문에 사용했던 고압산소탱크hyperbaric oxygen tank의 기능과 역할이, 손상된 조직들에 효과적으로 산소를 공급해 줌으로써 치유효과를 높이는데 있다는 점을 고려하면 이해가 쉬울 것이다. 물론 현재의 인간이 고농도의 산소에 너무 지속적으로 노출되어 있으면 오히려 해롭지만, 위급한 병의 치유와 부분적 상처의 치유를 위한 선별적 방법은 이미 사용되어 왔던 것이다.

노아의 홍수 이전의 것들은 모두 덩치가 컸다. 사람도 덩치가 컸을지 모른다. 당시의 동물이나 식물의 화석을 보면, 요즘 우리가 볼 수 있는 것들보다 훨씬 크다. 코끼리보다 훨씬 커다란 맘모스(매머드)가 존재했었다는 사실이 이를 증명해 준다. 잠자리를 꼭 빼닮은 거대한 곤충의 화석들이 발견되었는데, 메가뉴리데Meganeuridae 속屬의 이 곤충은 홍수이전 약 3억 년 전에 살았을 것으로 추정된다고 한다. 날개폭이 60센티미터 이상으로 지금의 잠자리에 비하면 엄청나다. 지금은 관목처럼 작게 자라는 나무도 그 높이가 수십 미터에 달했다고 한다. 그러므로 성경에 하마로 번역된 '베히모스'나 악어로 번역된 '네비아탄'의 덩치도 지금의 하마나 악어보다는 훨씬 거대했을 것이다.

이토록 완벽한 인간들이 무엇이 부족해서 신을 경외하게 되었을까?

인간의 수명은 대략 이랬다. 홍수이전, 하늘에 궁창穹蒼이 있어 온실효과를 보고 있었을 때에는 대략 900~1000세가 평균 수명이었다.

그 뒤에, 화가 나신 하나님께서 인간의 수명을 120세로 내려 버리신다. 간단히, 어느 날 졸지에 월급이 900만 원에서 120만 원으로 깎여버렸다고 생각하면 실감이 날것이다.

> 사람이 땅 위에 번성하기 시작할 때에 그들에게서 딸들이 나니, 하나님의 아들들이 사람의 딸들의 아름다움을 보고 자기들이 좋아하는 모든 여자를 아내로 삼는지라, 여호와께서 이르시되 나의 영이 영원히 사람과 함께 하지 아니하리니 이는 그들이 육신이 됨이라. 그러나 그들의 날은 백이십 년이 되리라 하시니라 (창세기 6장 1~3절)

이러던 것이, 기원전 1200~1000년 무렵에는 우리 월급은 최저생활비도 안 되는 수준인 70~80만 원으로 줄어들어 버린다. 오죽하면 '불면 날아간다'고 했을까? 지갑이 훨씬 가벼워진 셈이다.

> 우리의 연수가 칠십이요 강건하면 팔십이라도 그 연수의 자랑은 수고와 슬픔뿐이요, 신속히 가니 우리가 날아가나이다.
>
> (시편 90장 10절)

900년 이상을 살아가면서 온갖 경험을 익혔고, 똑똑하며 키도 덩치도 장대하였던 네피림Nephilim[35]들이 무엇이 두려워서 신을 찾았겠는가? 태양의 영향도 많이 받지 않았고, 대기 중의 수중기덕분에 물을 찾아 오아시스나 강가로 옮겨가 터전을 잡을 필요도 없었을 텐데 말이다. 이들은 자연을 동경하지 않았을 것이다. 당시의 인간도 자연과 같은 위대한 창조물이었고 아름다운 인간자체가 숭배 받을 만한 존재였을 것이다. 만약 지금도 네피림이 살고 있다면 보다 열등한 우리 인류는 네피림을 숭배하고 있을지도 모른다.

반항적인 존재들, 즉 하나님의 아들들을 자청하는 거인들이 있었는데, 이들이 바로 네피림이고 르바임Rephaim이고 또 아낙의 후손들이었을 것이다. 이들은 대홍수 이후에도 가나안땅 주변에 두루 흩어져 생존해 있었는데, 바산 왕 옥이나 골리앗도 그 유전자를 받은 자들이었을 것이다. 구약성경 속의 다윗 왕이 이들 거인족들을 철저히 제거함으로써 하나님의 특별한 사랑을 받았다는 기록이 존재한다.

대홍수 이후로 인간들이 갑자기 쭈그러들었을까?

인간의 수명은, 하나님 말씀대로, 1000년에서 800, 700, 600, 500, 300 그러다가 아브라함 시절에는 130~150년 정도로 확실하게 줄어든다. 그리고 앞서 언급한대로 120년에서 70~80년으로까지 내려간다. 요즘 시대가 억지로 만들어진 100세 시대라고는 하지만 유효기간은 아직 70~80세임을 기억해두길 바란다.

덩치나 능력도 그에 비례해서 작아졌을까?

수명은 줄어드는데 덩치는 예전 거인 그대로를 유지해야 했다면 무언가 신체적 이상이 발생할 수밖에 없었을 것이다. 그러다 보니 기형도 생겨났을 것이다. 비록 거인이긴 하지만 손가락 발가락 여섯 개씩 총 스물네 개가 달린 그런… 키는 3미터이지만 민첩하지 못했을 것이다. 홍수 이후의 대기 상태로는 작은 다윗과 그의 용사들보다 재빠르지 못했을 것이 분명하다.

다시 블레셋 사람들과 전쟁할 때에 야일의 아들 엘하난이 가
드 사람 골리앗의 아우 라흐미를 죽였는데 이 사람의 창자
루는 베틀채 같았더라. 또 가드에서 전쟁할 때에 그 곳에 키
큰 자 하나는 손과 발에 가락이 여섯씩 모두 스물넷이 있는
데 그도 키가 큰 자의 소생이라. 그가 이스라엘을 능욕하므로
다윗의 형 시므아의 아들 요나단이 그를 죽이니라. 가드의 키
큰 자의 소생이라도 다윗의 손과 그 신하의 손에 다 죽었더라.

(역대상 20장 5~8절)

아무튼, 이런 방식으로 기원전 1200년 전 무렵까지도 남아 있던 거
인족巨人族들은 다윗의 손에 멸종된다.

다음 일은 다윗 왕 시대에 앞서 대략 기원전 1500년 전 이스라엘
민족이 이집트를 탈출하여 광야에 도착한지 얼마 되지 않아서의 출
애굽 당시의 가나안 땅에서 벌어진 일이다.

사람을 보내어 내가 이스라엘 자손에게 주는 가나안 땅을 정
탐하게 하되, ~중략 ~ 거기서 본 모든 백성은 신장이 장대한
자들이며, 거기서 네피림 후손인 아낙 자손의 거인들을 보았
나니, 우리는 스스로 보기에도 메뚜기 같으니 그들이 보기에
도 그와 같았을 것이니라. (민수기 13장 2절 및 13장 32, 33장)

대홍수 이후 동물의 크기뿐만 아니라 인간의 크기에도 뭔가 변화
가 일어나고 있었던 것은 분명하다. 하지만 어렵게 명맥을 유지하던
거인족들은 여러 가지 이유로 점차 사라져갔다.

용은 상상의 동물일 뿐이라 매도하면서도 쥐라기, 백악기 등의 시

대에 공룡이 살았다는 것은 과학이라고 굳게 믿고 있는 것은 문제가 아닐까? 껍질인 가죽과 근육이 보존된 채로 발견된 공룡이 거의 없었기 때문에 현대과학의 복원능력이 아무리 발달했다 해도 뼈대만 가지고 그 외형을 정확하게 나타낼 수 없다. 물론 공룡의 가죽이 발견되었다고 주장도 극히 드물게 등장하고 있기는 하다. 화석화된 공룡의 거대한 뼈대들은 다수 존재하지만, 공룡의 생김새를 직접 본 사람이 있을까? 뼈대를 토대로 하여 겉모습이 어땠을 것이라는 추정을 하여 '티-렉스' 등의 그럴 듯한 이름을 붙이고는 있지만, 공룡이란 별도의 동물이 따로 존재했던 것이 아니고 수십 배 큰 하마나 악어나 도마뱀 혹은 새의 뼈일 수 있을 것이다. 또한 공룡의 가죽 화석이 발견되었다 하더라도 거대 파충류의 것일 수 있다.

'공룡恐龍'이란 단어가 무척 오래된 단어라고 착각할 사람도 있겠지만, 그 뜻이 '공포심을 유발하는 용'이므로 '공룡'은 '다이나사우르 dinosaur'라는 영어 신조어가 생긴 이후에야 우리나라에 번역되어 도입된 젊은 단어임을 금방 알 수 있다. 'Dinosaur'의 영어어원은 다음과 같다.

> 1841년에 리처드 오웬 경Sir Richard Owen이 그리스어로 '끔찍하다'라는 뜻의 'dire'와 파충류lizard라는 뜻의 사우로스sau-ros의 두 단어를 합성하여 만든 라틴어 신조어이다. 1952년부터는 규모가 매우 크지만 변화에 잘 적응하지 못하는 존재를 비유적으로 이르는 말로도 사용되고 있다.

과거에 살아남아 있던 거인족이 성경 속의 기록으로 남아 있듯, 유전적으로 덩치가 줄지 않고 거의 홍수 전 수준의 크기를 유지하던 일부 초대형 하마나 악어 등은 이미 작아져버린 정상적인 인간들에게는 공포와 경외의 대상이 아니었을까?

이쯤 되면, 굳이 있지도 않았던 공룡이란 새로운 존재를 만들고 그것이 과학적이었다고 주장할 필요가 있을까? 욥기에 등장하는 레비아탄leviathan과 베히모스behemoth가 개역개정성경의 번역처럼 그냥 현대의 악어랑 하마일까? 왜 옛날 사람들이 악어와 하마를 이토록 무서워했을까? 레비아탄과 베히모스의 거대함에 대해서는 구약성경의 욥기 41장을 참조하시길 권한다.

인간들이 악어사냥쯤은 쉽고 거뜬하게 해냈다는 이야기들은 기원전 수천 년 전의 고대 이집트시대의 기록으로도 전해진다. 나일 강에 우글대던 동물이 악어였기 때문이다. 욥기에 등장하는 레비아탄과 베히모스가 요즘 보는 악어와 하마가 아니었다는 뜻이다. 작아지지 이전의 덩치 큰 악어랑, 하마였을 가능성이 높다. 대홍수 이전과 직후에는 그 덩치가 집 채 만할 정도로 제법 컸을 것이다. 노아의 방주에는 공간제약의 문제로 다 큰 성체成體가 아닌 작은 새끼들을 실었을 것이라 추정하기도 한다. 기원전 1500년경의 특정지역의 포도송이가 달린 포도나무 가지를 장정 두 사람이 어깨에 들쳐 메고 옮겨야 할 정도였으니 동물들도 컸을 것이다.

> 또 에스골 골짜기에 이르러 거기서 포도송이가 달린 가지를
> 베어 둘이 막대기에 꿰어 메고 또 석류와 무화과를 따니라
> (민수기 13장 23절)

수많은 인구 중에 단 여덟 명, 그중 세 명은 혈연적으로 약간의 거리가 있는 노아의 사위들을 포함한 여덟 명이 선정되었다. 노아의 품

성을 닮았다면 당시로서는 가장 완벽하고 의로운 가문이었을 것이다. 이들이 지닌 유전자DNA등은 아마도 당시 인간들 중 가장 보존함직한 존재였기 때문에 선택되었을 것이다. 하나님께서 직접 고르셨으니까. 다른 생존자가 없고 이들뿐이었다면 대홍수 이후의 인류는 모든 이들 여덟 명의 후손들이다. 하지만 앞서 다윗과 골리앗이 싸움에서 보셨듯이 당시 인간의 평균 크기로 빨리 적응하지 못하고 둔하고 큰 몸집을 한 후손들이 남아 있었다. 노아의 방주에 탄 여덟 명 외에 다른 생존자가 있었다는 뜻인가? 아니면 배위에 몰래 숨어들었다가 내린 사람이나 동물이 있었던 것일까? 그리고 물로 한 심판이었기에 민물고기라면 몰라도 바다의 고기들과 생물들은 생존했을 것이라 보는 것도 타당하다.

'규모가 매우 큰지만 변화에 잘 적응하지 못하는 존재를 비유적으로 이르는 말로도 사용되었다'는 앞서 공룡에 대한 1952년의 정의에서 살펴보았듯이, 적응하지 못하고 기형적인 여섯 손가락과 여섯 발가락을 지닌 경우도 있었던 것이다. 철저히 선별되었음에도 불구하고 유전적 결함이 대물림과정 중에 발현發現된 것일까? 그럴 가능성이 농후하다. 그리고 유전적 결함은 인간 뿐 아니라 여러 동물에게서도 발현되었을 것이다. 참고로 1952년의 공룡의 정의는 경제학적 상태의 표현도 포함하는 말이다.

대홍수로 인한 재편시점을 지나 기원 전 1200~1500년경, 다윗이 거인족을 멸족시키기까지는 대략 3000년 정도가 흘렀다고 본다. 3000년의 기간이라면 숨겨진 유전자가 발현될 수 있는 충분한 시간이긴 하다. 다윗은 유전적으로 부적합한 대상들을 제거하는 임무를 받은 것일까? 찰스 다윈의 사촌인 프랜시스 골턴 경Sir Francis Galton의 우생학優生學, eugenics이 갑자기 생각나는 이유는 무엇일까? 이 우생학을 이용하여 잡종을 제거하고 순수 아리안족만을 가려내려는 시도를 한 인물도 있을 정도이니 그 당위성을 인정하고 싶은 사람도 있을 것이다.

인간들이 경외하고 숭배할 대상을 찾기 시작한 것은, 자신만만하던 인간들이 작아지고 약해지고 수명이 줄어든 탓일 것이다. 아직까지도 자신이 거인titan이라고 생각거나 신들과 경쟁상대라고 믿고 있다면 그건 과대망상이다.

대홍수 이후로, 땅에서 솟아올라오고 하늘에서 쏟아진 물(단순한 비가 아니라, 하늘에 있던 물의 층이 무더기로 무너져 내렸고, 땅 속의 물까지 쏟아져 나왔다)로 인해, 태양과 지구사이를 막아주던 두꺼운 벽이 사라져 햇볕이 무척 강하게 느껴졌을 것이다. 햇볕은 식물 생장의 원동력이 되어주지만, 가뭄의 원인도 되는 양면성을 지니고 있다. 북아메리카 인디언들의 고대 그림들 중에는 대홍수 이전의 태양을 그린 그림으로 추정되는 벽화들이 남아 있는데, 해가 마치 사람의 눈 모양처럼 생겼다. 일종의 초승달 모양이라고나 할까? 수증기에 의해 삐뚤어져 왜곡되어 보인 태양의 모습일 것인데, 이집트 태양신 라의 상징이 원형이 아닌 초승달처럼 생긴 사람의 눈인 것도 우연은 아닐 듯하다.

그런 태양이 이제는 둥그렇고 강한 빛으로 직접 드러나 보이기 시작한 것이다.

태양의 영향력이 낮 동안은 뜨거움과 빛 비춤으로 다가오다 밤이 되면 사라져 버려 어둠과 추위를 몰고 오고, 또 새아침이 오면 항상 다시 태어났기에, 사람들은 혹시나 태양이 돌아오지 않을까 전전긍긍해 했으며, 인간들은 태양이 없으면 세상도 끝나는 줄 알았다.

가까이 있지만 밝기가 훨씬 약한 달만 믿고 있을 수는 없었다. 달의 삭망朔望주기인 29.5일을 적용한 354일의 농경시대의 불완전한 월력月曆은 윤閏달을 발생시켰고, 더 크게는 윤년을 발생시켰다. 사람들이 윤달, 윤년을 두려워하는 이유는 그 사이에 혹시 태양이 다시는 돌아와 주지 않아서 세상이 멸망할까 염려해서였다. 윤閏이라는 한자는 '쓰고 남은 것' 이란 뜻도 있지만 '슬그머니 가짜 임금이 권세를 잡기 좋은 시기'라는 뜻도 있기 때문이다.

홍수이전 하나님의 아들들인 네피림들은, 덩치도 크고 체력도 대단하였으며, 홍수와 가뭄을 알지 못하였고, 태양에 대한 고마움과 두려움도 알지 못했을 것이다. 대기 중의 완벽한 습도로 인하여 수분공급hydration과 탈수dehydration 문제를 신경 쓸 이유도 없었기에 지금은 인간의 생명을 앗아갈 수 있는 기본적인 탈수상태라는 개념조차 존재하지 않았을 것이다. 고로 이들은 자연을 경외하지도 않았고 누가 자연을 창조하였는지에 대한 보다 고차원적 단계인 신론神論을 주장할 이유도 없었을 것이다. 필자의 짧은 생각으로는, 인류가 적극적으로 신을 찾게 된 것은 노아의 대 홍수 이후라고 본다. 참고로 창세기 4장 26절은 숭배보다는 제사祭祀와 연관이 더 깊다.

대홍수 이후의 해와 달은 인간을 끊임없이 애타게 만들었는데, 썰물과 밀물을 만들어냈고, 큰 강들 주변에는 달의 영향으로 홍수가 났고 태양의 영향으로 가뭄이 번갈아 일어났다. 나일 강의 경우 비록 규칙적이긴 하나 변덕스럽게도 7년 주기로 큰 홍수와 가뭄이 교대 반복되었다고 한다. 대홍수 이전에는 강이 존재하지 않았을 수도 있으므로 강 주변에 모여 살 필요가 없었을 것이며, 인간은 대홍수 이후에야 물을 얻고 농사를 짓기 위해 큰 강 주변에 모여 살게 되었을 것이다. 인간들은 이리하여 이제 태양뿐만 아니라, 달도 숭배하고, 물도 숭배하게 된다. 심지어는 물가 옆에서 자란 큰 나무들도 숭배의 대상이 되며 그 물속에 살고 있을 물짐승도 달래야 했다. 인간이 자연보다

약해졌다는 증거이다.

정리해 보자면, 서쪽으로 향하던 인류는 아직 작아지지 않은 사나운 파충류를 자주 만났고, 동쪽으로 향하던 인류는 못된 파충류를 거의 만나보지 못했을 것이라는 가정이다. 점점 작아져만 가던 인간과 아직 덜 작아진 채로 일부 남은 공룡인 대형 파충류와 마주치면 인간들은 괴물 만난 듯 놀랐을 것이다. 인간에게 대형 파충류는 반가운 상대가 아니었겠지만 파충류에게 인간은 연한 먹잇감 혹은 껍질 깎아놓은 과일 같았을 것이다. 적응이 안 되거나 유전적으로 결함이 생겨난 거대 동물류는 성격도 잔인하게 변했을 수 있다. 게다가 홍수 이후에는 예비 기간도 없이 곧바로 초식 아닌 육식을 했으니 식사시간마다 눈뜨고는 못 볼 잔혹한 장면이 펼쳐졌을 것이다. 결국은 홍수가 그치고 노아의 방주에서 내리기 직전까지의 친근했던 사이에서 점차 경외와 공포를 느끼는 사이로 발전하였고, 공포심은 증오심으로 변질되었을 수 있다.

반대로, 동쪽으로 간 사람들은 홍수 이전의 큰 뱀, 악어, 사자, 호랑이들과 함께 풀 뜯어먹으며 평화롭고 다정하게 지내던 시절만 기억 속에 품고 있었을 수 있으므로, 편안한 잠자리에서 자녀들이나 손주들에게 마치 티거나 곰돌이 푸 이야기를 들려주듯 양순했던 대형 호랑이, 곰, 파충류들과 다정하게 지냈던 훈훈한 추억속의 이야기를 동화마냥 전달해 주었을지도 모른다. 그리고 아이들은 마음속으로 이러한 거대 동물들에 대한 애정을 가지거나 자신들의 수호신이라고 상상했을 것이다.

늑대가 새끼 양과 어울리고 표범이 숫염소와 함께 뒹굴며, 새끼 사자와 송아지가 함께 풀을 뜯으리니, 어린아이가 그들을

몰고 다니리라. (이사야서 11장 6절)

인간은 큰 뱀인 용을 얼마만큼 두려워했을까?

인간에겐 개인적 무의식 외에도, 자신들도 모르는 사이에 생성된 집단이 가진 무의식이란 것이 있다. 곧 집단 무의식이다. 가르쳐 주지 않았는데도, 개인도 아닌 집단 전체에 마치 유전자가 집단적으로 유전되어 내려가듯 무언가가 학습된다는 뜻이다.

어떤 개코원숭이baboon(혹은 비비원숭이라고도 함) 무리가 있었는데, 고립되어 살아온 이들 원숭이 떼에게 50여 년 전에 누군가가 사냥총을 들이대고 집단 살육을 했던 기억이 남아서 전승될 수도 있다는 추정을 하게 만든 사건이 발생했다. 그냥 일반 사람들의 접근에는 두려워하지 않았고 살육을 목격했던 원숭이들은 이미 수명을 다하여 집단 내에는 없는 상태였는데, 총을 쏘지 않았음에도 유독 총을 든 사람만 나타나면 모두 피해버렸다고 한다. 원숭이가 인간이 모를 말로 후손들에게 전승을 해준 것일까? 아니면 당시의 공포가 유전자에 저장되어 유전된 탓일까?

인간에게는 유명한 세계 공통어가 있다.

그중 하나가 "쉬, 쉿, Shh~"라는 것이다. 거대한 뱀이 갈라진 혀를 날름거리며 내는 소리이다.

한밤중에, 가족들이 숨어 잠들던 동굴 밖에서 이런 소리가 들리면, 부모들이 주의를 주지 않아도 아이들은 울음도 멈추고 재잘거림도 멈추었다. 쥐죽은 듯 가만히 있어야 했고 아무소리도 내면 안 되었다.

심지어는 너무 무서워서 '쉬야'를 하는(오줌을 싸는) 아이들도 있었다. 요즘도 세상 모든 사람들이 "쉬"소리는 배우지 않아도 이해하는 듯 보인다.

3장 더 알아보기

1 역린逆鱗

― 임금의 노여움을 이르는 말. 용의 턱 아래에 거꾸로 난 비늘을 건드리면 용
이 크게 노하여 건드린 사람을 죽인다고 한다. 《한비자韓非子》의 세난편說
難編에서 유래한다. 역린의 영어번역은 'king's wrath(왕의 노여움)'이다.

2 아라라트Ararat 산山

― 터키 동부, 이란 북부, 아르메니아 중서부 국경에 위치한 산. 노아의 방주의
여덟 명의 생존자들과 각종 동물들이 상륙한 지점으로 알려져 있다.

3 70인역七十人譯, Septuaginta

― 히브리어를 그리스어로 번역한 구약 성서로 이집트 왕 프톨레미Ptolemy
Philadelphus의 명에 의해 기원전 3세기경 알렉산드리아에서 70(72)명의 유
대인 학자들이 70일간에 걸쳐 번역하였다는 성서(略 Sep(t)., LXX)이다.

4 왕

― 다니엘은 살아있는 벨 신이 제물을 먹는 것이 아니라, 제사장들과 그 가족
들이 밤에 몰래 와서 제물을 가져가서 먹는다는 것을 증명하기 위해 신전의
바닥에 재 가루를 뿌려 놓고는 밤새 생긴 사람의 발자국들을 왕에게 보여
줌으로써 벨의 사제들이 처벌받게끔 만든다. 다니엘 당시의 왕으로 기록된
아스티아게스 왕King Astyages은 페르시아의 유명한 지도자인 키루스 대제
Cyrus of Persia의 전임자로 알려져 있다.

5 시구르트 Sigurd

— 북유럽 Norse 신화의 '시구르트'는 독일의 '지그프리드 Siegfried'에 해당되지만 동일 인물은 아니다.

6 북유럽 Norse

— 노르딕 Nordic이란 단어가 변한 네덜란드어로 노리젼 Norwegian이라고도 한다.

7 안드바라나우트(고대 노르드어로 Andvaranaut)

— 안드바라나우트는 노르드 신화에 등장하는 마법의 반지이다. 원래 주인은 드베르그 안드바리 Andvari이며, 안드바라나트 Andvaranaut는 안드바리의 선물 Andvari's Gift이라는 뜻을 가지고 있다. 금을 만들어낼 수 있는 힘을 지닌 마술과 권력의 반지로 라인 강의 금 Rine Gold으로 만들어졌다. 안드바리는 라인 강의 금을 지키고 있던 세 명의 라인메이드 Rein Maid들로부터 이 금을 빼앗아 반지를 만든다. 자신도 반지를 빼앗기자 안드바리는 반지의 소유자에게 저주를 건다. 이 금은 로키 Loki에게서 흐라이드말 Heidmar에게로, 또다시 파프니르 Fafnir, 이어서 레긴 Regin, 시구르트 Sigurd/Siegfried에게로 넘어갔다가 니벨룽들 Nibelungs들의 여왕인 그림힐 Grimhild에게까지 전달되는데, 저주 받은 반지이므로 소유자들은 거의 다 죽음을 면치 못한다.

8 개작된 작품

— 바그너 Richard Wagner의 〈니벨룽겐의 반지 Der Ring des Nibelungen〉, 입센의 Henrik Ibsen의 〈헬레란트의 바이킹 The Vikings at Helgeland〉, 모리스 William Morris의 〈불숭 시구르트와 니벨룽의 멸망 The Story of Sigurd the Volsung and the Fall of the Niblungs〉, 톨케인 J. R. R. Tolkien의 〈시구르트와 구드룬의 전설 The Legend of Sigurd and Gudrún〉 등 많은 작품들이 있다.

9 〈니벨룽겐의 반지 Der Ring des Nibelungen〉

— 리차드 바그너Richard Wagner의 순환적 오페라opera cycle의 제목이다.

10 룬스톤runestones

— 룬 문자로 기록된 비석을 말하며, 룬 문자Runic alphabet는 게르만어가 라틴 알파벳으로 대체되기 전에 특수한 목적으로 사용된 문자이다. 가장 초기의 룬 석각石刻은 서기 150년경의 것으로 추정된다. 기독교화의 영향으로 8~12세기에 걸쳐서 라틴 문자로 대체되었다. 고트어 문자, 아이슬란드어 문자, 고대 영어 문자 등에 영향을 끼쳤다.

11 레긴 Regin

— 볼숭가 사가Volsunga Saga에 등장하는 거룡巨龍인 파프니르Fafnir의 형제이며 대장장이, 시구르트Sigurd를 기른 양아버지며, 파프니르가 지키고 있는 황금을 얻으려고 시구르트를 부추겨서 파프니르를 죽이게 했다.

12 오토Ótr

— 난장이이다. 흐라이드말의 아들이며 레긴과 파프니르의 동생이다. 물가에서 수달otter로 변신해 놀기를 좋아했다.

13 흐라이드말 Hreidmar

— 레긴, 파프니르, 오토 형제의 아버지. 오토를 죽인 데 대한 속죄금을 신들에게 요구하고 그것을 받지만 아들 파프니르에게 피살된다.

14 파프니르 Fafnir

— 황금을 지킨 용으로 시구르트에게 피살된다. 파니르Frænir라고도 불린다.

15 안드바리 Andvari

— 지하세계에 사는 대장장이 난쟁이다. 마법의 반지 등 자신의 보물을 로키 Loki에게 강탈당했다. 로키는 오토Ótr를 죽인 보상으로 흐라이드말Hreidmar 에게 보물을 주었는데, 안드바리는 그 보물을 가진 자 모두를 저주했다. 바 그녀의 〈니벨룽겐의 반지〉에서는 알베리히Alberich라는 이름으로 등장한다.

16 에이시어 Æsir

— 에이시어는 사람의 이름이 아닌 신들의 모임(판테온)을 말한다. 특히, 북유럽 신화에서의 오딘Odin, 오딘의 아내인 프리그Frigg, 토르Thor, 오딘의 아들인 발드르Baldr 및 전쟁의 신인 티르Týr의 집단을 칭하는데, 경우에 따라서는 이들 신의 대변자이자 사자使者이자 모사꾼인 로키Loki를 포함시킨다. 로키 는 헤르메스나 머큐리와도 동일시된다. 지도자인 오딘Odin은 보탄Wotan으 로도 불린다. 신들의 집합체는 둘로 나뉘어 있다가 전쟁을 통해 하나로 통 합되는데, 다른 판테온의 대표적 신은 바니르Vanir였다. 통합전쟁을 일명 아 스-반Æsir-Vanir전쟁이라고도 부른다. 정확한 번역은 아니지만, 어원을 같이 하는 고대 영국어로는 이교도의 신들을 의미하기도 하고 반신반인demi-god 을 지칭할 때도 사용한다. 그러므로 기독교 신학에는 적용되지 않았다.

17 로키 Loki

— 북유럽 신화에 나오는 불의 신이자 파괴와 재난의 신. 여러 신을 비웃고 헐 뜯어 해독을 끼쳤으므로 신들에게 쫓겨서 연어로 변신하였다가 나중에 붙 들려 뱀의 독즙을 받았다고도 표현되어 있으나 다른 여러 인류애적 상징성 도 지녔음을 유의할 것.

18 란Rán

— 바다의 괴물인 아지르Ægir와 결혼한 바다의 여신이며 예측불가의 위험한 성격을 지녔다. 신들의 모임인 에이시어Æsir의 반대편에 속한 신들의 집단인 바니르Vanir로 분류된다.

19 호니르 Hoenir

— 호니르 혹은 바니르Vanir는 오딘 신의 집단인 에이시어Æsir에 속하였으나 나중에는 반란을 일으킨다. 호니르들은 오딘을 도와 인류를 창조했다고 하며, 풍요, 다산, 예언의 신을 칭한다.

20 브린힐드 Brynhildr

— 〈지그드리파가 말하기를Sigrdrífumál〉이라는 작품에서는 북부유럽의 시구르트의 짝인 브린힐드를 지그드리파라 부른다. 그녀의 이야기가 '지그프리프마이'인 셈이다. 고대 노르드어 시그드리푸마이는 '지그드리파가 말하기를'이라고 해석되며, '왕의 서'에 수록된 특정의 고古 에다Edda를 가리키는 관습적인 말이다. '파프니르가 말하기를'이 끝나고 나서 아무런 설명도 없이 갑자기 시작되며, 시구르트가 브린힐드를 만나게 되는 이야기를 다루고 있다. 시그드리파Sigrdrífa는 발키리 브린힐드의 다른 이름이며, '승리를 불러오는 자'라는 뜻이다. 시그드리파(브린힐드)가 시구르트에게 전해주는 룬 마법과 지혜로운 잠언들이 실려 있다. 서사시의 마지막 부분은 소실되었으며 이를 '대누락Great Lacuna'이라고 부른다. 그 대신 소실되어 볼 수 없는 내용은 〈볼숭가 서사시〉 등에서 확인해 볼 수 있다. 통상의 게르만족의 신화에서는 브린힐드는 쉴드메이든shieldmaiden이자 발키리valkyrie로 표현되기도 한다. 그녀를 주인공으로 등장시킨 작품에는 〈볼숭가 전설Völsunga saga〉과 일부 고대 노르웨이 에다적Eddic 시詩가 존재한다.

21 군나르Gunnar

— 북유럽 전설의 인물로 규키Giuki와 그림힐드Grimhild 사이에서 태어난 맏아들이다. 그두룬Gudrun의 오빠이며 시구르트Sigurd 대신에 브린힐드Brynhild의 남편이 된다. 〈니벨룽의 반지Nibelungenlied〉에서의 군터Gunther에 해당한다.

22 아들 지그문트Sigmund

— 브린힐드Brynhild가 죽인 자신의 아들 지그문트Sigmund는 시구르트Sigurd 와의 사이에서 낳은 아들이며, 할아버지의 이름을 따라 지그문트라 이름 지었다. 하지만 브린힐드는 아들만 낳은 것이 아니고 쌍둥이 남매를 낳았다. 딸의 이름은 스반힐드Svanhild이다. 이외에 아스라우그Aslaug라는 다른 딸도 존재하며 그녀는 죽지 않고 살아서 나중에 라그나 로도브록Ragnar Lodbrok이라는 남자와 결혼하는 것으로 되어있다. 스반힐드와 아스라우그가 동일 인물인지에 대해서는 확실하지 않다.

23 〈니베룽엔리드Nibelungenlied〉

— 〈니벨룽겐의 노래〉라고 하며, 13세기 남부 독일에서 이루어진 대서사시이다.

24 가터대메룽Götterdämmerung

— 북쪽의 신北神들의 황혼黃昏을 말하며, 옛 신들과 세계의 멸망을 의미한다. WWV 86D Wagner-Werk-Verzeichnis (바그너 작품 목록, Catalogue of Wagner's Works)

25 라그나뢰크Ragnarök

— 북유럽norse어로 라그나ragna는 '권력을 가진 자들 혹은 신神들'이라는 의미를 지녔다고 한다. 특이한 점은 라그나의 단수형이 레긴regin이라는 점이다.

본문에서 보듯 시구르트의 양아버지가 된 마법사의 이름이 레긴이다. 라그나뢰크의 전체의 뜻은 북유럽 신화에 나오는 '세계 종말의 날'로 여러 신과 악마들의 싸움으로 세상이 멸망한다고 한다.

26 4부작ring cycle

— 4부작의 순환적 오페라opera cycle를 칭하며, 대계大系라고도 한다. 1848~1874년, 26년이라는 기간을 거쳐 순차적으로 제작된 〈니벨룽겐의 반지〉가 대표적인 예이다. 대략적인 체계 혹은 하나의 주제 밑에 여러 개의 부수적 계통을 세워서 엮어 만든 여러 권의 책 등을 지칭할 때도 사용된다.

27 귈피의 속임수Gylfaginning

— 현재의 스웨덴으로 추정되는 노르드Nord 세계의 창세와 멸망에 대한 이야기이다. 노르드 왕인 귈피가 신들의 집단인 에이시어Æsir의 한 여신에게 농락을 당한 뒤, 신들의 진심에 대해 의심을 품게 되고 진실을 찾아 여행을 떠나게 된다. 귈피는 결국 노르드 신화의 창세와 멸망을 깨닫게 된다는 이야기이다. 아이슬란드 사람인 '스노리 스투를라손Snorre Sturlasson(1178~1241)'의 작품인 《에다Edda》의 제1부의 제목이기도 하다.

28 보탄Wotan

— 북유럽 신화의 오딘Odin에 해당하는 게르만 신화의 신이며, 수요일Wednesday은 그의 이름에서 유래하였다. 통상적으로 한쪽 눈이 없는 애꾸눈으로 묘사된다. 오페라에서 보탄은 오른쪽 눈보다는 왼쪽 눈을 가린 모습으로 등장하곤 한다. 눈 한쪽은 지혜를 얻기 위해 바친 것이다. 이집트 신화에서 세트에게 왼쪽 눈을 빼앗긴 호루스의 경우와 유사하다. 호루스는 결국 빼앗겼던 한쪽 눈을 되찾는다.

29 이둔Idun

— 봄의 여신이라고도 하는데, 원래의 뜻은 '젊음을 되찾아주는 것'으로 되어 있으며 에이시어Æsir의 일원 중 하나이다. 이둔은 황금 사과로 추정되는 중요한 과일이 자라는 정원의 주인이었으며 이 과일은 영생의 비밀을 지니고 있다. 아름다운 이둔은 다른 신들 혹은 반신반인demigod들 혹은 인간들이 모두 욕심내는 대상이므로 납치를 당하는 연약한 여자 신으로 자주 등장한다.

30 예어트

— 예어트 족族 혹은 기이트Geats라고도 불린다. 이들은 북부 독일 부족으로 예탈란드Götaland라 불리는 남부 스웨덴 지역에 분포했다.

31 데인Danes

— 덴마크 사람Danish 혹은 데인 족을 말하며 9~11세기에 영국을 침입한 북유럽 사람들이다.

32 헤오롯Heorot

— 천국의 가장 가까이에 위치한 강당이라는 뜻으로, 흐로트가Hroðgarof의 궁전으로 사용되었다. 수사슴의 강당이라는 의미도 있다. AD 5세기에서 중세까지도 이러한 건물들이 군주나 영주 및 그의 가신家臣들의 거주지로 사용되었다. 왕궁의 역할을 했지만 왕궁이라기보다는 거대하고 천장이 높은 목조건물이다. 이 건축물의 모티브는 호메로스가 기원전 8세기 무렵에 지은 고대 그리스의 장편 서사시 〈오디세이Odyssey〉에 나오는 식인거인의 집을 연상시킨다.

33 레반트 Levant

— 그리스와 이집트 사이에 있는 동지중해 연안 지역을 통틀어 이르는 말. 좁게
는 시리아, 레바논 두 나라를 이른다.

34 제2 정전正典

— 중복된 책deuterocanonical books이라는 뜻을 지니고 있으며, 제2 정경正經이
라고도 부른다. 로마 가톨릭 교회는 정전으로서 인정하지만, 초기 교회에서
는 일반적으로 정전으로 인정하지 않았던 구약 성서 중 몇 개의 서書를 말
한다. 프로테스탄트에서 외전外典, Apocrypha의 대부분이 이에 속한다.

35 네피림 Nephilim

— '르바임'이라고도 한다. 네피림은 구약 성경 창세기에 나오는 거인 종족의 이
름이며 아랍 문화에서의 '네필라Nephila'는 오리온 별자리를 지칭하기도 한다.

4장

성 조지 콤플렉스와 고종 황제 콤플렉스

01
성 조지에 대한 소개

조지george라는 이름은 많이 접해보셨을 것이다. 어원은 그리스어 게오로기오스Γεωργιος이며, 농사꾼 혹은 흙에서 일하는 사람인 게오르고스γεωργος라는 단어에서 파생되었다. 좀 더 어렵게 말하자면, 그리스어로 '땅, 지구'라는 단어인 게γη에 '일'을 뜻하는 단어인 에르곤 εργον이 합쳐져서, 흙에서 일하는 사람이라는 게오르고스γεωργος가 나온 것이다. 영어로 지리학을 지오그래피geography라 부르고, 일의 양量을 에너지 혹은 에네르기energy라고 하는 것도 이 때문이다.

독일 태생이지만 영국의 유명한 작곡가인 헨델(1685~1759)의 원래 이름은 조지 프리데릭 헨델이다. 미국의 초대 대통령의 이름도 조지 워싱턴(1732~1797)이며, 《동물농장》, 《1984》로 천재 작가소리를 듣는 영국의 유명한 소설가의 이름도 조지 오웰(1903~1950)이다. 하지만 '조지'라는 이름이 아주 오래된 이름임에도 서유럽에서는 꺼렸던 이름이며 16세기경에 와서야 사용되기 시작한 사연이 있는데, 잠시 뒤에 소개하겠다. 이 사연은 성聖 조지Saint George[1]라는 인물과 관련이 깊다.

성 조지는 AD 3세기에, 지금의 지중해 동부해안의 팔레스타인 땅에서 살았으며, 로마의 병사였다. 그는 로마제국의 황제인 디오클레티아누스Diocletian[2](AD 245~316) 황제에 의한 기독교 박해 때에 순교

殉教하였는데, 기독교 순교자이기도 하고 그가 한때 용龍과 싸워 이겼기 때문에 그를 주제로 한 그림들이 중세中世 화가들에 의해 자주 제작되었다.

성 조지는 기독교의 초창기 시절에는 주로 동부 기독교인(동방정교회, 東方正教會)들로부터만 숭상을 받았으나, 십자군 전쟁과 원정이 활발해지면서 비잔틴과 중동 지역을 다녀오는 십자군들에 의해 그의 이야기가 유럽 지역에 전해지기 시작하면서, 영국, 포르투갈, 아르메니아, 러시아, 카탈로니아Catalonia[3], 아라곤Aragon[4] 같은 지역에서도 수호성인守護聖人으로 추앙받기 시작한다. 농부를 뜻하는 조지라는 이름이 촌스럽다 하여 영국의 상류층에서는 꺼리는 이름이었음에도 불구하고 독일 태생의 조지 1세가 18세기의 영국왕의 권좌에 오름으로써 그 뒤에는 왕들도 조지라는 이름을 개의치 않고 사용하게 되었다고 한다.

십자군 전쟁(1096~1291)당시의 로마는 동로마 서로마로 나뉘어져 있었으며, 당시 로마의 황제로 행세한 인물이 무려 네 명이나 되었으므로 4두 체제라고도 부른다. 가이우스 디오클레티아누스 황제는 동로마제국의 황제로 비잔티움을 수도로 삼았다.

전승에 따르면, 성 조지는 헬라계통의 로마병사였으며, 로마황제 디오클레티아누스의 호위장교에 임명될 정도로 황제의 두툼한 신임을 얻고 있었던 엘리트 장교였는데, 종교적 신념을 버리지 않은 탓에 처형당하게 된다. 황제는 그에게 배교背教하도록 여러 차례 간청하였으나 듣지 않았다고 한다. 이후 조지는 기독교 순교자로서 후대의 기독교사회에서 가장 추앙받는 성인聖人중의 한 명으로 취급받게 된다.

기독교 성인들의 이야기를 다룰 때 언급되는 열네 명의 구호성인救護聖人, patronage saint에 성 조지가 항상 포함되며, 군인신분의 성인으로서는 가장 두드러진 인물이다. '성 조지와 용'의 신화에서는 불멸의 존재로 받아들여진다. 그에 대한 기념일은 동방기독교에서는 율리우스력에 근거하여 매년 4월 23일에 치러진다(그레고리력으로는 대략 5월 6일경). 특히나 성 조지를 숭배하는 국가, 나라, 지역과 단체들에서는 그를 대표적 수호신으로 받아들이고 있기 때문에 그의 비중이 상당히 크다.

성 조지의 부모는 헬라계통의 기독교인들이었는데, 아버지인 게론티오스Γερόντιος 역시 카파도키아에 주둔한 로마제국군의 고위 간부였으며, 어머니는 지금은 팔레스타인 지역이지만 시리아 팔레스타인의 로마의 속지屬地였던 로드Lydda⁵의 헬라인 토박이였다. 그가 카파도키아Cappadocia⁶ 지역에서 출생하였는지 혹은 시리아 팔레스타인에서 태어났는지에 대한 논란은 있지만 적어도 로드지역에서 성장했다는 것은 사실로 인정받고 있다.

과거로부터 현대까지 세계 전역에서는 성 조지와 관련된 다양한 모티브들이 사용되는데, 중세시대의 모험담에 의하면, 성 조지가 용을 죽이는데 사용하였던 아스칼론Ascalon이라는 검의 이름을 당시 레반트 지역의 도시였던 아스켈론Ashkelon에서 따왔다고 하며, 2차 세계대전 당시 영국 수상 윈스턴 처칠의 전용기의 암호명도 '알스칼론'이었다. 어떤 전승에 의하면 성 조지에 의해 구출되어진 공주가 여왕이 되어 스웨덴 왕국의 지도자 자리에 올랐으며, 끊임없이 스웨덴을 침입해오던 적들인 주변 민족과 국가들은 악한 용으로 표현되었다고 한다. 이런 이유로 스웨덴의 수도 스톡홀름Stockholm⁷의 가장 오래된 교회들의 내부 장식에는 성 조지가 용과 혈전을 벌이는 모습을 새긴 조각상들이 흔히 사용되었다고 한다.

성 조지와 관련된 일부 흔적들은 이집트의 호루스 신이 용과 싸우는 조각상이 발견된 고대 이집트 혹은 페니키아 시절로까지 거슬러 올라간다. 이런 이유에서 성 조지의 전설은 신화적인 고대 자료들과 어느 정도 연결되어있을 것으로 추정된다. 이집트 신화에서 오시리스 Osiris는 그의 형제인 세트Seth에게 죽임을 당하며 오시리스의 아들인 호루스Horus는 자신의 삼촌인 세트를 죽임으로서 아버지의 원수를 갚게 된다. 아래 그림에서 보듯, 말을 탄 채 창을 든 호루스가 죽이고 있는 것은 세트의 또 다른 이미지인 이집트의 큰 뱀 아펩Apep[8]을 상징한다고 보아야 하겠지만 악어를 닮은 모양은 마치 나일 강의 수호신인 소벡Sobek을 연상시키기도 한다. 아무튼 말을 탄 인물이 창으로 악惡을 응징하는 이러한 모티프motif는 기독교시대의 전반에 거쳐 나타난다.

특히 이 책에 등장하는 '성 조지 콤플렉스'라는 용어는 여태까지 정신심리분야에서 정식으로 발표된 적이 없는 것으로, 이번 기회에 처음으로 도입, 소개되는 개념임을 주지하여 주시길 바란다.

악어같이 생긴 동물을 창으로 찌르고 있는 매 모양의 태양신 호루스의 조각상. 세트를 죽이는 호루스라고 설명되어 있다.

중세시대와는 달리, 현재에는 동서유럽을 불문하고 각지에서 그를 추앙하고 있다. 성 조지가 숭배의 대상으로 되어 있는 나라들은, 영국, 조지아(그루지야), 몰타, 포르투갈, 스페인의 아라곤 및 카탈로니아 지역 그리고 지중해변의 레반트 지역뿐만 아니라 스웨덴, 아르메니아 등도 포함된다. 이들 뿐만 아니라 그 외에도 러시아의 경우, 군軍의 수호의 상징으로 성 게오르기우스 훈장Орден Святого Георгия이라는 것이 있어, 이는 러시아 연방의 최고 군사훈장이었으며, 1769년에 제작되어 1917년 러시아 혁명으로 중지되었다가 2000년도 다시 부활된 러시아 서훈敍勳 제도의 표상表象이다. 이 성 조지 훈장의 메달에는 말을 탄 성 조지가 창으로 용을 찌르는 장면이 각인되어 있으며 헝겊 휘장은 오렌지색 바탕에 검은색 줄무늬로 되어있다.

한때 소비에트연방의 식민지였던 그루지야라는 나라는 아예 나라의 이름이 조지아Georgia일 정도로 성 조지에 대한 사랑이 깊다. 그리고 유럽, 근동 및 러시아뿐만 아니라, 심지어는 이슬람권에도 성 조지와 동일한 역할을 하는 인물이 존재할 정도로 영향력이 있다.

무슬림의 전통 유전遺傳에서의 성 조지는 성경, 코란, 민간전승이 기묘하게 뒤섞여 구성된 전혀 다른 인물로 변신하게 되는데, '알 키드르(아랍어로 الخضر, al-Khiḍr)'라는 인물과 동일시되기도 한다. 알 키드르는 이슬람 경전인 코란에 등장하는 인물로, 신비한 지식과 굉장한 지혜를 지닌 인물로 묘사되곤 한다. 이슬람이나 비-이슬람 전통에서 그는 신의 사자使者이자, 선지자, 성자聖者이며, 정의로운 주主의 종이다. 인도에서는 비슈누Vishnu로, 페르시아에서는 천사 가브리엘سروش, Sorūsh로 여겨지기도 한다. 이는 전 세계적인 성 조지의 인기에 대한 반증이자 종교적 혼합주의의 증거이기도 하다.

알 키드르(아랍어로 الخضر, al-Khiḍr)의 모습. 커다란 민물고기를 타고 있다.

02
성 조지 이야기

　다양한 지역에서 숭상崇尙받는 만큼, 지역, 문화적 다양성에 의해 성 조지의 전설에도 조금씩의 차이가 발생한다. 고로, 약간씩 변질된 두개의 유사한 전설을 소개하겠다. 이 외에 리비아와 이집트지역의 전설이 혼합된 형태의 이야기들도 존재한다.

　먼저 배경을 설명 드리자면, 전설들의 전반적인 기원起源은 유럽, 중동지역의 역사 및 가톨릭 경전에 근거를 두고 있다. 죽임을 당하는 용은 동양이 아닌 서양 스타일의 용이며, 통상 말馬보다 좀 작고 숨으로는 독을 뿜는다.

　성 조지는 기사도騎士道 정신의 중요한 상징이 되었는데. 그의 고귀한 행동과 순교殉敎는 그를 전쟁터의 성인聖人으로 만들어버렸다. 덧붙여 그는 여러 질환을 치료하거나 열을 내려주는 능력도 지닌 것으로 알려져 있으며, 그에 대한 기독교 사회에의 의미는 '충실한 믿음으로 세상의 악을 이겨냈다'는 데 있다. 가톨릭에서는 그를 성인으로 인정하고 있다.

　주목할 점은, 가톨릭으로부터 개신교가 분리되어버린 종교개혁 이후에도, 즉 더 이상 영국에 대해 가톨릭 교황이 영향을 줄 수 없었고 가톨릭 신앙이 공개적으로 거부되었음에도 불구하고 영국에서는 성 조지가 계속적으로 숭상되고 있다는 점이다. 결국 가톨릭교회뿐만 아니라 영국국교회의 영향 아래에서도 계속해서 존경받는 상징으로 남아 있을 수 있었다는 것이다.

그가 AD 303년경 디오클레티아누스Diocletian의 끔찍한 기독교 탄압으로 인해 순교했을 때, 조지는 그의 믿음을 끝까지 버리지 않고 극심한 고문을 받다가 죽었다고 전해진다. 그리스어로 기록된 6세기의 필사본에 따르면 성 조지의 수난은 8일간 계속되었다고 한다. 주님으로부터 받은 환영幻影에 힘을 얻어, 보통 사람 같았으면 금방 죽었을 만한 갖가지 고문을 받으면서도 그는 계속 힘을 얻고 살아 있었기 때문에 감옥에서 그를 고문하던 사람들을 어리둥절하게 만들었다. 고문에도 그가 죽지 않자 창으로 찌르고 그의 몸 위로 마차를 지나가게 하고, 몸에 닿으면 살이 타는 생석회에 그를 던져 넣고, 독약을 먹이고, 채찍질을 가하고 뜨거운 불 위를 걷게끔 하였음에도 죽지 않자 결국 그의 목을 베어 버린다.

성 조지의 이야기가 문서상 최초로 출간되어진 것은 13세기경이라고 하며, 여러 성인聖人들의 이야기를 모아 편집한 《황금 성인전 Golden Legend》[9]이라는 모음집을 통해서 소개되었다고 한다.

첫 번째 이야기, 용을 죽인 성 조지(성 조지와 길들여진 용)

성 조지에 대한 가장 오래된 이야기는 북아프리카의 리비아에 있던 사일린Silene[10]이라는 작은 왕국에서 시작된다. 사일린의 주민들은 마을 근처의 우물에서 살고 있는 용 때문에 오랫동안 괴롭힘을 당해왔다. 한번은 이 괴물이 마을의 입구까지 침범해서는 사람들에게 독이 가득 찬 연기를 마구 내뿜어 마구 죽여 버리고 만다. 주민들은 두려움에 매일마다 두 마리의 양을 바쳤는데, 결국 마을에서 키우던 양이 부족해지게 된다. 그래서 양 한 마리와 남자 한 명을 대신 바치게 되었는데, 급기야 양이 모두 사라져 남자건 여자건 모두 바쳐야 할 지경에 이르게 된다. 사람까지 바치게 된 만큼 누굴 보내야 할지가 곤란한 문제였기에 제비뽑기를 하여, 남녀노소, 신분이나 빈부의 차이에 관계없이 뽑히는 사람은 무조건 용에게 바쳐지기로 약속이 되었다. 그러던 어느 날 이윽고 왕의 무남독녀인 공주의 차례가 되고 말았다.

왕은 아직 결혼도 안한 어린 딸[11]을 다시는 볼 수 없게 될 것이라는 생각에 이르자 무척 슬펐다. 그래서 그는 주민들에게 8일간의 유예기간을 달라고 부탁했고 주민들은 이를 기꺼이 받아주었다. 하지만 그 8일도 금방 지나가 버리고 만다. 왕은 어쩔 수 없이 그의 의무를 다하고자 마치 웨딩드레스마냥 가장 아름다운 옷을 지어서 공주에게 입혀주고는 용을 위한 제물로 내보낸다.

그녀가 자신의 운명을 향하여 다가가고 있을 무렵 마침 그녀를 발견한 조지가 말에서 내려 다가와서는 "왜 우느냐"고 물었다. "선한 젊은이여, 나와 함께 죽기 전에 어서 당신의 말에 올라타고 이곳을 떠나세요."라고 그녀가 대답하고는 우물에 사는 용에 대해 설명을 해주었다. 그녀가 말을 채 끝내기도 전에 괴물은 그 끔찍하게 생긴 모습을 물 밖으로 드러내기 시작했다. 그녀는 조지에게 어서 떠나라고 재촉했지만 조지는 피하는 대신 손으로 십자가를 그어 대답에 대신한다. 용과 맞닥친 그가 창을 휘둘러 용을 바닥으로 패대기를 쳤더니 용은 갑자기 고분고분하고 얌전해져버린다. 이어, 조지는 공주 쪽으로 몸을 돌려 두려워 말라고 말하고는 그녀에게 속치마를 찢어서 용의 목을 묶도록 지시한다. 이렇게 하자 그 괴물은 마치 순한 암양처럼 그녀를 따르기 시작한다.

조지와 공주가 용을 마을로 데리고 오자 마을사람들은 두려워서 모두 숨어버렸으므로 조지는 큰 소리로 "내가 당신들을 그 끔찍한 용으로부터 구원해 주도록 보내졌으므로 이제는 두려워하지 말라"고 말한다. 왕과 마을주민들은 환호성을 질렀으며 침례(세례)를 받고 그리스도를 따르게 된다. 그날의 영광스러운 승리로 인하여 2만 명의 남자들과 가족들이 신봉자信奉者가 되었다. 조지는 용의 머리를 내리쳐 떨어뜨리고는 용의 몸체는 기념물로 그냥 들판에 따로 놔두도록 지시한다.

두 번째 이야기, 용을 죽인 성 조지(조금은 다른 이야기)

1517년의 종교개혁을 통해 성 조지의 이야기가 재구성되었으며 성 조지와 용에 대한 새로운 이야기는 세간에서 상당히 인기를 끌게 되는데, 이번 이야기는 리처드 존슨Richard Johnson[12]의 《그리스도교의 일곱 용사》라는 유명한 저서에서 인용한 것이다.

조지는 잉글랜드의 기사騎士였으며, 군인의 신분으로 세계 여러 곳을 여행하였다. 모험으로 가득 찼던 그의 여행의 종착지는 이집트였는데, 그곳에 도착하자마자 그와 그의 병사들은 매우 고령의 노인이 사는 조그마한 오두막을 발견하게 된다. 조지가 노인에게 어느 길로 가는 것이 가장 안전하겠느냐고 묻자, 노인은 크게 슬픈 표정을 지으며 말하길, "그놈의 용이 나타난 이후로는 이집트 땅에는 안전한 곳이라고는 남아 있지 않다오."라고 대답한다.

이어서 말하길, "그 거대한 괴물이 이 땅에 있는 모든 처녀들을 잡아먹어버려서 이제는 이집트 톨레미[13] 왕의 딸인 사브라Sabra[14]만 남게 되었다오. 달리 방법이 없게 된 왕은, 출신에 관계없이 그 용을 죽이는 기사騎士에게 자신의 딸을 아내로 줄 것이며 이집트의 왕권을 물려주겠다고 발표하였지만, 감히 짐승과 싸우려고 나서는 자가 아무도 없다오."라고 하였다. 이야기에 마음이 끌린 조지는 노인에게 그 사악한 용에 대해 더 자세히 물어보았다.

그런 후, 조지가 급히 톨레미 왕국의 왕궁으로 찾아갔을 때에, 가장 좋은 옷을 차려입고서 용감하게 자신의 운명을 받아들이려 기다리고 있는 사브라 공주를 만나게 된다. 그녀의 다짐에 크게 감동받은 그는 그녀에게 자신이 그 매서운 용을 상대할 것이니, 용이 있는 곳을 알려달라고 한다.

용은 물이 있는 곳 근처의 계곡에서 살고 있었다. 그가 내뿜는 끔찍한 연기는 그 주변에 있는 모든 것을 죽게 만들었기에 어떤 동물도 그 근처에 접근할 수가 없었다. 그럼에도 말을 탄 기사가 자신의 눈에 띄자 용은 그가 자신을 죽이러 왔음을 직감한다. 용은 천둥 같은 소리로 으르렁 거렸으며 자신의 흉측한 몸매를 드러내 보이며 위협하였다. 어깨에서 꼬리까지 그 용의 크기는 50피트(15.24미터)에 이르렀는데, 날개가 붙어있는 겨드랑이에서는 불이 뿜어져 나왔으며 비늘은 은빛을 내며 반짝였고 청동처럼 단단했다. 배 부분은 황금색이었지만 여전히 단단했다.

조지가 자신의 애마愛馬를 탄 채 용에게로 다가가자, 용은 날개를 펼쳐 불을 뿜으며 조지에게 달려들었다. 공격을 당한 조지는 말에서 거의 떨어질 뻔했지만 가까스로 자세를 다시 바로잡고는 자신이 가진 창을 용에게 휘둘러 용의 몸을 푹 찔러버렸다. 그러나 창끝이 용의 몸에 닿는 순간 그 충격이 어찌나 컸던지 괴물의 단단한 비늘 껍질과 충돌하며 창은 수천 개의 작은 조각으로 부스러져지고 만다. 조지의 공격에 분노한 용은 독이 든 꼬리를 세차게 휘둘러 이번에는 조지를 말에서 떨어뜨려 땅에 꼬꾸라뜨려버린다.

마침 계곡에는 축복받은 오렌지 나무 한 그루가 뿌리를 내리고 있었다. 그 오렌지 나무는 특이한 효험效驗을 지니고 있었는데, 나뭇가지의 가장 끄트머리 근처에조차 독을 가진 짐승이 다가올 수 없었으며, 독을 뿜는다 하여도 나무 앞에서는 모두 흩어져 버리는 특성을 지니고 있었다. 비록 창이 망가져 버렸고 말에서 떨어져나가 비틀거리고 있었음에도 조지는 뒷걸음치며 가까스로 그 오렌지 나무 아래로 몸을 피할 수 있었다. 용은 무척 화가 났으나 다가갈 수 없었고 조지는 그곳에서 잠시 쉬며 그의 힘의 일부를 회복할 수 있게 된다.

새롭게 활력을 되찾은 조지는 자신의 명검名劍인 아스칼론을 기습적으로 휘둘러 용의 배를 갈라버린다. 용은 고통으로 인해 울부짖었으며 그 상처에서는 검은색 독이 마구 쏟아져 나와 조지의 훌륭한 갑옷도 그 독을 뒤집어쓰고 만다. 어찌나 무서운 독이었는지 갑옷은 둘로 쪼개져 버렸고 조지는 또다시 땅에 패대기쳐진다. 마침 용은 자신의 몸에 난 상처로 고통스러워 정신이 없었으므로, 그 틈을 타서 조지는 다시 오렌지 나무 아래로 몸을 굴려 피한다.

거의 죽어가던 조지는 오렌지 나무가 가진 효험 덕분에 힘을 되찾게 되었고, 안정을 차렸을 때에 방금 나뭇가지에서 떨어진 오렌지 열매를 발견하게 된다. 감사와 즐거운 마음으로 그것을 먹었는데, 오렌지 나무로부터 보호도 받았고 그가 먹은 열매가 온갖 상처와 질병을 고쳐줄 수 있었기 때문에 조지는 완전히 회복된다.

신념에 찬 투사鬪士는 그가 용을 무찌를 수 있도록 하늘에 도움을 청하는 기도를 드렸고, 곧바로 일어나 용에게 달려들어 불을 뿜는 용의 날개 아래를 아스칼론으로 찔러버린다. 날갯죽지 아래는 단단한 비늘이 없는 부드러운 관절로 되어있었던 것이다. 조지는 용이 버둥거리자 끝까지 칼을 놓지 않고 힘껏 찔러 용의 간과 심장을 꿰뚫어 버렸으며 용은 고통에 몸부림친다.

용의 몸을 꿰뚫은 상처에서는 끔찍한 독이 계속 뿜어져 나왔는데, 조지는 그날 그 독물이 푸른 초원을 붉은색으로 바뀌게 하는 것을 목격하였다. 또한 독이 섞인 용의 거친 숨결이 닿아 타들어갔던 대지大地가 터져버린 용의 내장에서 나온 물기로 흠뻑 젖어있는 것도 보았다. 독은 끊임없이 쏟아져 나왔고 용은 결국 쓰려져 죽고 만다.

성 조지 전설이 갖는 의의意義

성 조지가 처음부터 인기가 있는 성인聖人은 아니었다. 그가 비록 6세기 초기에 동로마의 비잔틴Byzanntine 군대의 수호신이긴 하였지만, 제1차 십자군전쟁(1096~1099) 이전까지의 서유럽에서는 그를 보잘 것 없는 성인으로 취급했다. 그러나 십자군이 무슬림 지배하에 있던 안디옥Antioch[15]을 점령하기 직전에 성 조지의 환영幻影이 십자군 병사들 앞에 나타났고 그것이 하나님이 보장한 승리의 징표徵標로 여겨졌다는 것이다.

1222년에 4월 23일은 잉글랜드에서 성 조지 축일祝日로 지정되어 있다. 물론 이 날짜는 율리우스력에 따른 날짜이므로 해마다 변동이 있다. 이후로 그는 영국, 베니스, 제노아, 포르투갈 및 여러 곳의 수호성인으로 받아들여졌다. 그에 대한 전설이 조금 바뀌긴 하였으나 천주교와 개신교로 나뉘게 되는 기독교 교회의 대분열大分裂에도 불구하고 오늘날까지도 영국의 수호성인으로 남아 있게 되었다.

중세기를 거치면서 많은 지역에서 성 조지 축일이 기념되고 있으며, 영국의 레스터Leicester, 코번트리Coventry, 레딩Reading, 킹스린King's Lynn 그리고 노리치Norwich지역에서의 축제들이 유명하다. 축제의 행진대열에서는 성 조지를 상징하는 멋진 복장을 한 젊은이가 화려하게 치장된 백마를 타고 용을 죽이는 재연행사가 진행된다. 해마다 퍼레이드에 사용할 기계들을 제작하는 것이 반복되면서 행사는 장인匠人들 같은 기술을 가진 사람들이 참여하는 거대행사로 변화되었고 종교와는 거리가 먼 그들만의 관습이 되어버리고 말았으며, 노리치 지역에서의 성 조지 축일이 지금은 노리치 시장市長의 날The Mayor's Show로 바뀌어버리기도 했다.

중세기 시도서(時禱書, Book of Hours)의 삽화 중 '성 조지와 용'의 그림. 1430~1440경. (런던, 영국박물관 소장)

03
상징의 중요성

　니콜라스 황제(차르)가 지배하던 러시아 제국이 공산주의 혁명으로 무너지고 레닌이 대륙을 차지하게 된다. 비록 스탈린이 레닌의 후계자가 되었지만, 붉은 군대를 창설하였고, 외무부장관을 역임하며 1차 세계대전의 소용돌이에서 러시아를 구해내기도 하였으며, 볼셰비키의 중추적 브레인 역할을 한 유대인 트로츠키가 레닌의 실제 후계자 1순위였다. 슬라브족이 아닌 유대인이었기에 스스로 물러나고 만다. 레닌 사후에 스탈린의 배신으로 숙청당할 위기에 처하자 멕시코로 망명하지만, 결국 암살당하는 트로츠키의 삶은 혁명 이상으로 혁명다워 보인다. 혁명당시 트로츠키는 공산당 입장에서의 적대계층인 부르주아와 회색주의자인 멘셰비키 타도에 대한 선전선동에 열을 올리고 있었으므로, 당시 공산주의자들 사이에서는 성 조지에 비유되곤 했다. 신성로마제국의 정통성을 이어받았고 동방정교회의 중심지인 러시아에서 성 조지처럼 추앙받는다는 것은 큰 영광이었겠지만, 왠지 무신론자들인 공산주의자들의 프로파간다에 성 조지가 동원되었다는 점은 크게 모순적이라 아니할 수 없다.

　러시아에 공산주의가 들어섰다고 해서 성 조지의 명성이 사라진 것은 아니었나 보다. 러시아 인민들의 가슴속에 깊이 각인되어있던 성 조지의 이미지가 공산당에 의해 프로파간다로 이용되었다는 점이 그 증거이다. 1918년 당시 공산주의 지도자 블라드미르 레닌의 후계자로 여겨졌던 레온 트로츠키를 성 조지로, 부르주아계층 혹은 반혁명분자를 용으로 표현한 볼셰비키 측의 선동용 포스터가 등장하기도 했을 정도였다.

다음의 그림은 1918년의 선동용 포스터의 모습이다.

부르주아 계층을 용으로, 트로츠키를 성 조지로 표현한 1918
년의 공산당 포스터

경제 불안, 정국불안정, 날림공사 및 치안부재의 상황 등, 비록 여러 가지 우여곡절을 겪긴 하였으나, 브라질 국민들의 단합된 의지로 2016년 8월 5일, 리우Rio 하계 올림픽은 치러졌다. 올림픽이 개최되었던 '리오데 자 나이로'는 투피Tupi 문명의 발생 지역과 일치한다. 브라질은 아마존이라는 유명 지역 덕분에, 우리에겐 많이 알려진 나라이지만, 또 한편으로는 전혀 어떤 나라인지 감이 잡히지 않는 그런 나라이기도 하다.

브라질 영화 중에는 계급투쟁에 대한 풍자극인 시네마노보의 선두 작품이며 1969년 칸느영화제에서 감독상을 수상하기도 한 〈안토니오 다스 모르테스(죽음의 안토니오)〉라는 것이 있다. 글라우버 로샤 감독의 정치, 혁신적인 웨스턴무비이다. 돈을 받고 도적을 퇴치하려 다니는 총잡이 해결사 '안토니오'는 대지주인 '호라시오'로부터 자신의 영토에 남아 있는 마지막 도적인 '콰라나'를 없애달라는 제안을 받는다. 그러나 사실 콰라나는 도적이 아니라, 가난한 농민과 흑인들을 이끄는 의인이었다. 아무것도 모르는 안토니오는 콰라나 일당의 은신처를 찾아내어 막상막하의 결투 끝에 어렵게 콰라나를 처단한다. 하지만 진짜 적은 따로 있다는 사실을 뒤늦게나마 깨닫고는 정의의 편에 서서 싸우게 된다는 내용이다. 브라질의 민담과 신화, 춤과 노래가 어우러진 가운데 영웅과 악당 그리고 고뇌하는 지식인과 계급적 혁명투쟁을 풍자한 우화寓話적 영화이다.

이 영화의 마지막 장면에는 성 조지가 용을 죽이는 모티프가 사실적으로 등장한다. 흰 말을 탄 붉은 복장의 흑인은 성 조지를 상징하고, 붉은 잠옷을 입은 금발의 백인 지주는 용, 즉 사탄을 의미한다. 바닥에 쓰러진 지주는 긴 창에 찔려 죽는다. 영화 〈안토니오 다스 모르테스〉의 클라이맥스 장면은 성 조지와 용의 모티프이다. 하지만 브라질에서는 유감스럽게도 용을 제대로 죽이지 못한 모양이다. 아니면 성 조지조차 용과 타협했든지.

중앙과 남아메리카의 원주민들의 본래 언어는 어느새 사라지고, 유럽제국 5개국 언어가 모국어로 사용되고 있는데, 불어를 사용하는 프랑스의 식민지인 프랑스령 기아나, 포르투갈어를 사용하는 브라질, 그리고, 스페인어를 사용하는 나머지 국가들 등으로 크게 나뉜다. 브라질은 제국주의적 찬탈을 가장 먼저 시작한 포르투갈의 식민지였기 때문에, 가장 먼저 천주교가 전래된 장소이기도 하다.

백인들의 침투로 인하여 혼혈족속인 메스티소mestizo와 물라토 mulatto 및 노예출신 흑인black들로 이루어져 있는 것이 대부분의 중남미 국가들의 공통된 특징이다. 중남미 국가의 국경선은 민족별이 아닌, 식민지 지역의 지주이자 군벌세력이었던 백인계의 '크리올로 Criollo'라는 지배계층들의 지배 영역을 바탕으로 국경선이 그어져 버렸다. 부족이나 문명과는 아무런 관련 없이 국경이 생겨난 것이다. 이러한 비극의 결과 이웃한 우루과이와 파라과이는 전쟁까지 치른 바 있다. 이렇게 인디언, 인디오, 백인, 노예로 끌려온 흑인이 뒤엉켜 잡종 세상이 되어 살게 된 신대륙은 오늘날까지도 과거의 상처를 치유하지 못한 채 살아오게 된다. 2차 세계대전의 결과로 독립한 다수의 아시아권 나라들과 비교해 보았을 때에 그보다 무려 1세기 전에 이미 독립했던 중남미의 나라들의 발전이 더딘 이유는 무엇일까? 기나긴 식민지 시절부터 유지되었던 고질적인 빈부의 격차와 부패로 인한 민중에 대한 억압이 원인이 아니었을까?

1945년 2차 세계대전의 종결로 인하여 세계질서가 재편됨과 동시에, 같은 편에 서서 나치를 상대로 싸웠던 공산주의세력과 서구 제국주의세력이 동맹관계를 끊고 급작스럽게 대립하게 되면서, 소위 '냉전 시대'가 도래한다. 천주교가 이미 1500년대에 전해진 중남미에서는, 예수님의 재림만이 억압받는 자들을 살릴 수 있으므로, 지금 당장 예수 재림再臨이 이루어져야 한다는 신학神學, 즉, 해방신학liberation theology이 대두되게 된다. 즉, 좌파적 기독교주의라고 볼 수 있겠다.

영화 〈안토니오 다스 모르테스〉의 바탕에도 1960년대에 등장한 중남미의 해방신학 사상이 담겨져 있다. 중남미에서 발생한 이 사상은 1970년대에 대한민국으로 건너오면서 '민중신학民衆神學'이라는 이름으로 변형된다. 김지하 시인詩人의 글에서 영감을 얻어 발표된 〈금관의 예수〉라는 곡은 민중신학 계열의 대표곡이라 할 수 있다. 그러나 영화 〈안토니오 다스 모르테스〉를 아는 한국인이 없고, 〈금관의 예수〉라는 곡을 아는 브라질인이 없듯이 미약한 상징은 그 영향력의 확대는커녕 명맥도 유지하기 힘들다.

가톨릭에서 분리된 동방정교회의 영웅인 성 조지가 특이하게도 천주교도 아닌 개신교이자 성공회聖公會국가인 영국과 직접적 관련이 있음이 발견되었다. 얼마만큼이나 관련이 있을까? 천주교에서 개신교가 분열되어 나오고 영국 왕 헨리 8세[16]가 로마의 교황청과 결별하고 독자적인 영국성공회를 설립할 정도였고, 종교개혁의 여파로 유럽에서는 '30년 전쟁'[17]이라는 피비린내 나는 처절한 싸움이 지나갔음에도 영국인들의 성 조지 사랑은 그 정도를 넘어선다. 영국 전역은 아니더라도, 많이 양보해서 영국의 근간이 되는 잉글랜드가 그렇다. 통상 성전기사단Knight Templar의 상징이라고 알고 있는 흰 바탕의 붉은 십자가는 잉글랜드의 상징인데, 이 상징을 '성 조지의 십자가'라고 부르며 성 조지의 십자가는 영국의 공식 깃발인 유니언잭의 기본이 된다. 심지어는 적십자Red Cross의 깃발조차도 성 조지 십자가의 변형물이라고 볼 수 있다.

그레이트브리튼 북아일랜드 연합왕국의 깃발인 유니온 잭Union Jack은 다음의 여러 깃발들을 겹쳐 제작한 것이다. 잉글랜드의 성 조지 십자가St George's Cross, 스코틀랜드의 성 앤드류 십자가St Andrew's Cross, 대브리튼 왕국Kingdom of Great Britain의 3국 연합기, 그리고 아일랜드의 성 패트릭의 십자가St Patrick's Cross가 합쳐진 것이다. 다시 말해 365일 해가 지지 않는 나라 영국의 기초는 '성 조지의 십자가'라 는 것이다.

구분 설명	공식명칭	국기	지도	비고
잉글랜드	England	성 조지 십자가		잉글랜드
웨일스	Wales	웰시 드래곤		웨일즈
스코틀랜드	Scotland	앤드류 십자가		스코틀랜드
북아일랜드	Northern Ireland	패트릭 십자가		북아일랜드는 영국의 식민지이다
그레이트 브리튼	Great Britain	세 국기의 합		잉글랜드 웨일즈 스코틀랜드

구분 설명	공식명칭	국기	지도	비고
영국	United Kingdom	네 국기의 합		잉글랜드 웨일즈 스코틀랜드 북아일랜드
아일랜드	Ireland	아일랜드 국기		독립된 아일랜드 공화국

영국의 성립과정에서의 영국 지도와 영국 국기의 구분.

　해가 지지 않는 나라, 사상 최대의 제국이었던 영국의 현주소는 아직도 축소되어 보이지 않는다. 유럽에 있는 영국 섬 자체는 마치 작은 나라들이 오밀조밀 모여 하나의 나라를 이루고 있는 것 같아 보이지만, 사실 영국의 영향은 대단하다. 특히 '유니언 잭'이 지니고 있는 상징성은 엄청나다. 14개의 영국 해외영토British overseas territory뿐만 아니라, 영국 연방 왕국Commonwealth realm 및 영국 연방Commonwealth of nation이라는 집단이 존재하는데, 이 나라들의 영토를 다 합칠 경우, 세계에서 가장 영토가 큰 국가는 지금도 영국일 것이다. 조금 다른 이야기이지만, 영국과 닮은 역사를 지닌 프랑스의 경우도 아프리카에서만 14개국이 아직도 프랑스에 기여를 하며 살아야 할 정도로 그 영향력이 대단하다. 프랑스어를 모국어로 사용하는 지역을 지칭하는 '프랑코폰Francophone'이라는 용어가 별도로 존재한다는 사실만으로도 완전한 독립을 이루지 못하고 아직까지 프랑스의 깃발 아래 점령되어 있는 국가들이 존재한다는 점을 알 수 있다.

유니온 잭이 포함된 하와이의 주기州旗를 언뜻 잘못 보면 하와이도 영국연방 아닐까하는 착각이 일어날 정도이다. 하와이는 미국의 50번째 주 아니던가?

하와이 주(州)의 주 깃발

프랑스는 개별국가가 영토의 소유권을 주장할 수 없는 남극대륙에 조차 나라를 세우고 국기를 만들어 두었다.

프랑스 남반구 및 남극영토(TAAF)의 국기

이 정도라면, 우리말로 상징물이라 부르는 심벌symbol이 지닌 지배력은 대단한 것 아닌가? 용을 죽여야만 영광을 차지할 것이라는 콤플렉스에 시달리는 것은 성 조지만이 아니었다. 서구의 모든 인간, 민족, 국가들이 지닌 집단적 콤플렉스 현상이라고 보아도 될 것이다. 인간의 역사는 인간들이 어떠한 상징물을 중심으로 하나의 협력적인 집합체가 되어 가는지를 보여준다. 세상에는 여러 가지 별의별 상징 간의 충돌과 대결구도가 형성되어 있을 테지만, 그 충돌과 대결구도의 중심에 위치하고 있는 잠재적 존재는 용龍일 수도 있겠다. 용을 사이에 둔 대결은 동서양 간의 대결을 의미한다. 일부 시사 전문가들은 이 세상이 마치 이슬람과 기독교 간의 대결로 종말을 맺을 듯 예측하고 있으나 그것은 무지無知의 소산所産이다. 이슬람과 기독교는 뿌리가 같기 때문이다.

개인의 상징도 분명 존재하지만, 집단의 상징, 민족의 상징 혹은 국가별 상징이 존재하며, 그 알력과 경쟁의식 또한 무척 격렬하게 표현된다. 일정 집단이 비슷한 숭상물을 지녔다면 단합되기 쉽겠고, 아니라면 분열되기 쉬울 것이다. 무슬림Muslim간의 단결력은 비록 세계 각처의 여러 장소에 멀리 떨어져 있더라도 단일 상징성을 지녔다는 공통점을 지니고 있기에 뭉치기가 쉽다. 세상 곳곳으로 흩어져버리게 된 디아스포라diaspora로 인해 아홉 개의 부족을 잃어버린 이스라엘은 유다, 시므온, 레위, 베냐민 지파만 남아 작은 나라를 이루고 있지만 단일 상징성을 바탕으로 한 단결력은 세계 어느 민족보다 강력하다. 게다가 세상에 존재하는 각종 상부상조fraternity단체를 통하여 엄청난 인맥까지 형성시켜 놓았으니 나라가 없다고 해서 핍박만 받아온 것은 아닌 듯하다.

세상에서의 특정 국가, 특정 민족은 가능하면 의리와 상호존중을 통해 서로 간의 신의를 저버리지 않는 것이 좋다. 세상 끝날 때까지 신뢰가 회복되지 못하는 경우도 허다하다. 그만큼 함께 공유하는 상징성이란 귀중한 것이다.

인류의 이러한 습성은 축구시합과 같은 단순한 분야에서도 쉽게 발견될 수 있다. 전쟁 대신 치러진다고도 하는 축구시합은 '대신'이란 단어가 무색할 정도로 진짜 전쟁을 방불케 한다. 축구 광팬들인 훌리건hooligan들 간의 목숨을 건 응원전을 보면 알 수 있다. 하나의 기치旗幟아래 모인 인간들, 어찌 보면 이들은 뭔가의 공통분모를 찾아 움직이고 있다. 집단적 무의식은 의식적인 것이 아님에도 그 전염성이 강하다. 아니, 의식적인 것이 아니기에 그 전염성이 강한 것인지도 모르겠다.

04
고종 황제의 콤플렉스

　1863년, 나이 12세에 조선의 26대 군주君主이자 마지막 왕이 된 고종황제도 그렇고 10년간 섭정을 맡아서 관리한 흥선대원군도 그렇고, 결코 연약한 군주들이 아니었다.

　원나라, 명나라, 청나라에 걸친 고려와 조선의 사대주의事大主義 사상은, 힘으로는 어쩔 수 없고, 형제국가는커녕 군신지간의 국가로서의 신분이라도 주어지고 제한적으로나마 국가라고 불릴 만한 주권이 주어진 것만으로도 다행이고 행복한 일이었기 때문에 생겨났다.

　천 년간 지속되어온 상대적으로 평온한 태평성대는 여러 우여곡절과 위기를 맞기도 하였으나 비교적 무난한 시기였다. 그러나 19세기 중반에 우리에게 다가온 거대한 변화는 거스를 수도 없고 예측할 수도 없는 엄청난 장애물이었다. '지난 천년 동안을 큰 변화 없이 그리고 큰 문제없이 비교적 잘 지냈는데 왜? 우리가 변해야 하는가?' 이것이 불란서, 미국 등이 억지로 우리와의 무역을 요구했을 당시의 조선 관료들과 백성들의 전반적인 정서였다.

　불행히도 변할 수밖에는 없었는데, 어떤 방향으로 가는 것이 맞겠냐는 것이 고민이었다. 물론 원한다고 방향을 정할 수 있는 것도 아니지만….

　더 이상 대륙을 대표하던 청나라와도 이전처럼 사이좋게 지낼 수가 없었다. 조선 말기에 우리는 때로는 청나라의 방해로, 때로는 일본의 방해로, 때로는 프랑스 등 서양제국들의 방관으로, 또는 러시아의 무능력으로 인하여 우리는 적당한 때와 기회를 놓치고 있었다.

여러 세력 중에서도 자칭 조선의 종주국임을 자청하여왔던 청나라에 대한 고종의 불만이 가장 컸으리라 본다. 당시의 청나라의 행동은 보호해주지도 못하면서도 사사건건 참견하는 '말리는 시누이' 정도가 아니라 '못 먹을 감이라고 계속 찔러대는' 악독한 태도로 인식되었어야 맞다. 망해가는 저축은행이 최우수 고객에게 추가 대출은커녕, 예치해 놓은 예금조차 반환해주지 않은 것과 같은 분위기였을 것이다. 적은 돈이나마 나에겐 전부인 예금을 인출해서 다른 은행에 넣고 싶은데도 여차여차한 트집을 잡아 돈을 빼주지 않는 그런….

한반도의 역대 군주들은 중국 지역에서 차례로 발흥勃興하여 영향력을 끼쳐온 제국들에 대한 의존감과 충성심을 가지고 있으면서도 동시에 양가적으로 분노감과 굴욕감을, 그리고 배신감과 적대감을 느끼고 있었던 것은 분명하다. 이러한 심리적 배경으로 인하여 원나라에 대한 배신행위, 명에 대한 과도한 충성 및 청에 대한 불만이 노골적으로 표면화되었고, 청나라 말엽에 와서는 청에 대한 부정적 감정이 최고조에 달했을 것으로 추정된다. 믿었던 청나라가 1, 2차 아편전쟁, 태평천국 운동의 진압, 청일전쟁의 패배 등을 통해 무너져 내린다.

홀로 서는 독립이 두려웠겠지만, 그동안 굳게 믿어왔던 청나라의 무력한 모습을 목격한 고종은 조선의 대외적 영향력이 빈약하고 현실적 입장이 절망적임에도 어떻게든 국가의 보존에 정진해야 했고, 물리적인 변화는 아니더라도 최소한 정신적, 상징적 변화라도 꿈꿔야만 했다. 여덟 개의 제국세력에게 동시에 몰매를 맞고 쓰러져가는 청나라와 함께 조선도 망할 수는 없었기에 만방에 조선의 독립을 알리고 주권을 주장하여 조선도 정식으로 세계에 속한 엄연한 군주 국가임을 알려야 했을 것이다.

고종은 적극적이었지만, 당시 양육강식의 가차 없는 제국주의적 세계 분위기는 우리의 입장에 전혀 우호적이지 않았다. 운도 따르지 않았다. 운이 없었는지, 운이 다 되어서인지는 모르겠지만, 고종 황제의 마지막 노력에도 불구하고 조선은 지도상에서 사라지고 만다.

중국을 능가하는 더 강력한 용이 되어 높이 승천하려는 꿈을 꾸었던 고종 황제의 '용 콤플렉스'를 극복 못한 채로 너무나 가슴 아프게 역사의 흐름이 마무리된 것에 대한 아쉬움과 미련이 남는다.

대한제국大韓帝國, Korean Empire은 광무 원년인 1897년부터 1910년 8월 29일까지 한반도와 그 부속 도서를 통치하였던 전제군주제 국가이다. 1897년 10월 12일 고종은 조선이 자주국가임을 널리 알리기 위해 대한제국으로 국호를 바꾸고 황제로 즉위한다. 대한제국은 1897년 광무개혁 등 근대화를 추진했으나 1910년 일본제국에 의해 멸망 당한다.

1896년에 독립협회가 중심이 되어 청나라 간섭의 상징인 영은문迎恩門을 헐고 건립을 시작한 독립문獨立門도 우리의 정체성을 확고히 하려는 심벌인 동시에 콤플렉스이다. 청나라로부터의 독립이 명분이 었으나, 애꿎게도 1537년 중종 32년에 명明나라에 대한 존경의 뜻으로 세우고 지어진 영은문이 헐려버린 것이므로, 조선은 병자호란丙子胡亂을 일으켜 조선을 강압적으로 굴복시킨 청나라뿐만 아니라, 조선을 도와 왜倭의 침입을 물리쳐 주느라고 국운이 다하여 망한 고마운 나라인 명나라에 대해서도 대단한 감정의 앙금을 지니고 있었음을 알 수 있다.

1907년 7월 20일, 고종 황제는 외세에 의해 강제로 퇴위를 당함으로서, 짧은 기간이나마 세계열강들의 힘의 균형 속에서 살아남고자 노력했고, 우리는 1259년 이후로 636년간 섬겨온 원나라, 명나라, 청나라의 관계청산을 위해 애써왔지만, 끝내 용의 승천과 독립조국수립의 콤플렉스에서 벗어나지 못하고 꿈은 좌절되고 만다. 우연의 일치일지 몰라도 고려가 몽골의 실질적 지배하에 들어간 시기도 고려 고종 46년의 일이며 조선의 고종이 강제퇴위 당한 해는 그가 지도자로 올라선지 44년 만의 일이다.

옷이 날개라고, 옷이 사람의 가치를 결정하고 가문과 전통이 그 사람의 격을 평가한다. 그래서 상징이 중요한 것이다. 개인의 이름과 가문, 회사의 로고와 브랜드, 국가의 상징물 그리고 민족의 정기精氣 등등. 이런 것들이 아무것도 아닐 듯 느껴질 수도 있겠지만, 아니다. 엄청나게 중요하며 구성원의 자존심과 직결되어 있다.

프랑스제국의 나폴레옹이 황제로 등극할 당시에 그는 한 손에는 샤를 5세의 홀을, 다른 손에는 샤를마뉴 대제의 정의의 손을 잡고, 프랑크 왕국의 문장이자 이집트 파라오들의 상징인 벌을 수놓은 의복을 입고, 발밑에는 로마와 신성로마제국을 상징하는 독수리문양의 카펫을 깔았다.

현대인들에게는 느낌이 잘 오지 않을 것이다. 요즘 사람들이야 자기 돈으로 무엇을 사 입건 무엇을 사 먹건 문제가 안 되겠지만, 19세기 때만 하더라도 그렇지 않았다. 계급과 신분에 따라 걸칠 수 있는 옷의 가짓수, 모양, 색깔, 옷감의 재질 등에까지 차등이 있었다는 것을 알고 계실 것이다. 심지어 먹는 음식과 그 가짓수에도 제한이 있었다.

옷은 날개가 아니라, 권력의 상징이었다. 특히 비슷한 문화권을 가진 나라에서는 서로 간의 계급의 차이를 일목요연하게 한 눈에 알아볼 수 있을 정도였다. 물론, 아메리카 인디언 추장과 대한민국 육군대장을 복장의 차이로만 상하관계를 금방 알아 챌 수야 없겠지만 분명 높은 신분의 복장에는 뭔가 특별한 것이 추가된다. 군대에서도 계급이 바뀌면 복장부터 달라진다. 더 옛날인 봉건시대의 복장의 의미는 지금에 비해 훨씬 치명적 차이를 지니고 있었다. 자신의 처지에 맞지 않는 복장으로 길에 나섰다가는 사형은 물론 삼족이 멸해지는 처벌을 받을 수도 있었다. 중세 시대의 유대인들은 제한된 지역에 거주하면서 독특한 상징의 복장을 강요받기도 했다.

곤룡포袞龍袍라는 것이 있다. 고대의 천자天子가 입던 일종의 정복正服이다. 곤룡포는 중국 수나라 이후 황제, 황태자, 친왕. 군왕, 및 고려의 국왕과 왕태자, 조선의 국왕과 왕세자, 대한제국 황제와 황태자 및 친왕, 베트남 황제 및 황태자 등이 입던 일상복이라 정의 내려져 있다. 곤룡포에는 자수刺繡로 용문양의 원형圓形 보補가 새겨져 있다. 다른 명칭으로 곤복袞服, 곤의袞衣, 용포龍袍, 황포黃袍, 길복吉服이라 불렸다.

한국에서는, 고려와 조선 시대 국왕이나 왕태자, 왕세자가 입었던 평상복으로서 단령의 일종이다. 단령團領은 조선시대에 깃을 둥글게 만든 관복이나 공복公服을 말한다. 고려국왕은 담황색 용포인 황룡포를 입었고, 조선국왕은 다홍색 용포인 곤룡포를 입었다. 곤룡포는 붉은색 비단으로 만들었으며, 붉은색은 강한 생명력을 뜻하였다. 곤룡포를 입을 때는 익선관을 쓰고 허리에 조각이 들어간 옥대를 매고 목화木靴를 신었다.

곤룡포는 착용자의 신분에 따라 그 색깔과 허리띠의 재료, 흉배胸背의 종류에 차등이 있었다. 왕은 다홍색을, 왕세자와 왕세손은 아청鴉靑(검은빛을 띤 푸른빛)색을 사용하였다. 허리띠도 옥대와 수정대의 구분이 있었고, 곤룡포에는 가슴, 등, 양 어깨에 발톱이 다섯 개 달린 오조룡五爪龍을 금실로 수놓은 원보圓補를 붙이는 것이 원칙이었다. 용龍은 상상적인 동물로 그 행동이 변화무쌍하여 천자天子나 국왕國王을 상징하는 동물로 여겨져 왔고 용의 발톱의 수로써 직위를 나타내었다. 가슴 쪽에 수를 놓아 다는 흉배의 용무늬에 사용하는 용의 경우, 왕은 발가락이 다섯 개인 원형의 오조룡보五爪龍補를, 왕세자는 발가락이 네 개인 원형의 사조룡보四爪龍補를, 그리고 왕세손은 발가락이 세 개인 사각형의 삼조룡보三爪龍補인 방룡보方龍補를 사용하는 등 신분에 따라 엄격한 구분을 지켰다.

흉배胸背 또는 보補는 조선, 명나라, 청나라 등에서 특정 계급이 입는 의복의 가슴과 등에 붙이던 표장이고 왕족뿐만 아니라 벼슬아치들도 달고 다녔는데, 이들은 학이나 호랑이 등을 수놓은 흉배를 달았다. 곤룡포가 평상시 입던 일상복이라고 해서 현재 우리의 일상복을 연상하면 안 된다. 엄연한 관복官服이며 집무할 때에 입던 시무복視務服이었다.

분홍빛을 띠는 대홍색帶紅色이었던 곤룡포는 1897년에 고종이 황제에 오르면서 황색의 황룡포로 바뀌게 된다.

원칙은 그렇다지만, 조선시대 왕은 명明과 청淸의 제후국諸侯國이었기에 홍룡포를 착용해야 했고, 중국의 황제는 천자라 하여 황룡포를 착용하였다. 갑오경장(1894) 이후부터는 고종과 순종 임금도 황룡포를 입었는데, 황제를 상징하는 금사오조룡보에 해와 달의 문양을 수놓은 보를 양어깨와 가슴 등에 달았다고 한다.

현재 조선의 궁중 복식연구 사정상 정확한 자료 파악이 안 되고 있지만, 황제국과 제후국의 입장에서 엄격하게 보자면, 조선시대 '왕'이 입었던 곤룡포에는 네 군데(양 어깨, 가슴 등)에 보(흉배)를 달고, 보에는 금사로 '사조룡보'의 용의 그림을 수놓았으며 시대별로 보의 크기와 용의 형태가 달랐을 것으로 추정하고 있다. 즉 왕이라 하더라도 조선의 왕들은 엄격하게 말해, 오조룡을 달아서는 안 되었다. 조선시대에는 '황제'의 칭호를 받은 왕만 '오조룡보'를 달 수 있었던 것이다.

지금은 대한민국 통수권자인 대통령의 상징이 무궁화와 무궁화를 호위하는 두 마리의 봉황이다. 별 관심이 없으셨겠지만, 유물론적 공산주의 국가임을 자처하는 중국이나 북조선의 주석主席의 상징으로는 생물체生物體를 사용하지 않는다. 더 나아가 우상숭배를 배격하는 이슬람 국가들은 생물체는 물론 어떤 문양도 사용하지 않는다. 청나라 멸망 직후 중국에서 잠시 동안 용과 봉황 등으로 이루어진 십이장국징十二章國徽이란 것을 사용한 적은 있다. 미국 대통령의 상징은 오른발엔 올리브 잎새를, 왼발에는 화살뭉치를 쥔 대머리 독수리이고, 영국의 수상의 상징은 국왕을 곁에서 호위하는 사자와 유니콘이다.

조선의 국왕들의 곤룡포의 모습과 용보龍補의 전통과 형태에 대해 자세히 설명하긴 하였지만, 현존하는 조선왕조 임금님들의 어진御眞을 보면 모두 붉은색의 용포를 입고 있다. 그리고 태조 이성계가 어진에서 파란 색의 용포를 입은 이유는 새로운 왕조를 열어가는 뜻을 기리기 위해 파란색 곤룡포를 입은 모습으로 그린 것이라고 한다. 현재 보존되어 있는 조선의 임금님들의 실질적 어진은 총 스물여섯 분의 임금님들 중에서 고종까지 포함하여 단 세 점이 전해질 뿐이다. 파란색 곤룡포의 태조, 그리고 붉은색 곤룡포의 영조와 철종의 어진뿐이다. 더군다나 철종은 곤룡포가 아닌 철릭과 주립으로 된 옛 군복인 융복戎服을 입고 있다. 고종의 어진은 대한제국 황제로서의 황금색 곤룡포의 어진만이 전해지고 있다. 이 외의 어진들은 후대에 상상력을 동원해 그려진 것들이라고 보아야 한다.

중국의 천자들은 자신이 세계의 중심 중의 중심이란 의미에서 황색의 의복을 입었고 한국의 왕은 황색을 피해 적색의 용포를 입었다.

기록에 따르면, 용보龍補(용을 넣은 원보)를 처음 사용한 것은 세종世宗 26년(1444) 3月 명나라에서 '대홍직금 곤룡암골타운포大紅織金 袞龍暗骨朶雲袍'를 도입하면서 부터이다. 왕은 중국 명明나라의 '친왕례'에 따라 조선국왕도 명나라 황태자와 같이 사조룡을 썼다는 증거이다.

권위는 의복에서만 보여지는 것이 아니다. 대한제국의 초대 황제인 고종황제는 곤룡포 외씨의 장소에서도 명과 청나라를 능가하는 우월성을 내비쳐 보이고자 했다. 다시 말하지만, 수백 년간 우리 민족은 단지 발톱 한 개의 차이로 인한 열등감을 극복하지 못하였다. 용의 발톱이 네 개이건 다섯 개이건 그것이 무슨 의미가 있겠는가마는, 이제까지 그 어떤 군주의 상징도 아니었던 무려 일곱 개의 발톱을 가진 용이 등장한다. 경복궁景福宮 안의 정전正殿인 근정전勤政殿의 천장의 칠조룡七爪龍은 새로운 조선, 대한제국의 부활復活의 염원과 번영의 상징이었던 것이다.

고종과 순종황제가 칠조룡을 사용했으므로, 그제야 황태자인 영왕英王(영친왕)의 붉은색 곤룡포에는 발톱이 다섯 개인 용을 새겨 넣었다.

대한제국 고종황제의 상징인 칠조룡의 발 부분을 확대한 사진. 용의 발톱이 일곱 개이다.

청나라 북경의 황궁이나 명나라의 남경의 궁궐 규모로 궁을 새로 짓는 것보다는, 비용도 여력도 부족했고 백성의 호응도 예측하기 어려웠을 것이므로, 관제나 의복을 우선 황제 급으로 바꾸어 나가는 것이 훨씬 저비용에 효율적이었을 것이다. 일단 이런 식으로라도 콤플렉스를 극복하려 했다. 물론 고종 말기의 비교적 광범위해진 국제관계와 빈번한 외교사절단들의 방문 및 수교 국가들의 증가에 발맞추어 전 세계를 상대로 대한의 독립과 황제국으로의 변신을 부지런히 알리는 작업들도 동시에 적극적으로 진행되긴 했었다.

하지만 콤플렉스라는 건, 어디까지나 콤플렉스이다.

콤플렉스 맞다. '정상적인 일상생활을 하는 데 방해가 될 정도로 마음속에 맺혀 있는 열등감' 말이다. 왜냐하면, 이미 오조룡의 용인 청나라는 죽어가는 소멸 상태였기 때문이다. 죽어가는 사람에 대한 복수의 집념이 무슨 소용이 있겠는가? 더 무서운 새로운 적들이 생겨난 판에 이미 죽어가는 용의 기氣를 이어받는 것이 무슨 소용이 있었을까? 한이 맺혔기 때문이었을까?

결국 대한제국이란 용은 청나라라는 용에 1년 앞서 사망선고를 받는다. 발가락이 두 개나 더 달렸음에도 불구하고 말이다.

그런데, 죽었던 용이 다시 부활하고 있다. 신기하게도 용의 부활에 대해서는 동양인들보다는 서구인西歐人들이 먼저 언급하고 있다. 소위, 유럽중심주의Eurocentrism 혹은 서구중심주의Western Centricism에서 네오-오리엔탈리즘Neo-Orientalism의 시대가 도래到來하고 있기 때문이다. 흥미롭게도 현대의 신-동양주의를 선도하고 있는 나라들은 거의가 동아시아東亞細亞에 존재한다. 수십 년 전부터 이미 아시아의 소룡小龍들이 몰려오고 있다며 서구인들이 법석을 떨기 시작했다. 아시아의 소룡은 싱가포르, 대만, 홍콩, 대한민국을 의미했다. 하지만 홍콩은 현재의 중화인민공화국을, 싱가포르는 하카客家[18]를 대표한다. 네오-오리엔탈리즘의 새로운 시대는 큰 용 중국과 소룡들이 주도할 것이다.

100여 년 만에 결국 콤플렉스를 극복한 것인가?

아니면, 진짜 용의 부활인가?

05
왜 콤플렉스인가?

이러한 집단 무의식은 왜 콤플렉스인가?

콤플렉스complex는 정신분석학의 개념으로, 사람의 마음속의 서로 다른 구조를 가진 힘의 존재를 의미한다. 복합감정이라고도 불린다.

사람은 누구나 약하거나 강한 콤플렉스를 지니고 있으며, 그 적용 범위는 공통의 가치관이 통용되는 범위에 따라 각 개인의 콤플렉스뿐만 아니라 더 나아가 집단의 콤플렉스, 사회의 콤플렉스로 확장되기도 한다.

콤플렉스는 상황을 왜곡하여 보게 하며 그 영향력의 크기에 따라 많은 상황을 중립적이고 객관적으로 보기 힘들게 만든다. 고로 생각, 감정, 행동에 영향을 미치게 된다. 열등감 혹은 핸디캡을 극복하기 위한 삶의 에너지원으로 좋게 표현되어질 때도 있긴 하다.

용을 죽이지 못하면 절대로 미인과 성공을 얻지 못한다는 성 조지의 콤플렉스, 발톱 숫자를 늘려서라도 생존과 성공을 추구하고픈 용의 승천 콤플렉스… 이것이 충돌하면 용의 전쟁이 시작된다.

1 성聖 조지 Saint George

— 그리스어로 게오르기오스Γεώργιος, 라틴어로 게오르기우스Georgius. AD
275~281년 사이에 태어나서 303년에 순교 당하였다. '조지'라는 이름처럼
고대로부터 온 이름들은 지배국가의 문자와 발음이 달라짐에 따라 그 표현
도 달라지기 마련이다. 참고로 구소련시절의 조지아Georgia(미합중국의 조지
아 주가 아닌, 흑해 동남단의 나라)는, '그루지야'로 알려졌으며, '게오르기아'로
불리기도 했다.

2 디오클레티아누스 Diocletian

— 발레리우스 디오클레티아누스는 284~305년까지의 로마의 황제로 은퇴 후
제2차 사두정치의 길을 열어줌으로써 위기에 빠진 로마 제국의 혼란을 수
습하였다. 기독교를 탄압한 황제로 알려져 있다.

3 카탈로니아 Catalonia

— 스페인 북동부 지방이다.

4 아라곤 Aragon

— 스페인 북동부의 지방, 옛 왕국이었다.

5 로드 Lydda

— 이스라엘 중부의 도시. 텔 아비브Tel Aviv의 남동쪽에 있으며 국제공항이 위
치한다.

6 카파도키아 Cappadocia

— 현재의 터키인 소아시아 동부의 고대 국가로 서기 17년에 로마령領이 되었다.

7 스톡홀름 Stockholm

— 유럽 서북부, 스칸디나비아 반도 동부에 있는 스웨덴 Sweden의 수도이다.

8 아펩 Apep

— Apep, Apepi, Aapep, Apophis. 아펩은 고대 이집트 신화에 등장하는 뱀의 모습을 한 악의 신이다. 태양신 라가 태양의 돛단배를 타고 어둠의 계곡에 숨어 있는 아펩을 매일 물리친다. 아펩은 혼돈과 어둠을 상징하며, 라는 질서, 빛, 정의를 상징한다.

9 《황금 성인전 Golden Legend》

— 1260년대에 이탈리아의 수도사 자코부스 Jacobus de Voragine(1230~1298)가 편찬한 라틴어 성인전의 영문판이며, 구텐베르크의 인쇄기술의 발명으로 인해 1483년을 전후로 하여 영문판뿐만 아니라 유럽의 여러 언어로 발간되었다.

10 사일린 silene

— 끈끈이대나물 혹은 장구채 꽃. 리비아의 사일린이라는 마을의 이름은 꽃을 의미하며, 전설적으로 용은 꽃을 좋아한다고 한다. 그 대신 탱자나무는 매우 싫어하기 때문에 탱자나무가 있는 곳은 피한다고 한다.

11 어린 딸

— 성경 구약 사사기 11장 37~38절에 등장하는 사사인 입다의 딸 이야기를 참조하면 된다.

"또 그의 아버지에게 이르되 이 일만 내게 허락하사 나를 두 달만 버려 두소서 내가 내 여자 친구들과 산에 가서 나의 처녀로 죽음을 인하여 애곡하겠나이다 하니, 그가 이르되 가라 하고 두 달을 기한하고 그를 보내니 그가 그 여자 친구들과 가서 산 위에서 처녀로 죽음을 인하여 애곡하고"

12 리처드 존슨Richard Johnson

— 《그리스도교의 일곱 용사The Renowned History of the Seven Champions of Christendom》라는 작품의 저자이다. 제목은 '그리스도교의 일곱 용사의 유명한 역사'라고도 해석될 수 있다.

13 톨레미

— 이집트의 톨레미 왕조Ptolemy of Egypt를 말한다. 헬레니즘 왕국들은 마케도니아와 그리스 소속의 지도자들이 군주화君主化된 것으로 주로 알렉산더대제의 동반자들이 세운 왕국들이다. 이들 중 알렉산드리아를 포함한 이집트에 자리를 잡은 왕조가 톨레미 왕조이며, 팔레스타인을 포함한 수리아와 바벨론 지역을 차지한 왕조가 셀루시드 왕조이다. 팔레스타인은 두 왕조사이의 완충지역으로 양쪽의 영향을 모두 받았다.

14 사브라Sabra

— 사람의 이름으로 사용하며, '가시 속에 숨은 과일'의 뜻을 의미하거나 일정 지역 출신자들을 칭하기도 하여, 특정 지역의 토박이 유태인을 부를 때 쓰는 말이다.

15 안디옥Antioch

— 고대 시리아 왕국의 수도(BC 300~64)였으며 1차 십자군 원정대의 안디옥

점령전투는 1097~1098년간의 장기전이 되어버린다. 무슬림, 즉 셀주크 투르크들이 차지하고 있던 안디옥은 십자군 원정대가 팔레스타인 땅으로 진입하기 위해 반드시 지나야할 요충지에 위치하고 있었던 만큼 전략적인 중요성이 인정되던 장소이다. 안디옥Antioch라는 지명은 두 곳이다. 한 곳은 소아시아, 즉 현재의 터키에 위치해 있고, 이 글에 등장하는 안디옥은 지중해 근처 팔레스타인의 시리아 땅에 있는 안디옥이다.

16 헨리 8세

— 해군력 증강에 힘써, 엘리자베스 왕조 번영의 기초를 닦았다. 이혼 문제로 교황과 대립한 수장령Acts of Supremacy, 首長令 또는 수장법은 1534년 영국왕 헨리 8세가 로마 교황청과의 관계를 단절하고 영국 교회를 관리하는 모든 권한이 국왕에게 있음을 선포한 법령이다. 이 법에 성공회의 기초가 마련된다.

17 30년 전쟁

— 독일을 무대로 1618~1648년의 30년간 유럽제국을 휩쓴 전쟁으로, 종교전쟁의 결정판이라 일컬어진다. 30년 전쟁(독일어로 Dreißigjähriger Krieg)은 유럽에서, 로마 가톨릭교회를 따르는 국가들과 개신교를 따르는 국가들 사이에서 벌어진 종교 전쟁이다.

18 하카客家

— 사전적 정의보다는, 주로 외국에서 사는 중국 사람이라는 의미의 화교華僑와 거의 동일한 의미를 지니고 있다고 보는 것이 타당할지도 모른다. 이들의 조상은 중국에서 왔지만, 이들의 국적은 중국이 아니며, 중공인도 대만인도 아니라고 할 수 있다. 중국인의 디아스포라diaspora라고 볼 수 있다.

용의 대결과
그 미래

01
동과 서의 충돌(곡과 마곡)

기마대騎馬隊의 수는 2억이니 내가 그들의 수를 들었노라 (요
한계시록 9장 16절)

천 년이 차매 사탄이 그 옥에서 놓여나와서 땅의 사방 백성
곧 곡과 마곡[1]을 미혹하고 모아 싸움을 붙이리니 그 수가 바
다의 모래 같으리라 (요한계시록 20장 7~8절)

그러므로 인자야 너는 곡에게 예언하여 이브기를 주 여호와
께서 이같이 말씀하시되 로스와 메섹과 두발 왕 곡아 내가 너
를 대적하여 (에스겔서 39장 1절)

천년이란 시간이 채워지면 메섹과 두발의 왕이자 지도자인 곡이
대적하여 땅의 사방에서 모래알처럼 몰려올 것이란 예언이 신약성경
에 기록되었다. 서기 1582년에 교황 그레고리 13세가 율리우스력을
개정한 그레고리력을 반포하기까지는 글을 모르는 일반 백성들은 현
재의 우리가 경험하는 것과 같은 1년 단위의 숫자개념이 없었을 것이
다. 연도를 표기하고 인식하고 있는 사람들은 소수의 권력가들과 지
식인들에 국한되어 있었다. 그러다 보니 언제 천년이 후딱 지나갔는지

를 알 수도 없었을 것이고 단지 그 천년이 다가오고 있다는 것만 전해 들었을 가능성이 높다.

유럽과 서아시아에 지역에서, 그리스도 기원후, 즉 서기 1000년의 밀레니엄에 즈음하여 발생한 가장 충격적인 사건은 역시 기마민족인 몽골의 대대적인 침공사건이 아닐 수 없다. 1205년을 기점으로 해서 지금의 터키지역에 도달한 것이 1240년대이며, 1260년에는 시리아 지역까지 확대된다. 즉, 최대의 성지인 예루살렘도 위협을 받게 되었다는 뜻이다. 고대 히브리어나 그리스어로 '몽고'와 '마곡'의 발음은 거의 유사하다. 언제부터 사용되었는지는 모를 용어이지만 동양인을 광범위하게 지칭하는 서양용어가 국gook이라는 점도 이채롭다.

몽골의 세계침략이 전 세계를 경악과 공포에 몰아넣은 것은 사실이지만 그로 인해 세상이 멸망하지 않았으므로 일단은 마곡이 몽고일 가능성은 줄어든 셈이다.

그동안 서양 학자들이나 성경학자들의 일부는 '로스'는 러시아를 뜻하며, '메섹'은 모스코바를 의미한다는 그럴 듯한 해석을 하고 있었다. 특히 이들이 북쪽에서 올 것이라는 예언이 있기에 더욱 신빙성이 높아 보였으며 마곡과 메섹은 백인종을 대표하는 야벳의 후손이기에 더욱 그럴 듯 했다.

하지만 최근의 해석은 예루살렘의 실질적 북쪽, 즉 진북眞北은 아나톨리아 지역인 터키가 더 정확하며, 북쪽이란 의미에 거리제한을 둔 것이 아니므로 멀리 떨어진 특정 지역만을 지칭할 수 없다고 보고 있다. 그러나 마곡과 메섹의 거대한 군대가 터키지역으로 모여들 것만은 거의 확실해 보인다.

둘 카나인Dhul-Qarnayn의 성벽城壁이라는 것이 있다. 고고학이나 역사적으로 증명된 것은 아니지만 '둘 카나인'이란 인물은 세계의 거의 전부를 평정하고 다스린 왕이기에 흔히 서양에서는 알렉산더 대왕과 동위체同位體로 보기도 하며, 동양에서는 유사한 인물로 진시황제秦始皇帝를 들 수 있겠다. 둘 카나인이라는 명칭은 두 개의 뿔을 지녔다는 뜻으로 동東과 서西를 통치할 사람이라는 상징을 지니고 있다. 그는 엄격하고 단호하여 신이 내려준 규율을 지키지 않는 자에게는 용서가 없었지만 성실히 지키는 사람들에게는 하염없이 자상했다고 하며 그의 지배하에 있던 인류는 매우 행복했다고 전해진다. 율법을 철저히 지켜온 그는 알라신의 사랑을 받았다고 한다.

그가 영토를 넓혀감에 따라 거주민들의 환영을 받았으며 더 이상 그와 그의 군사가 점령할 땅이 남지 않았을 무렵, 그는 세상의 끝이라고 할 수 있는 해가 뜨는 곳에 도달하게 된다. 그곳에는 아직까지 문명의 혜택을 받지 못한 미약한 민족이 살고 있었는데, 둘 카나인이 도착하자 그들은 그에게 소원을 하나 부탁하게 된다. 사연인즉, 근처에는 야주지Yajuj와 마주지Majuj라는 도덕과 양심이 타락하였고 악한 영향을 끼치는 민족이 거대한 산맥 너머의 근처에 살고 있는데, 그대로 놔두었다가는 자신들의 민족까지 모두 타락하고 말 것이라고 개탄하였던 것이다. 야주지와 마주지로부터 자신들을 보호할 장벽障壁을 쌓아줄 수 없겠느냐는 부탁을 받고 둘 카나인은 정성을 다해 누구도 뚫고 들어오거나 넘어올 수 없는 단단한 금속으로 만들어진 성벽을 쌓아 마치 댐dam마냥 거대한 산맥 사이에 난 틈새를 메워주게 된다. 단, 영원히 단절된 벽은 아니며 알라신이 그의 뜻에 따라 야주지와 마주지를 쓰시게 될 마지막 때에 다시 잠시 열리게 될 것임을 경고로 남긴다.

벽이 건설되자, 야주지와 마주지 종족들은 매일 밤 이 성벽을 뚫고, 반대쪽의 사람들은 그 뚫은 것을 메우는데, 결국 알라의 날이 오면 뚫리게 되며 수없이 많은 야주지와 마주지 부족이 개미떼처럼 장벽을 통과하여 인류세상으로 쏟아져 나올 것이라고 한다. 마치 초대형 벌떼의 공격마냥 이들을 막아설 사람은 없으며 마주치면 모두 죽게 된다는 예언인데, 결국 이들도 인류를 멸망시키지 못하고 알라신이 보낸 곤충들과 거대한 새들에 의해 모조리 제거될 것이라고 한다. 이렇게 마지막 날까지 인류의 타락과 멸망을 막고 있는 것이 둘 카나인의 성벽이라는 것이다. 그리고 코란에서의 야주지와 마주지는 성경의 곡과 마곡과 같은 뜻을 지니고 있다.

이 내용은 코란의 18번째 장인 수랏 알카프Sūrat al-Kahf에 기록되어 있다. 이 상황은 성경에 기록된 인류 최후의 전쟁인 므깃도(아마겟돈)에서의 전쟁을 설명하고 있는 것이기도 하다. 스올에서 잠시 풀려난 큰 뱀 즉 사탄과 곡Gog이 동일시되고 있는 것이다.

앞서 나온 성경속의 단어들인 곡, 로스, 마섹, 메섹에 대해 추가적인 해석을 하자면, 야벳의 둘째 아들이 마곡이므로 마곡의 후손들로 이루어진 민족으로 추정되며 또한 사단의 사주를 받은 악의 상징으로 묘사된다. 하나님 나라와 그 백성에 대항하여 전쟁을 일으키는 적그리스도로도 나타나 있다. 곡은 일반적으로 마곡의 왕으로 로스, 메섹, 두발 등을 치리한 왕이라고 해석하는데, 여기에는 다소의 오류가 있는 듯하다. 왜냐하면 구약성경에서 로스는 지명의 이름이 아닌 지위地位를 뜻하는 용어로 사용되었을 가능성이 더 높기 때문이다. 고대 히브리어로 로스שׁאׁר는 두목 또는 족장이라는 뜻을 가지고 있다. 단, 구약성경의 창세기에서 로스가 베냐민의 후예로 표현되어 있기 때문에 지명일 것이라 추측하는 관점도 부정할 수는 없다.

진시황제의 만리장성과 유사성이 있으므로, 진시황제가 둘 카나인의 성벽의 개념을 모방하여 장벽을 쌓은 것은 아닐지 상상을 해 볼 수도 있겠다. 그렇다면 동이민족이 야주지와 마주지 부족이 되는 셈이다. 하지만, 만리장성이 둘 카나인의 장성長成이 아닐까하고 추측하는 것보다는 이러한 신화를 바탕으로 진시황제가 상징적인 모조품을 건설했을 것이라 추측하는 쪽이 더 상식적일 것이다. 오히려 알렉산더 대왕과의 연관성이 더 깊게 연구되어 왔으며, 카스피 해海 서안西岸에 위치한 러시아의 도시인 데르벤트에 위치한 성벽이 페르시아의 사산왕조 시기(AD 226~642)에 발견되었는데, 알렉산더의 대문大門이라 불리며 관심을 끌기도 했다. 우리나라에 소개되었는지는 모르겠으나 〈알렉산더 대왕의 모험The Romance of Alexander〉[2]이라는 고대 그리스의 전승을 통해서도 비슷한 이야기가 전해 내려오는데, 이는 아마도 알렉산더 대왕의 모습이 두 개의 뿔이 달린 양의 머리로 상징되며 동서양을 정복한 대단한 인물이었기 때문인 듯하다.

벽의 한쪽에는 둘 카나인의 군대와 그곳의 주민들이, 벽의 반대편에는 곡과 마곡이라는 용을 숭배하는 종족이 살고 있다. 그림에는 곡과 마곡이 마치 인간이 아닌 도깨비들처럼 표현되어 있으나, 다른 특별한 존재는 아니며 확실하게 우리와 똑같은 인간이라고 코란에 정의 내려져 있다.

'마곡, 메섹이 러시아를 의미하느냐 아니면 좀 더 현실적으

둘 카나인의 벽을 건설하고 있는 모습. 한쪽에는 둘 카나인과 부족들이, 성벽의 아래쪽에는 아주지, 마주지와 용이 보인다. 용의 색은 붉은 색이다. 알렉산더의 문(門)과 동위체로 본다.

로 구체적인 어떤 존재를 의미하느냐?'에 관심이 쏠려있다. 유대교도, 가톨릭교도, 동방정교회교도, 이슬람교도, 개신교도 등 최소한 30억 지구인구가 쳐다보고 있는 곡과 마곡의 날이 궁금하지 않을 수 없다.

냉전Cold War이 종식된 이후 공산주의 제국이었던 소비에트연방은 해체되고 러시아 등 다수의 동유럽 국가들 거의 대부분이 동방정교회東方正教會 혹은 이슬람교로 회기回期하였다. 고로 냉전종식 이후 곡과 마곡이 소련을 의미한다는 주장은 실제로 급속히 사그라들었고, 급기야는 카자흐스탄, 타지키스탄, 우즈베키스탄 혹은 아제르바이젠이 아니겠느냐는 억측까지 나오게 되지만 이들 역시 독실한 회교 국가들이므로 해당이 되지 않는다. 성경뿐만 아니라 코란을 믿는 일부 종파에서는 곡과 마곡의 날이 이미 19세기에 크림 전쟁 (1853~1856)을 포함하여 이어 발생한 러시아 튀르크 전쟁 (1877~1878) 때 이루어졌다고 주장하기도 한다.

13세기를 죽음의 공포와 종말의 공포로 몰아갔던 흑사병Black Death인 페스트와 몽골 기마대의 거침없는 침공은 당시를 살던 사람들에게 지금 하나님이 말씀하신 종말이 도래했다는 충분한 믿음을 주고도 남았을 것이다. 하지만 칭기즈칸의 몽골 세력도 이미 1천년 가까이 지나간 이야기가 되어 버렸으므로 우환에 지나지 않았다. 몽골 침입으로 인한 희생자는 제외하고 흑사병만 언급해도 서기 1346~1353년 사이에 범유행이 절정에 달했으며, 이로 인해 유라시아 대륙에서 최저 7500만, 최고 2억 명에 달하는 사람들이 죽었다고 전해진다. 당시의 세계 인구 숫자를 추정해 본다면, 계시록 내용만큼이나 엄청난 재앙이었을 것이다.

벽을 사이에 둔 정반대의 세력, 선善도 악惡도 모두 다 신神이 마지막 때에 쓰려고 만드신 것인데, 신기하게도 거대한 벽을 사이에 둔 두

세력이 한쪽은 용을 처단해야 하고, 한쪽은 용을 지켜야만 한다.

2017년 9월 4일 J 신문은, 핵전쟁으로 인한 "서울 불바다"라는 다소 어긋난 기사를 내보내기도 했다. 이는 성경에 대한 오해와 곡과 마곡 및 스올의 개념에 관한 무지에서 발생하였다고 본다. 서울이 불바다가 된다는 말이 아니라 한국에서 날아온 핵미사일에 의해 이스라엘이 불바다가 될 것이라는 예언이었는데, 서울이 불바다가 될 것이라는 기사를 냈다.

1994년 12월 1일, 카발라 유대교 신비주의 계통의 랍비인 '레비 사디아 나흐마니'가 교인들을 대상으로 한 설교에서 곡과 마곡 및 종말에 대한 예언을 남긴 동영상이 발단이 되었다. 그가 남긴 동영상에는 "Koreans will arrive here!!"라고 되어있다. 이 예언 한 달 후 그는 사망하지만, 그는 1967년의 6일 전쟁과 1973년의 욤 키프르 전쟁을 정확하게 예언하여 그의 예측능력의 신빙성을 믿는 사람들이 있다.

우연이냐? 필연이냐?

동양과 서양에는 다음과 같은 차이가 존재한다. 목숨을 잃을 수도 있고, 비겁한 행위로 자칫 개인 혹은 가문의 이름까지도 더럽힐 수도 있는 전쟁터에 나아가는 사람에게 무사할 수 있도록 축복을 해줄 때의 일이다. 말은 승리이지만 남을 죽여야 할 일인데, 군인은 자신이 죽지 않으려면 남을 죽여야만 하는 혹독한 입장이다.

전쟁터에 나아가는 장군이나 병사에게 해주는 말은 다음과 같다.

서양이나 중동에서는 이렇다.

May God be with You(신의 가호가 있기를)

반면에 동양은 이와 다르다.

武運長久(무운을 빈다)

동양과 서양 사이에는 엄연하고도 근본적인 차이가 존재한다. 어디에서 이러한 차이가 발생했을까?

서양에서는 신神의 가호加護, 즉, 신성한 보호Divine Protection가 필요한 것이고, 동양에서는 운運이 따라주어야 하는 것이다. 이처럼 극단적이 차이점을 보이고 있는 것이다. 동서양의 대결은 필연적이다. 문화적 차이와 이질감만을 이야기하는 것이 아니다. 언젠가는 대결이 벌어질 것이라는 뜻이다.

중국의 상징은 용이다. 하지만 용은 중국만의 점유물만은 아니다. 또한, 중국의 상징이 용이지만, 용이 중국은 아니다. 일본이나 한국도 용이다. 물론 한국과 일본은 용이 아닌 새鳥일 것이라는 설명은 앞서 이미 드린 바 있다. 그리고 러시아, 동유럽, 서유럽, 미국, 캐나다와 호주는 용을 죽여야 하는 숙명을 지니고 있는 나라들이다.

러시아연방의 문장紋章, coat of arms은 아래와 같다. 비록 한때에는 신을 믿지 않는 유물론적 공산주의를 표방했던 기간 동안 잠시 낫, 망치와 보릿단으로 상징이 바뀌지만, 1917년에 사라졌다가 1993년에 다시 등장한다. 두 개의 머리가 달린 독수리의 가슴에는 백마를 탄 성 조지가 용을 창으로 찔러 죽이고 있는 모습이 새겨져 있다.

두 개의 머리가 달린 독수리의 가슴에 백마를 탄 성 조지가 용을 창으로 찔러 죽이고 있는 모습이 새겨져 있는 러시아연방의 문장.

사전에는 나오지 않지만, 마곡은 마국魔國[3]이란 곳이다. 함부로 왕래할 수 없는 거대한 장벽너머에 위치한다. 해가 뜨는 동쪽으로 더 이상 진행하지 못하도록 막는 장벽너머이다. 하지만 지구가 둥근 이상, 동쪽이 서쪽이고 서쪽이 동쪽이다. 기준을 어디에 두냐는 것일 뿐, 참으로 아이러니이다. 말 그대로 해가 뜨는 동쪽에서 해가 지는 서쪽으로 끊임없이 나아가려면 우주로 나가야 한다. 그래서인지 심지어는 우주인 침공설까지 등장하고 있는 추세이다.

근동near east, 중동middle east, 원동far east이란 용어는 영국을 중심으로 한 것일 뿐이므로 중요시할 가치가 별로 없다. 영국 입장에서 보면 이스라엘은 근동이고, 이라크는 중동이고 한반도는 원동이다. 하지만 이러한 구분이 없으면 지구촌 이야기를 이끌어나가기 불가능할 정도로 우리에겐 습관적으로 굳어진 지 오래다. 기독교적으로 혹은 이슬람적으로 보면, 한반도는 해가 뜨는 동쪽이고 유럽은 해가 지는 서쪽이다. 여기에서 앞서 언급한 오리엔트orient와 오씨덴트occident가 나온 것이다. 오리엔트는 '오리진origin'이라는 단어와 '떠오르다'라는 뜻의 라이스rise라는 단어에서 파생되었다. 즉, 해가 뜨는 곳이다. 오씨덴트는 '오케이션occasion'에서 파생되었다. 경우case, 안 좋은 일이 닥치다befall, 즉, '떨어져 결과가 나타나다to bring about'의 의미를 지니고 있다. 한 알의 씨가 땅에 떨어지면 결과가 나타나는데, 죄罪라는 것은 여명이 나타난 후 해가 뜨는 동쪽을 통해 들어오고, 생명력을 상징하는 해가 지는 서쪽은 죽음과 종말을 의미한다. 하지만 죽음 뒤에도 다음 날 해는 다시 뜨기 때문에 끊임없이 부활을 거듭한다.

마국魔國과 마곡 그리고 곡國

우리가 통상 '입 구口' 자라고 생각하는 '口' 자는 사실은 '큰입구 몸'이라고도 부른다. '에워쌀 위', '나라 국'이라고도 한다. '國'만 나라가 아니고 '口'도 나라이다. 口(입 구)와 口의 구분은 컴퓨터만이 할수 있다. '口'은 나라, 국가, 도읍, 고향, 고장, 지방, 세상과 세계를 의미한다. 같은 뜻을 지닌 '口' 자는 '口' 안에 역或이라는 글자를 포함하고 있다. 통상적으로 '或'은 칼과 창을 들고 백성을 지키고 있는 모습을 표현하고 있다. 한국의 약자, 일본의 간지漢字 그리고 중국의 간체자로는 '国'이라는 형태로 표기된다. 세 개의 구슬을 끈으로 꿴 모양을 표현한 '옥玉' 자는 '왕王' 자와의 구별을 위해 훗날에 '점주 점\' 자가 추가되었을 뿐 "옥체玉體를 보존하소서."라는 예에서 보듯 어차피 임금님을 뜻한다. '나라 국' 자 안쪽의 '玉' 자는 어차피 임금님보다도 훨씬 높고, 이 글에서 다루고 있는 소재인 용龍의 두목격인 용왕龍王보다 훨씬 지위가 높은 옥황상제玉皇上帝를 칭할 때에 사용된다. 그렇다면 '국国' 자는 옥황상제를 의미하는 옥玉을 지키는 성城이 아닐까? 천상백옥경天上白玉京은 옥황상제가 산다는 천궁天宮을 이르는 말이다.

그렇다면, 이번에는 '마魔' 자의 의미는 어떨까? '마귀'라는 단어를 들으면 우리는 일단 무서움을 느끼지만, '마'라는 단어가 그리 무서운 단어는 아니다. 차라리 거추장스럽고 나아가서는 답답함을 느끼게 하는 말일 뿐이다. "마가 끼었다"는 말은 앞길이 '탁' 막혔다는 뜻이다.

신약성경 마태복음 2장에 등장하는 마기μάγος는 마술사를 의미하며 여기에서 영어단어인 마술magic이 발생하였는데, 마귀와 마기가 발음이 비슷한 것이 특이하다. 마기라고 하면 금방 이해가 가지 않더라도 크리스마스 캐럴에 등장하는 '동방박사'라고 하면 다들 아실 것이다. 박사는 고대 그리스어로 마고스 또는 마기이다. 최고의 점쟁이이자 점성술사를 가리키는 말이다. '마귀 마魔' 자가 마귀, 마라, 악마 등을 의미함은 물론, 마술, 요술 및 여러 번 되풀이해서 몸이 깊이 밴 버릇의 인이 박이다고 하는 표현에도 사용됨을 눈여겨보아야 할 것이다. 국어사전의 뜻을 살펴보면 더 충격적이다. 일이 잘되지 못하게 헤살을 놓은 요사스러운 장애물이며 궂은일이 자주 일어나는 장소나 때, 그리고 '극복해 내기 어려운 장벽'을 의미하기 때문이다.

마귀에 해당하는 다른 단어들로는 사탄과 악마devil가 있는데, 이 역시 대항하는 자, 즉 장애물, 장벽obstacle을 의미한다. 고소고발을 일삼는 자이며 중상, 모략, 비방가이다. '반대' 혹은 '반대말'을 의미하는 영어단어 opposite의 어원이 obstacle이다. 거친 축구경기 때마다 등장하는 태클tackle도 공통된 어원을 지니고 있다. 사탄은 고대 히브리어 사탄שָׂטָן에서 나온 외래어이며, 데블은 그리스어 디아볼라스διάβολος에서 왔다.

앞서 설명했던 국國은 회의문자會意文字라 하여 '마귀 마魔' 자와 같은 형성문자나 '메 산山' 자와 같은 상형문자와 구별되는데, 회의문자란 이미 만들어진 두 개 이상의 글자를 결합하여 새로운 글자를 만들되, 그 글자들이 지닌 뜻을 합쳐서 새로운 뜻을 나타내는 문자다. 고로 국國은 백성과 영토를 지키기 위해 국경을 에워싸고 적의 침입을 막아내는 것을 의미한다.

그런데, 바로 이 '국' 자가 비하卑下를 위해서인지, 구분을 위해서인지 모르겠지만 한국인을 대표로 하여 동양인을 지칭하는데 사용되어 왔고 또 사용되고 있다. 국어사전에 따르면, '불쾌하고 끈적거리는 것', 동남아시아인에 대한 모욕적인 말, 동양인, 북베트남인 혹은 피부가 검은 외국인(아프리카 니그로 제외) 혹은 이상한 사람을 지칭한다고 되어있다. 하지만 어원적 근거가 매우 불충분한 설명이다.

'국'은 서양인들에겐 마치 옹알이babbling처럼 들리는 동양인들의 말소리가 야만인barbarian의 이미지와 결합되어, 주로 1800년대에 사용된 용어, 미국 독립전쟁 종료 후 미국이 제국주의의 대열에 합류하고 백인우월주의가 전성기를 누리고 있을 당시에 유행했었다고 볼 수 있으며 민간인들보다는 군인들이 주로 사용했다고 보는 것이 타당할 듯하다. 1800년대 말의 미국 스페인 전쟁 당시의 필리핀이나, 6·25전쟁 당시의 한국, 베트남 전쟁당시의 월남 등이 이 용어의 대표적인 사용지역이지만, 1900년대 초의 니카라과Nicaragua나 아이티Haiti사람들도 국으로 불린 바 있다. 필리핀이 주산지主産地는 아니고 동남아 지역에 널리 분포된 식물이지만, 우리가 창포菖蒲로 머리를 감아서 유명한 단오절端午節마냥 필리핀 여성들은 샴푸대용으로 '구고 나무gugo tree'를 사용했고 지금도 허브제품 샴푸로 꽤 유명하다, 이 나무에서 나오는 진액으로 머리를 감는 필리핀 여인들을 보고 만들어진 단어라는 주장도 있다.

영한英韓사전에도 '추파를 던지는 듯한 눈매goo-goo eyes'라는 정의가 내려져 있는데, 이 표현은 아마도 1900년대 초반기에 일반화되었을 것으로 추정된다. 매혹적인 눈매라는 뜻이 아니라 끈적끈적한 유혹의 눈매를 의미하므로 숙어의 이면에는 동양인 비하의 뜻이 숨겨져 있다고 보아도 될 것 같다.

특히 6·25전쟁을 통하여, 한국에 온 미군들은 유별날 정도로 '국'이라는 한국말을 많이 듣게 되는데, 미국, 한국, 중국 영국부터 시작하여 심지어는 종국, 조국, 민국 등의 국자 돌림이 많아 우리를 국이라고 부르고도 남았을 것이라는 추측된다. 아마도 김Kim 다음으로 자주 듣게 되는 단어였을 것이다.

하지만, '국'이라는 단어는 동양인에게만 한정된 것이 아니다. 1960년도에 발행된 미국의 속어俗語 사전Dictionary of American Slang에 따르면, 'gook'이란 태평양 지역의 섬, 아프리카, 일본, 중국, 한국 혹은 영국을 제외한 유럽에서 살고 있는 통상적으로 갈색의 피부를 지니고 있는 사람 혹은 비기독교적인 동양인을 총칭總稱한다.'라고 되어 있다. 여기에서 '비기독교적'이라는 표현에 주목해야 한다. 불교도나 이교도라면 '국'이라 불릴 수 있다는 것이다. 실제로도 1951년 6·25 전쟁 와중에 상영된 한국전쟁을 배경으로 한 영화인 〈철모The Steel Helmet〉라는 영화에서는 불심佛心 강한 한국인 소년을 주인공으로 다루며 비교적 한국에 대한 존중을 보이고 있음에도 불구하고 'gook'이란 표현이 여과 없이 사용된다.

그러므로 인자야, 너는 곡에게 예언하여 이르기를 주 여호와께서 이같이 말씀하시되 로스와 메섹과 두발 왕 곡아 내가 너를 대적하여, 너를 돌이켜서 이끌고 북쪽 끝(북쪽의 멀고 외딴 곳)에서부터 나와서 이스라엘 산 위에 이르러, 네 활을 쳐서 네 왼손에서 떨어뜨리고 네 화살을 네 오른손에서 떨어뜨리니, 너와 네 모든 무리와 너와 함께 있는 백성이 다 이스라엘 산 위에 엎드러지리라. 내가 너를 각종 사나운 새와 들짐승에게 넘겨 먹게 하리니 네가 빈들에 엎드러지리라. (에스겔서 39장 1~5절)

지나가는 사람들이 그 땅으로 지나가다가 사람의 뼈를 보면 그 곁에 푯말을 세워 매장하는 사람에게 가서 하몬곡 골짜기에 매장하게 할 것이요, 성읍의 이름도 하모나라 하리라 그들

이 이같이 그 땅을 정결하게 하리라 (에스겔서 39장 15~16절)

에스겔서에 등장하는 '하몬곡נימון의 골짜기'는 인류 최후의 전쟁이 끝나고 나서 엄청나게 쌓이게 될 곡들의 시체를 매장할 골짜기를 말한다. 정확하지는 않지만 예루살렘의 동쪽일 것이라고 한다. 뒤이어 나오는 성읍 하모나נימון도 곡의 멸망을 기념해 짓게 될 도시의 이름이다.

옛날엔 사람의 이름을 따서 지명의 이름 지었는데, 해운 최치원의 해운대를 생각하시면 이해가 쉬울 것이다. 마곡Magog의 후예들을 마곡인Magogians라 불렀고 이들이 현재 우리가 알고 있는 스키타이인 Scythians⁴들이라고 한다.

노아의 아들 야벳(야벳이 노아의 첫째인지 셋째 아들인지에 대해서는 의견이 나뉜다), 야벳의 장남 고멜 그리고 차남 마곡, 그리고 고멜의 장남 아스그나스Ashkenaz, Ashkuz. 성경에서 아스그나스는 마곡의 조카이지만 아들처럼 사용된다. 스키타이Scythians의 어원은 아스그나스에서 왔다고 하며 아시리아인들은 아스그나스를 이슈쿠자이Ishkuzai라 기록하였으며, 7세기 초에 북쪽 어디에선가 엄청나게 쏟아져 내려왔다고 전하고 있다. '이슈쿠자이'는 앞서 설명한 이슬람전승에서의 곡 Gog인 아주지Yajuj와 유사성을 보이고 있다. 참고로 족보는 창세기 10장에 근거한다.

02
중국의 홍수신화, 노아의 방주, 길가메시의 서사시

중국의 홍수신화

중국의 탄생신화에도 홍수신화가 등장한다. 이야기가 전해져 내려오면서 조금씩 첨가되고 각색된 여러 버전의 홍수신화가 있겠지만, 대략을 살펴보면 다음과 같다.

옛날에 뇌공雷公과 고비高比라는 형제가 있어 각각 하늘과 땅을 다스리고 있었다. 땅위의 인간들이 잘못된 제물로 제사를 지내는 바람에 하늘을 다스리던 뇌공은 분노하여 지상에 심한 가뭄을 일으켰다. 지상의 생물들이 가뭄에 말라죽어가는 것을 보다 못한 땅의 신神 고비는 몰래 하늘로 올라가 비雨를 훔쳐 지상의 생물들을 구해주었다. 이를 괘씸하게 여긴 뇌공은 형제인 고비와 전쟁을 벌이지만 고비가 승리하여 뇌공을 쇠로 만든 새장 속에 가두어 버렸다. 뇌공은 다른 출처에서는 뇌신雷神으로도 불린다.

고비에게는 복희伏羲와 여와女媧라 불리는 남매가 있었는데, 이들 남매에게 뇌공은 삼촌이었으므로 가까운 사이였을 것이다. 고비는 뇌공을 자신의 집에 가두어 두었는데, 비록 아버지와 전쟁을 치른 삼촌이지만 동정심이 남아 있었을 것이다. 아버지인 고비가 마침 외출을 하면서 복희와 여와 남매에게 뇌공에게 절대 물을 한 방울도 줘서는 안 된다고 신신당부한다.

때를 놓치지 않고 동정심을 얻기 위한 회유작전에 돌입한 뇌공은, "새장 속에 갇혀 있는 동안 단 한모금의 물도 마시지 못하였기에 목이 말라 죽을 지경"이라고 고통을 호소한다. 부친인 고비의 당부를 기억하고 있던 터라 복희 남매는 냉정을 잃지 않으려고 노력했지만, 뇌공은 수세미에 적신 물 한 방울만이라도 혀에 떨어뜨려 준다면 죽음을 면할 것 같다며 집요하게 애걸한다.

마음이 약해진 복희자매는 부엌에 있던 수세미에 물을 조금 적셔 가져다주는데, 아마 이정도로야 무슨 큰일이 날까 싶어서 한 순진한 행동이었을 것이다. 그러나 역시 하늘의 물을 관리하던 뇌공답게, 단 한 방울의 물에 엄청난 괴력을 회복한 후 쇠창살을 부수고 뛰쳐나온다. 밉지만 자신의 조카들이었기에 뇌공은 고비의 집을 나서며 복희와 여와에게 자신의 이를 한 개 뽑아주면서 혹시 하늘에서 큰비가 내리거든 그것을 땅에 심으라는 당부를 남기고 자기 갈 길을 가버린다. 자신을 가두어 둔 고비에 대한 복수를 할 심산이었을 것이다.

하늘로 올라간 뇌공은 우신雨神을 시켜 낮밤 없이 비를 내리도록 명령하여 땅은 순식간에 물속에 잠기게 된다. 뇌공이 주고 간 '이'를 기억한 남매는 이를 땅에 심었는데 순식간에 표주박(등나무라는 기록도 있다) 줄기가 자라 올라와 거대한 호리병 모양의 열매가 열렸다. 다급해진 남매는 표주박 속을 파고 들어가 숨었다. 다행히도 표주박은 가라앉지 않고 물위에 떠다녔고 물은 하늘 무서운 줄 모르고 차 올라갔으므로 물이 거의 하늘에 닿을 지경이 되어버렸다.

이 정도의 난리가 났으니 하늘의 더 높은 신神들이 상황을 눈치채지 못했을 리 없다. 이미 고비는 물론, 지상의 모든 사람들이 물에 빠져 죽은 뒤였다. 이런 상황에 놀라고 분개한 천상의 대신선인 태백금성太白金星이 뇌공을 심히 꾸짖고 복희와 여와를 살려낸다. 땅 위에 번성하던 인류가 다 멸망하였으니, 이젠 어찌해야 좋을 것인가를 고민하던 태백금성은 뇌공으로 하여금 책임지고 인류를 다시 번성시키도록 명령한다. 비록 남매지간이었지만 남자와 여자였던 복희와 여와가 유일하게 남아 있었으므로 이 둘을 결혼시켜 인류를 다시 번성시키기로 한다. 남매의 정에 차마 부부가 되기를 거부했던 복희와 여와는 뇌공과 태백금성이 기적적인 표적을 보여준다면 혼인을 받아들이겠다고 말한다. 이때 보여준 표적은 전승에 따라 다양하게 나타나지만 어찌되었든 하늘의 뜻으로 믿고 남매는 부부의 정을 맺는다. 이를 홍수남매혼설洪水男妹婚說이라고 부른다. 이로써 여와는 대모신大母神으로 모든 인류의 어머니로 여겨지게 된다.

후한後漢 시기에 응소應邵가 지은 풍속통의風俗通義에 따르면, 인류 최초의 어머니는 여와女媧라고 하였으며, 전해지는 전승에 따르면, 여와가 황토를 뭉쳐서 인간을 만들었다고 한다. 하지만 일일이 황토를 뭉쳐서 인간을 만들기가 벅찼는지 꾀를 내어 황토물에 적신 긴 노끈을 손가락으로 튕겨내어 떨어진 황토 방울마다 인간이 되게 하였다고 한다. 이렇게 황토를 뭉쳐 만든 사람은 귀인貴人이 되었고 노끈을 튕기어 만든 사람들은 평민이 되었다고도 한다.

전한前漢 회남왕淮南王 유안劉安이 편찬한 일종의 백과사전인 《회남자淮南子》 남명훈覽冥訓편에는 여와가 홍수를 막아내고 인류를 구하는 이야기가 등장하는데, 다음과 같다.

오랜 옛날에 하늘을 떠받치는 네 개의 기둥이 무너지고 하늘을 덮고 있던 천막 같은 돔dome인 구주九州에 구멍이 뚫려 하늘에서 쏟아져 내려오는 물을 막을 수 없었다. 땅은 균형을 잡지 못하며 불이나 타오르는데, 꺼지지 않고, 땅속에서도 물이 솟구쳐서 온통 물바다가 되어버렸다. 맹수들은 다니며 백성들을 잡아먹었고 노약자들은 맹금류들의 공격을 받았다. 이에 여와가 나서서 오색五色의 돌을 이용하여 구멍이 난 하늘인 창천蒼天을 보수하고 큰 거북의 네다리를 잘라 기둥으로 세우고, 흑룡黑龍을 죽여 신神들의 도읍인 기주冀州를 보호하고 갈댓잎을 태운 재로 홍수를 멈추게 했다.

여와의 남편이었던 복희는 주로 제사에 필요한 동물을 잡아 제사를 올리고 음양陰陽의 도를 터득하여 점占을 쳐 주역周易의 기본이 되는 팔괘八卦를 만들었고, 인류에게 물고기를 잡을 수 있도록 그물 만드는 법을, 음식을 익혀 먹을 수 있도록 불의 사용법을, 악기를 만들어 음악을 가르쳐 주었다고 한다.

상체는 인간이며, 마치 뱀처럼 생긴 하체를 이용해 똬리를 틀고 있는 여와와 복희. 그림 왼쪽의 여와는 컴퍼스를, 복희는 직각자를 들고 있으며 중앙에는 태양이 그려져 있다.

오나라의 서정이 쓴 《삼오역기》에 등장하는 중국 신화에서 나오는 최초의 창세신인 '반고盤古 신화'가 세상이 어떻게 창조되었는지를 보여준다면, 여와와 복희가 등장하는 '황제 신화'는 인간 창조 과정을 그리고 있다. 황제 신화는 출처에 따라 약간의 차이가 존재하나 대체적으로 삼황오제인 황제黃帝와 여와女媧 및 상변上騈과 쌍림雙林이라는 네 신이 흙에서 인간을 창조했다는 것이다.

태호 복희씨太皞伏羲氏 또는 포희씨庖犧氏도 중국 삼황 중 하나이다. 전설에서 복희는 인류에게 닥친 대홍수 시절에 표주박 속에 들어가 있던 덕분에 생존할 수 있었는데, 다시 살아났다는 의미로 '복희'가 되었다고도 하고, 제사祭祀나 희생제사에 사용된 동물을 잡는 모습을 표현한 이름이라고도 한다. 백정이나 부엌을 뜻하는 포희씨庖犧氏, 업드릴 복자를 뜻하는 복희伏羲로도 표현되며, 태호 복희씨太皞伏羲氏에서의 태호의 원래 뜻인 '태초의 밝음', 즉 화락和樂으로 히브리어 뱀serpent인 크와시שָׁחַ와 일치한다.

전설에 의하면 태호 복희씨는 기원전 2800년 무렵에 살았다고 전해진다. 그는 사람의 머리에 뱀의 몸을 하고 있다고 하며, 다른 전설에는 용의 몸 이라고도 한다.

원래 민간 전설상으로는 태호와 복희는 별개의 인물이었다. 전국시대 진秦나라에서 편찬한 《세본世本》에서 동일 인물로 서술하자, 이후 황조 이후부터 동일인으로 서술하기 시작하였다. 이름이 두 개이고, 본래 동일인이 아니라는 기록이 존재하므로 실존성은 낮은 신화적인 상징이라고 해석되기도 한다.

노아의 홍수

노아의 홍수는 구약 창세기 6~9장에 잘 나타나 있다.

사람이 땅위에 번성하기 시작할 때에 그들에게서 딸들이 나니, 하나님의 아들들이 사람의 딸들의 아름다움을 보고 자기들의 좋아하는 모든 자로 아내를 삼는지라, 여호와께서 말씀하시대, 나의 신이 영원히 사람과 함께 하지 아니하리니 이는 그들이 육체가 됨이라. 그들의 날은 일백 이십년이 되리라 하시니라. 당시에 땅에 네피림이 있었고 그 후에도 하나님의 아들들이 사람의 딸들을 취하여 자식을 낳았으니 그들이 용사라 고대에 유명한 사람이었더라.

하나님이 노아에게 이르시되 모든 혈육 있는 자의 강포가 땅에 가득하므로 그 끝 날이 내 앞에 이르렀으니 내가 그들을 땅과 함께 멸하리라. 너는 잣나무로 너를 위하여 방주를 짓되 그 안에 간들을 막고 역청으로 그 안팎에 칠하라. 그 방주의 제도는 이러하니 장이 삼백 규빗, 광이 오십 규빗, 고가 삼십 규빗이며, 내가 홍수를 땅에 일으켜 무릇 생명의 기식 있는 육체를 천하에서 멸절하리니 땅에 있는 자가 다 죽으리라. 여호와께서 노아에게 이르시되 너와 네 온 집은 방주로 들어가라 네가 이 세대에 내 앞에서 의로움을 내가 보았음이니라. 지금부터 칠일이면 내가 사십 주야를 땅에 비를 내려 나의 지은 모든 생물을 지면에서 쓸어버리리라. 칠월 곧 그 달 십칠일에 방주가 아라라트 산에 머물렀으며….

길가메시의 서사시

〈길가메시 서사시〉는 갈대아 우르 지역이 있던 수메르지역에서 발생한 신화이며 대략 기원전 2800년경에 쓰인 것으로 알려져 있다. 우트나피쉬팀Utnapishtim은 길가메시의 서사시에 등장하는 인물로, 엔키Enki(혹은 Ea, 에아) 신에게서 '세상의 소유물을 모두 버리고 생명을 보존하기 위한 거대한 배를 만들라'는 임무를 부여받는다. 자신의 아내와 가족 그리고 친척들 및 그의 마을의 기술자들과 그들의 가족 및 친척들도 데려오도록 하며, 어린 짐승들과 곡식 씨앗도 가져오도록 한다. 다가올 홍수는 배에 타고 있지 않은 동물들과 인간들을 휩쓸어 갈 것이라고 경고하였다. 홍수가 발생한 지 12일 정도가 지난 뒤에 우트나피쉬팀이 배의 출입구를 열어 밖을 내다보니 니시르 산Mount Nisir의 비탈이 나타났으며, 그곳에 배를 정착하고 7일간은 더 보내게 된다. 7번째 날 그는 비둘기를 내보내어 물이 빠졌는지를 확인하였지만 밖에는 물 뿐이었기에 비둘기는 아무것도 찾지 못하고 빈손으로 돌아온다. 이번에는 제비를 내보냈는데 역시 아무것도 찾지 못하고 돌아온다. 마침내 큰 까마귀를 내보냈을 때에 까마귀는 물이 빠진 곳을 발견하였고 그 주변을 빙빙 돌다가 끝내 돌아오지 않았다. 이에 마른 땅을 발견한 우트나피쉬팀은 모든 동물을 풀어주었고, 신들을 위해 희생제사를 지낸다. 신들이 우트나피쉬팀을 방문했고, 그가 인간의 씨를 보존하였으며 신들에 충성하고 신뢰심을 가졌으므로 우트나피쉬팀과 그의 아내는 영생이라는 선물을 받았으며, 천상의 신들의 자리에 함께하는 영광을 얻게 된다. 우트나피쉬팀과 그의 아내만이 영생을 선물 받았던 것이다.

이 서사시의 주인공이자 영웅인 길가메시Gilgamesh는 그의 친구 엔키두Enkidu의 죽음에 대한 죄책감과 두려움에 사로잡혀서 영원한 삶을 주는 강江의 입구에서 살고 있는 자신의 조상인 우트나피쉬팀(다른 이름으로는 Xisouthros)을 찾아 나선다. 길가메시를 맞이한 우트나피쉬팀은 길가메시에게 얻지 못할 불멸不滅을 찾기 위한 모험을 이제는 그만두도록 조언해주고는, 차라리 먹으면 젊음을 되찾게 해주는 나무를 찾아보도록 권고한다. 길가메시는 딜문Dilmun(오늘날의 Bahrain)의 바다 밑 바닥에 있는 그 나무를 얻어 자신의 고향인 우륵Uruk으로 되돌아간다.

	구약 창세기	길가메시 서사시	중국 홍수신화
홍수 규모	전 세계적	전 세계적	전 세계적
홍수 원인	인간의 부패와 포악함	인간의 죄악	사람들이 실수로 제물을 잘못 바침
대상	모든 인류	도시 및 인류	지상의 사람들
발생 주체	여호와	신들의 모임	뇌공과 우신
생존자	노아 포함 8명	우트나피쉬팀 등	복희와 여와
생존자 특징	의롭고 완전함	의로움	뇌공의 조카
생존자 부모	라멕	불명	땅의 신 고비
홍수 경고 방법	여호와가 직접 노아에게	꿈속에서 현몽으로	고비의 경고를 자녀들이 간과함
생존자 반응	명한대로 따름	발생하지 않기를 바람	당황하여 뇌공이 준 이빨을 땅에 심음
방주 제작 방식	여호와의 지시에 따름	꿈에서 알려준 대로 실시	뇌공의 이빨에서 나온 표주박을 이용
방주 크기	3층, 길이 300, 넓이 50, 높이 30큐빗	6층, 길이 120큐빗	두 사람이 들어갈 만한 호리병
방주 출입문 숫자	하나	하나	하나
방주 창문 숫자	하나 이상	하나 이상	없음
방주의 안과 밖	역청으로 칠함	역청으로 칠함	표주박 형태
방주 모양	직사각형	정사각형	원형 혹은 타원형

	구약 창세기	길가메시 서사시	중국 홍수신화
홍수 전 대기시간	탑승 후 7일	7일	탑승 전 4일
방주 탑승자	노아 포함 8명	우트나피쉬팀의 가족과 일부 기술자와 그 가족들	복희와 여와 남매
동승한 동물	모든 종류 한 쌍 및 정결한 동물은 7쌍	모든 종류의 동물 7쌍	없음
홍수 발생 방식	하늘에서 터져 내린 물과 땅속에서 솟아난 물	엄청난 비	하늘에 구멍이 나서 내린 물과 땅속에서 솟아난 물
홍수 지속 기간	40일	6일 정도	물이 하늘에 맞닿을 때
홍수 중단 확인법	새를 날려 보내 확인함	새를 날려 보냄	호리병이 하늘에 닿아서
내보낸 새의 종류	까마귀, 비둘기	비둘기, 제비, 까마귀	없음
방주 상륙 지점	아라랏 산	니시르 산	곤륜 산
홍수 후 제사방법	노아가 정결한 짐승을 한 쌍씩 번제 제물로 드림	우트나피쉬팀이 제사를 지냄	갈대 잎을 태운 재로 제사
홍수 후 받은 축복	새로운 세상에서의 생육, 번성, 충만	영생이 주어짐	남매가 결혼하여 인류를 번성시킴
기타 관련자	없음	엔키(에아)신의 지시를 받음	태백금성의 꾸짖음을 받고 뇌신이 남매를 위해 제사를 지내줌

구약 창세기(創世記), 길가메시의(Gilgamesh) 서사시(敍事詩) 및 중국의 홍수신화(洪水神話)에서의 대홍수의 비교표.
참고 1: 그리스 로마의 신화에서는 고의적으로 제물을 잘못 바친 프로메테우스가 있는데, 이로 인하여 제우스는 인간에게 주었던 불을 되 빼앗아간다.
참고 2: 라멕은 777세에 사망한다.
참고 3: 정경으로 인정받지 못하고 있는 〈에녹의 서〉에서는 홍수에 대한 경고를 천사인 우리엘(Uriel)(히브리어로 אוּרִיאֵל)이 한 것으로 되어 있다.

유대교, 기독교, 이슬람교와 관련이 없는 사람들이더라도 아담과 이브를 모르는 사람은 없을 것이다. 영어 성경에는 아담Adam과 이브

Eve, 현재의 한국 성경과 고대 히브리의 토라(모세오경)에는 아담과 하와 그리고 코란에도 아담과 하와라고 표기되어있다.

특이한 점은, 신약성경의 경우, 비록 개역개정에서는 하와로 바뀌었으나, 개정개역 이전의 개역성경에는 '이와'로 표기되어 있다는 것이다.

이는 아담이 먼저 지음을 받고 이와가 그 후며 아담이 꾀임을 보지 아니하고 여자가 꾀임을 보아 죄에 빠졌음이니라 (개역성경 디모데전서 2장 13, 14절)

뱀이 그 간계로 이와를 미혹케 한것 같이 너희 마음이 그리스도를 향하는 진실함과 깨끗함에서 떠나 부패할까 두려워하노라 (개역성경 고린도후서 11장 3절)

하지만, 구약성경의 창세기의 경우에는 개역성경이나 개역개정성경은 둘 다 마찬가지로 '하와'로 표기되어있다.

아담이 이르되 이는 내 뼈 중의 뼈요 살 중의 살이라 이것을 남자에게서 취하였은즉 여자[5]라 부르리라 하니라 (창세기 2장 23절)

아담이 자신의 아내에게 이름을 지어준 것은 순서상 뱀에게 유혹되어 선악과를 이미 먹은 뒤였으며 에덴동산에서 쫓겨나기 바로 직전이었다.

아담이 그 아내의 이름을 하와⁶라 불렀으니 그는 모든 산 자

의 어머니가 됨이더라 (창세기 3장 20절)

쉽게 말해서, 구약성경이 아닌 신약성경의 경우, 개역개정이 나오기 이전의 개역성경에는 '하와' 대신 '이와'로 표기되어 있었다는 것이다. 개역성경의 신약성경인 고린도후서 11장 3절과, 디모데전서 2장 13 절에서 사도 바울은 하와Eve를 '이와'라고 불렀다.

매우 특이한 상황이라고 볼 수 있다. 왜 이런 일이 왜 벌어진 것일까? 《풍속통의風俗通義》황패편皇覇篇에 근거한 삼황오제三皇五帝 중 삼황三皇에 해당하는 복희伏羲, 여와女媧, 신농神農을 보면 여와女媧 가 등장한다. 당연히 '女'는 '여자 여'이고, '媧'는 '사람이름 왜 혹은 와'이다. 첫 여자란 의미다. '女媧'는 한국식 발음으로는 '여와'이지만, 중국 북경식 발음으로는 '뉘와Nüwa'가 되어버린다. 개역한글 신약성 경에서 의도적으로 '이와'로 표기하여 '뉘와'와 '하와'의 구분을 어렵 게 하려했을까?

그것은 아닐 것이다.

청淸나라를 통해 들어온 한자漢字 성경이 개역성경의 기초였을 것 이라는 추정을 해보고, 전달될 당시의 문화 및 종교의 혼합적 형태 를 고려해 보았을 때 이러한 상황들은 자주 발생했을 것이다. 또한 조선에 전해진 초기의 성경은 가톨릭 성경이었을 것이므로 70인역 Septuagint의 한자 번역본이었을 것이다.

다음과 같은 경우도 있기 때문이다(사도행전 14장 12절). 성경을 읽 어보신 분들도 바나바와 바울은 알아도, '쓰스'와 '허메'가 무엇인지 는 금방 짐작하기는 어려우실 것이다.

바나바는 쓰스라 하고 바울은 그 중에 말하는 자이므로 허메
라 하더라 (개역성경)

바나바는 제우스Zeus라 하고 바울은 그 중에 말하는 자이므
로 헤르메스Hermes라 하더라 (개역개정)

이와 같이 개역성경을 읽다보면 무엇이 무엇을 지칭하는지 짐작이
가지 않는 부분이 자주 등장한다. 이를 개역개정성경에서는 바로잡
아 놓았다. 대한 성서공회에서 밝히고 있는 한글 성경의 역사를 짧게
나마 살펴보자면, 우리말 완역 '성경전서'가 1911년에 출간된 이래,
1938년에 한 번 개정되었고, 1961년에 두 번째로 개정된 바 있으며
1938년 판, 1956년 판, 1961년 판은 '개역'이라는 이름으로, '개역개
정판'은 1998년에 출간되었다. 1980년대에 개정작업에 들어간 개역
개정판은 한자성경이나 영어성경에 의존하지 않고, 구약은 고대 히브
리어 성경을, 신약은 고대 그리스어 성경을 직접 한글로 번역한 것으
로 되어있다.

이번 장에서 살펴보았듯이, 길가메시의 서사시와 노아의 방주는 그
내용과 맥을 어느 정도 같이 한다고 쳐도, 여와와 복희가 대홍수에서
생존하여 인류를 창조한 이야기는 노아의 방주와는 완전히 상반相反
된 상황을 드러내고 있다. 쉽게 말하자면 노아 때의 홍수는 하나님께
서 타락한 인류를 벌하기 위한 홍수였고, 복희와 여와 남매가 겪은
홍수는 악한 신神이 일으킨 홍수 내지는 불가항력적으로 신들의 전
쟁으로 벌어진 홍수를 복희와 여와가 가까스로 벗어난 상황이었다는
점이다.

그런데, 앞서의 복희와 여와의 그림에서 보듯, 복희가 지니고 있는

직각直角자와 여와가 잡고 있는 컴퍼스(원을 그리는 도구)는 우연의 일치인지 모르겠으나, 직각자square와 컴퍼스compasses를 겹쳐놓은 것을 자신들의 공식적 로고로 사용하고 있는 프리메이슨 자유 석공모임 Freemasonry의 상징물과 동일하다.

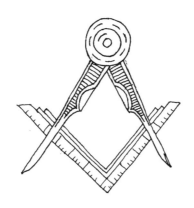

자유 석공모임인 프리메이슨(Freemasonry)의 기본 로고. 직각자와 컴퍼스로 이루어져 있다.

프리메이슨이라는 단어만 나와도 음모론을 생각할 분들이 계시겠지만, 길드형태로 시작한 상호우애 단체이며 실제로 존재하는 세계적 사회조직인 프리메이슨의 유일하게 식별 가능한 상징물이 바로 직각자와 컴퍼스라는 점을 감안할 때에, 둘 간의 연관성은 프리메이슨의 성향이 기독교적인지 반-기독교적인지를 따져보면 될 일이다. 그 작업은 여기서 하지 않기로 한다.

뱀처럼 똬리를 틀고 있는 복희와 여와, 말을 하며 지능이 뛰어나고 머리는 사람이고 몸은 뱀인 존재 등을 통해 서양과 동양의 인식 차이를 엿볼 수도 있다.

그런데 뱀은 여호와 하나님이 지으신 들짐승 중에 가장 간교

하니라 뱀이 여자에게 물어 이르되 하나님이 참으로 너희에

게 동산 모든 나무의 열매를 먹지 말라 하시더냐? (창세기 3장

1절)

창세기 3장 1절은 계시록 12장 9절과 연관된 절이므로, 창세기에
등장하는 뱀은 곧 큰 용이요 옛 뱀이요 마귀, 사탄인 것이다.

큰 용이 내쫓기니 옛 뱀 곧 마귀라고도 하고 사탄이라고도 하

며 온 천하를 꾀는 자라 그가 땅으로 내쫓기니 그의 사자들

도 그와 함께 내쫓기니라. (요한계시록 12장 9절)

이슬람 전승에서의 하와(이브)의 행적도 유추해 볼 필요는 있다. 무
하마드가 메카를 떠나 메디나로 가는 헤지라를 실행가기 직전에 메
카에서의 마지막 설교를 했다는 곳이 이슬람교의 제1성소聖所인 카
바Ka'bah 근처의 아라파트Arafat 산이었다고 한다. 아랍어로는 '자발
알 라마흐Jabal ar-Rahmah'라 부른다. 카바의 동쪽에는 아담과 하와
시절에 하늘로부터 떨어져 생겼다는 커다란 돌무더기가 있으며 원래
는 흰색이었지만 세상의 죄를 흡수하여 지금은 검게 변했다는 전설
이 전해지고 있다. 심지어는 이곳이 아담과 하와가 350년 만에 재회
한 곳이라는 이야기까지 전해진다. 현재 사우디아라비아의 헤자즈 메
카에 위치해 있다.

그리고 삼황오제의 이야기는 성경적으로 카인의 후예 쪽의 이야기
에 가깝다는 점이 그렇다. 특히 복희가 인류에게 전수해준 기술이나
예술들이 그렇다. 기독교에서는 위경僞經으로, 유대교에서는 외경外

經으로 여기고 있는 〈에녹의 서The Book of Enoch〉에서는 이러한 지식과 기술들이 타락한 천사들에 의해 전해졌다고 기록되어 있다.

> 가인이 여호와 앞을 떠나서 에덴 동쪽 놋 땅에 유리하더니, 아내와 동침하매 그가 임신하여 에녹을 낳은지라. 가인이 성을 쌓고 그의 아들의 이름으로 성을 이름하여 에녹이라 하니라. (중략) 아다는 야발을 낳았으니 그는 장막에 거주하며 가축을 치는 자의 조상이 되었고 그의 아우의 이름은 유발이니 그는 수금과 퉁소를 잡는 모든 자의 조상이 되었으며, 씰라는 두발가인을 낳았으니 그는 구리와 쇠로 여러 가지 기구를 만드는 자요 (창세기 4장 16~22절)

5장 더 알아보기

1 곡과 마곡

— 히브리어로 몽고נונ와 마곡מינוג의 발음은 비슷하며, 그리스어 몽고Mογγώ
와 마곡Mαγώγ도 마찬가지이다. 이슬람에서는 야주즈Yajuj와 마주즈Majuj라
고 부른다. 영어로는Gog과 마곡Magog이라고 쓴다.

2 〈알렉산더 대왕의 모험The Romance of Alexander〉

— 아리스토텔레스의 조카이자 제자인 칼리스테네스가 기록한 역사물이라고
하나, 칼리스테네스가 알렉산더 대왕보다 먼저 사망했기 때문에 칼리스테
네스 위서僞書로 분류되기도 한다.

3 마국魔國

— 마魔 자는 집, 넓은 광, 혹은 암자를 뜻하는 广 자 안에 귀신 귀鬼 자가 들어
있는 단어이다. 마麻 자는 발음을 내기 위해 삽입된 글자이다.

4 스키타이인Scythians

— 스키타이Scythai라고도 한다. 기원전 8세기부터 기원전 3세기까지 흑해 동
북 지방의 초원 지대에서 활약한 최초의 기마 유목 민족. 오리엔트·그리스
의 금속 문화의 영향을 받아 무기·마구馬具 따위를 발달시켜 강대한 왕국
을 건설하였으며, 동물의장을 기조로 한 독특한 미술 양식을 낳았으나, 후
에 사르마트에게 쫓겨 쇠퇴하였다.

5 여자

— 창세기 2장 23절의 여자는, 고대 히브리어로 여자 혹은 아내를 뜻하는 니샤

נָשִׁים이다.

6 하와

— 생명, 첫 여자를 뜻하는 하와חַוָּה. the first woman Eve. 고대 그리스어 Ἕυα(유
와), 현대 히브리어로는 카화Chavvah이다.

맺는 말

되돌아보는 이야기

우리는 마치 모두 한 뿌리에서 나온 것 같으면서도 이처럼 반대의 길을 가고 있다. 한 나무에서 태어났거늘 그 가지의 위치가 달라 꽃 봉우리를 피우고 씨앗을 맺고 날아간 곳이 같지 않아서인가? 시작은 같았지만 가는 곳은 다른 것일까? 아니면 정반합正反合의 논리처럼 끊임없이 분리와 혼합의 역사기 이어지고 있는 것일까? 연고지緣故地라는 것이 있다. 혈통, 정분情分, 법률 따위로 관계나 인연이 맺어진 곳을 말한다. 바다에서 온 것이라면 바다로 돌아갈 일이고, 흙에서 왔다면 흙으로 돌아갈 일이며, 하늘에서 왔다면 하늘로 돌아갈 것이다. 그래서인지 우리는 '돌아간다.'는 말을 사용한다. 이것은 돌아온다는 말보다 좋은 말이다. 오죽하면 구약성경의 전도서 7장 1절에서 "죽는 날이 출생하는 날보다 나으며"라고 하였을까? 하지만 이것은 인생을 잘 살아온 사람에게 해당되는 말이다. 이어지는 8절에서 "일의 끝이 시작보다 낫고 참는 마음이 교만한 마음보다 나으니"라고 바로 답이 나오기 때문이다.

연고지로 돌아가려했는데 엉뚱한 곳으로 가게 된다면 얼마나 황당할까? 인간의 연고지는 인간의 육체이던가? 다시 인간으로 태어나는 것이 인간의 최종목표이던가? 물론 지네나 구렁이는 다음에는 인간으로 태어나고 싶어 할지도 모른다. 하지만 만약 여러분이 개나 고양이로 다시 태어난다면 어떨까? 인간은 특이한 존재이다. 아무리 죽는 날이 태어나는 날보다 좋다고는 하지만 인간으로 태어난 것은 세상의 그 어떤 것과도 비교할 수 없는 행운이다. 그러나 영겁永劫의 확률 상 거의 가능성이 없는 일을 우리가 해낸 것이며 다시 오지 않을 마지막 기회이자 가장 숭고한 시기와 단계가 인간의 단계일지도 모른다. 앞서 본문에서 말했듯이 우리가 진화론을 믿는다면 바다로 돌아갈 것이요, 하늘로써 나지 않는다면 흙으로 돌아갈 것이다.

　생물은 왜 태어났을까? 생명체로 태어난 이유가 무엇일까? 탄생, 고행 그리고 오랜 시간을 거친 변신과 승천 그리고 부활하는 과정을 용과 관련된 여러 이야기를 통해 살펴보았다. 그런데 선악善惡의 이야기는 마치 아이들 동화처럼 쉽다. 자신을 다 비우고 두 손에 움켜진 것이 하나도 없는 것이 진정한 행복일지도 모른다. 5백년마다 바벨론 지역을 떠나 이집트로 날아와 자신의 봄을 완선히 불사르고 그 재 속에서 다시 부활하는 불사조不死鳥라는 새가 있다. 피닉스 Phoenix라고도 하는데, 프랑스말로 피닉스는 대추야자 열매가 열리는 종료나무의 뜻도 가지고 있다. 예로부터 중동지역에서는 대추야자를 아낌없이 주는 나무라고 불렀다. 영어로는 데이트Date palm(야자)라고 하는데 '데이트'가 얼마나 신나는 단어인가? 누구나 좋아하는 데이트는 특정한 날짜를 정해서 만나기로 하는 '약속promise'을 의미하기도 하며 한자로는 줄여與에 해당되어 '주다give'의 뜻도 함께 가지고 있는데, 천지에 널려있는 종료나무의 열매는 먹을 것을 구하기 어려운 가난한 사람들의 배고픔을 달래주고 고달픈 삶에 달콤함을 선사해주었으며 목마른 자들의 갈증을 해소시켜주기도 했다. 즉

'주는 나무'인 것이다.

예수님께서 죽은 '나사로'를 일으키신 동네의 이름은 '베다니'이다. '가난한 자의 집'이라는 뜻도 되지만 흥미롭게도 '종려나무들의 집'으로도 해석된다.

"내 것을 다 비우고 다시 채우고 또 다시 다 내준 다음에는 무엇이 우리를 기다릴까?"

> 모든 세계의 시작과 끝과 생과 멸과 앞과 뒤와 있고 없음과
> 모이고 흩어짐과 일어나고 마침이 모두가 생각에 계속되며,
> 돌고 돌아오고 가는 것이니,
> 갖가지로 취하고 버림이 모두 윤회인 것이오.
> 윤회를 벗어나지 못하고 원각을 알려고 하는 것은
> 원각의 성품까지도 함께 윤회케 하는 것이 된다.
>
> 《원각경》 금강장보살장 내용 가운데 원각묘심圓覺妙心)

세상의 모든 것은 인연因緣관계를 가지고 있다. 앞서 언급했던 나와 용과의 관계, 게와의 관계, 진주와의 관계, 혈액형, 조국과 그 상징인 태극기 등 우리는 이러한 연관관계를 떠나서는 살기 어려운 듯하다. 인因은 결과를 만드는 직접적인 힘이고, 연緣은 그를 돕는 외적이고 간접적인 힘이라고 한다. 연기緣起는 인연생기因緣生起 즉 '인과 연에 의지하여 생겨남 혹은 인연 따라 생겨남'의 줄임말로, '원인에 의해서 생겨나 있다'는 현상계現象界의 존재 형태와 그 법칙을 말하는 것으로서 이 세상에 있어서의 존재는 반드시 그것이 생겨날 원

인因과 조건緣하에서 연기의 법칙을 따른다는 것이다. 모든 현상이 생기生起하고 소멸 하는 법칙을 연기緣起라고 한다. 모든 현상은 원인인 인과 조건인 연이 상호 관계하여 성립하며 인연이 없으면 결과도 없다. 때로는 중생의 지혜로 이해할 수 있는 정도로 쉽게 설법해 주는 일을 말하기도 하는데, 여러 가지 원인들이 모이는 것을 연緣, 그리고 모은 것을 일으키는 것을 기起라고 한다. 그러므로 불교의 가장 근본적인 교의 중 하나가 연기법이라 할 수 있다.

"법을 보는 자는 여래를 보고, 여래를 보는 자는 법을 본다. 연기를 보는 자는 법을 보고, 법을 보는 자는 연기를 본다." 이 가르침은 부처님께서 연기의 진리를 깨달아(성도, 成道) 비로소 붓다가 되었으며, 동시에 그 깨달음의 핵심이 바로 연기법이라는 것이다. 결코 쉽지 않은 내용이므로 바로 우리 곁에 있건만 우리는 발견하지 못한다.

셸 실버스타인Shel Silverstein의 〈아낌없이 주는 나무The Giving Tree〉라는 작품이 있는데, 시사 하는바가 크다. 많은 분들이 읽어서 알고 계시겠지만 대략의 줄거리를 다시 살펴보자.

나무는 소년이 어릴 때 놀이터가 되어 주었고, 소중한 열매를 내어주었다.
청년이 된 소년이 집을 짓는다고 할 때 자기의 가지를 다 내어 주었고
장년이 된 소년이 배를 만들 때 줄기를 내주었다.
마침내 나무에게는 밑동밖에 남지 않았고,
그에게 줄 것이 밑동밖에 남지 않아 나무는 속상해했다.

자신의 길을 떠난 소년은 돌아오지 않았지만, 나무는 소년을 계속 기다렸다.

시간이 흐르고 흘러 노인이 다된 소년이 나무에게로 돌아왔다.

나무는 남은 밑동까지도 노인이 편히 쉴 수 있도록 걸터앉는 의자가 되어주었다.

윤회輪回는 괴롭다. 단 한번이면 족한 것이다. 하지만 멈추기가 어렵다. 성숙해져야만 한다. 한낱 미물인 지네나 물고기, 구렁이조차도 고행과 수련을 통한 고난의 세월을 겪으면서 절제 및 화생化生을 통해 변신變身하고 또 부활을 통한 승천을 꿈꾼다. 하지만 인간들은 현실의 감성과 만족과 욕심에 마냥 끊임없이 끌려 다니며 근시안적 시야만 보기를 고집하고 있다. 우리가 지닌 종교와 신화와 역사와 철학과 사상과 이념 그리고 무의식 속에는 꿈틀거리는 구원의 욕망이 분명 존재할 터이니 이제는 어떤 것이 참 진리인지를 우리 모두가 부지런히 공부해야 때가 되지 않았나 싶다. 아마도 그 때까지는 떠났던 용이 한 번쯤은 다시 돌아올 것이며 불사조는 온 몸을 불태워 죽었다가 다시 부활할 것이고 모든 것을 아낌없이 주며 희생한 나무는 끝까지 우리를 기다려 줄 것이다.

안타깝지만 자신의 꼬리를 삼키고 있는 뱀 혹은 용으로 표현된 고대로 부터의 상징인 우로보로스Ouroboros*라는 것이 있다. 끊임없는

---

* 우로보로스(Ouroboros) : 꼬리를 삼키는 자'라는 뜻이다. 고대의 상징으로 커다란 뱀 또는 용이 자신의 꼬리를 물고 삼키는 형상으로 원형을 이루고 있다. 수세기에 걸쳐서 여러 문화권에서 나타나는 이 상징은 시작이 곧 끝이라는 의미를 지녀 윤회사상 또는 영원성의 상징으로 인식되어왔다. 종교적·미신적 상징으로 특히 중세 연금술의 대표적인 상징물이 되었고 현대에서도 칼 융과 같은 심리학자들에 의해 인간의 심성을 나타내는 상징으로 여겨졌다. 따라서 어느 특정한 종류의 생물을 가리키는 것이 아니라 어떤 개념을 뜻하는 것이라고 볼 수 있다.

원을 이루면서 무한한 시간을 돌고 되도는 바퀴를 의미하고 있다. 영원히 빙글빙글 도는 우보로스가 되어서는 안 된다. 윤회의 끝은 단번의 구원이다. 성불成佛한 붓다는 더 이상 윤회하지 않는다. 즉 각자가 완전한 부활로 신神이 되는 완벽한 구원이 완성되는 것이다.

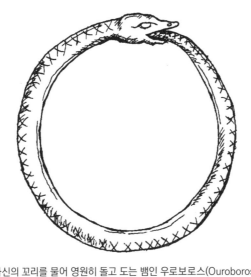

자신의 꼬리를 물어 영원히 돌고 도는 뱀인 우로보로스(Ouroboros).

"괜히 왔다 간다."라는 중광스님重光(1934~2002)의 묘비명 마냥 후회하는 삶이 되어서는 안 된다. 우리는 비운 만큼 다시 채울 수 있는 놀라운 능력을 지니고 있다. 그래서 많이 비울수록 좋다. '방하착 착득거放下着 着得去'라는 말도 있지 않은가? 고로 쓸데없는 잡동사니로 자신의 속을 가득 채운 채 정신 놓고 있다가는 미리 빈 주머니를 준비해둔 사람에게 좋은 것들을 모두 빼앗기고 말 것이다.

앞서 천문학에 대해 설명하면서 잠시 언급한 바 있는데, 전에는 행방을 알 수 없었던, 혹은 너무 멀리 떨어져 있어 우리가 아직 알지 못하는 상징물도 존재한다. 이들은 새로운 징조물들이다. 대중에게 잘 알려지지 않은 별자리 '오피우커스Ophiuchus'가 그런 류이다. 1930년 국제천문연맹IAU은 13번째 황궁십이궁의 새로운 별자리로 이를 지정했으며 빠르게는 AD 10년경의 점성술사 '마르커스 마닐리우스Marcus Manilius'가 '아스트로노미카Astronomica'라는 저술에 기록을 남기기도 했다. 참고로 그리스어 오피스ὄφις는 뱀을 뜻한다. 오피우커스를 '뱀주인자리'나 '뱀을 잡은 자'라 표현하지만, 아직은 뱀을 완전 제압한 상태는 아니고 대등한 균형이 깨지지 않았기에 앞으로 어떤 상황이 벌어질지 모를 미래를 예측하는 별자리로서 '뱀과 겨루는 자'라 해석된다.

진본眞本 여부에 관한 논란이 일고는 있지만 일명 '노스트라다무스의 잃어버린 책Lost Book Of Nostradamus'이라고 불리는 예언서가 최근에 각광을 받고 있는데 인류의 미래와 종말론적 징조를 숨겨놓은 것으로 알려져 있다. 13개의 별자리와 회전하는 4개의 날개swastika를 이용하여 점성술적 예언을 했다는 것이다. 4개의 날개는 십자가를 의미하고 13개의 별자리란 당시에는 거의 관찰하기 어려웠던 13번째 별자리인 오피우커스 자리까지 포함된 숫자를 의미하는 것으로 추정된다. 이 책은 13~14세기의 가톨릭 서적들과 뒤섞여 보관되어 있던 중 1994년 이탈리아의 저널리스트들에 의해 로마의 국립중앙도서관에서 발견되었다. 사본이 포함된 문서의 정식 이름은 '폰도 비또리오 에마뉴엘레Fondo Vittorio Emanuele 307번'이다. 이 책에서 노스트라다무스는 자신의 4행시들을 충분히 이해하려면 500년은 지나야 할 것이라 밝혀놓았으며 현실뿐만 아니라 신화, 수학 그리고 시간과 창조의 연금술의 은유법을 이해할 수 있어야 한다고 썼다. 노스트라다무스 사후死後 500년이 다가오고 있으니 이제 용의 행방을 알 수 있을지 모른다.

준비가 된 사람들에게는 새로운 인연이 될 돌아오는 용의 등장이 그리 놀라운 일이 아닐 것이다. 심지어는 영영 떠나버려 다시는 돌아오지 않을 것만 같았던 동양東洋 용의 유물론적 부활도 있을 것이고, 하늘로 올라가려는 영들을 방해하여 자신의 지배 권력을 되찾기 위해 되돌아오지만 다시 천년동안 끝없는 구렁텅이에 갇히게 될 운명을 지닌 용도 있을 것이다. 우리가 물질과 돈과 향락에 정신을 팔고 있는 동안 누군가는 이 땅에 보관중인 자신의 것을 되찾기 위해 다시 돌아올지도 모른다. 한판 싸움이 벌어지기 전에 누구 편에 서는 것이 좋을지를 선택해야 한다. 아니, 선택이 아니라 정확한 판단을 하고 있어야 할 것이다. 이것이 바로 용의 전쟁이다.

나는 무엇일까? 나는 누구인가를 알고 싶은 마음에 역사와 설화와 신화와 종교를 용이라는 영험한 존재를 통해 둘러보았다. 물론 무척이나 부족한 지식이었지만 새롭게 배운 것이 많다. 쓰는 데는 많은 고통과 시간이 소요되었지만 읽는 데는 즐거움이 있었으면 좋겠다. 갈등葛藤과 반목反目을 유발하는 글은 가장 저급한 작가作家의 몫이기에 마음과 뜻을 절제하고 생략하여, 결론은 독자여러분 맡긴 점이 매우 아쉽긴 하다.

역사라는 증거에만 의존하면 신화神話의 의미와 깊이를 깨닫지 못할 수 있다. 신화란 것이 단순히 오래되고 꾸며진 것만은 아니란 것을 많은 지식인들은 알고 있을 것이다. 역사라는 것은 배우고 외우는 것이지만 신화라는 것은 우리의 무의식과 유전자 속에 자연스럽게 깃들여져 있는 것일 수도 있기 때문이다.

나는, 우리는, 너는 무엇일까?

용의 전쟁

1판 1쇄 펴낸날 2019년 6월 10일

지은이 최성환

펴낸이 서채윤 펴낸곳 앤길
책만듦이 김미정 책꾸밈이 이한희

등록 2016년 5월 3일(제2016-36호)
주소 서울시 광진구 자양로 214, 2층(구의동)
대표전화 1811.1488 팩스 02.6442.9442
E-mail book@chaeryun.com Homepage www.chaeryun.com

책값은 뒤표지에 있습니다.
ISBN 979-11-958722-9-9 03300

이 도서의 국립중앙도서관 출판예정도서목록(CIP)은 서지정보유통지원시스템 홈페이지(http://seoji.nl.go.
kr)와 국가자료공동목록시스템(http://www.nl.go.kr/kolisnet)에서 이용하실 수 있습니다. (CIP제어번호 :
CIP2019021124)

채륜서(인문), 앤길(사회), 띠움(예술)은 채륜(학술)에 뿌리를 두고 자란 가지입니다.
물과 햇빛이 되어주시면 편하게 쉴 수 있는 그늘을 만들어 드리겠습니다.